고 도 재

너희는 길에 서서 보며
옛적 길 곧 선한 길이
어디인지 알아보고
그리로 가라
너희 심령이 평강을 얻으리라
(예레미야6:16)

마음따라 생각따라 더불어 노니는
행복한 나그네식

잡 상 난 기

처

잡상난기

초판 1쇄 발행 2025년 7월 31일

지은이 강성일
펴낸이 강정규
편 집 고도재

고도재
주소 경기도 용인시 기흥구 구교동로 118번길 7
이메일 namuman@daum.net
등록 2025년 4월 22일 (제351-95-01714호)

© 강성일 2025
ISBN 979-11-993745-0-8

마음따라 생각따라 더불어 노니는 행복한 나그네의

잡 상 난 기 | 강성일 목사

고 도 재

머 리 말

　때로는 우매의 늪에 빠져 허우적이며 절망적 절규를 토해 내기도 하고, 때로는 짓누르는 고독의 무게를 감당하기가 너무나 버거워 세속의 안락한 쉼터를 곁눈질하다가도, 십자가로 확증된 측량할 수 없는 광대무변한 주님의 은혜와 사랑의 강권하시는 손길에 이끌려 좁은 문, 좁은 길을 벗어나지 않고 여기까지 정진해 왔습니다. 실로 헤아릴 수 없는 주님의 십자가의 은혜와 사랑의 버팀목은 설사 우주보다 큰 그 어떤 무게라 할지라도 능히 감당하고도 남습니다. 십자가를 아는 그리스도인이 행복을 노래하는 이유입니다. 그리스도인은 방랑자가 아니라 나그네입니다. 방랑자는 정한 곳 없이 이리저리 떠돌아다니는 떠돌이입니다. 그러나 나그네는 정해진 곳을 향하여 꿋꿋하게 나아가는 사람입니다. 그리스도인은 저 천성을 향해 길을 떠난 나그네입니다. 나그네로되 주님과 함께하는 행복한 나그네입니다. 예수님의 마음 따라, 예수님의 생각 따라 예수님과 더불어 노니는 행복한 나그네입니다. 나는 바로 행복한 그 나그네입니다. 그 행복한 나그네 여정에서 보다 깊이 알음알음으로 깨닫게 되는 진리의 말씀의 순간 포착, 그리고 문득문득 스치고 지나가는 생각의 편린들을 놓칠세라 잽싸게 낚아 올려 쟁여 놓은 것들을 마음과 뜻을 함께하는 벗님네가 있다면 공유하고 싶은 마음에 살짝 드러낸 속살을 들켜버린 새아기씨의 수줍음을 무릅쓰고 펼쳐 보이려 합니다. 여러 가지 생각들이기에 잡상(雜想)이고, 주제별로 가지런히 정렬하지 않고 있는 그대로를 기록했기에 난기(亂記)입니다. 그래서 잡상난기(雜想亂記)라고 했습니다. 어느 때나 생각의 근저에는 종말 신앙 의식과 성육의 신앙 의식이 깔려 있어서 반복되는 표현들이 있습니다. 의도적임을 말씀드립니다. 종말 신앙과 성육의 신앙은 건강하고 행복한 그리스도인의 두 날개라는 나름의 판단 때문입니다.

부족하지만 피차 하나님과 함께하는 나그네, 길동무로서 심심풀이라도 되었으면 하는 간절한 바람으로 부끄러움을 개의치 않고 내 마음과 생각의 속살을 살짝 보여드리려 합니다. 어떠한 나무람이나 꾸지람도 감사히 받겠습니다. 이번 출간을 위해서 기획부터 교정, 편집, 디자인까지 총괄해 주신 고도재의 대표님께 심심한 감사의 뜻을 전합니다. 악필의 원고를 정리해 주신 강의규 님께 감사하고, 변함없는 사랑으로 관심을 갖고 기도해 주시는 영일교회 담임 목사님과 교우 여러분께 감사합니다. 너그러운 마음으로 받아주고, 반겨주는 LA 소재 밸리주하나교회 담임 목사님과 교우 여러분께도 고마운 마음을 전합니다. 그리고 정성을 다해 노후의 삶을 챙겨주는 사랑하는 가족들에게 갚을 수 없는 사랑의 빚을 안고 갑니다. 애오라지 기도할 뿐입니다. 감사합니다. 모든 영광 오직 주님께. 임마누엘 샬롬.

마음따라 생각따라 더불어 노니는
행복한 나그네

강 성 일

‖ 차례

라의 독서장

잡雜 상想 난亂 기記

저자 강성일

1. 기독교 신앙의 진수(眞髓)와 근간 (根幹)

십자가로 확증된 하나님의 은혜와 사랑이 모든 것을 승리로
이끄는 능력이고 범사에 감사하게하는 만사형통의 참의 근간(根幹)이라
  십자가로 확증된 과를 향한 하나님의 은혜와 사랑을 알고
느끼는 만큼 하나님과 이웃을 사랑하게 되고 나 자신과 자연을
사랑하게 된다. 성도의 삶에서 사랑의 모음을 찾아보기 힘든 것은
십자가로 확증된 자신을 향한 하나님의 사랑과 은혜를 모르기
때문이고 느끼지 못하기 때문이다.
  경건생활이란 십자가로 확증된 과를 향한 하나님의 은혜와 사랑을
보다 깊이 알아가고 보다 깊이 느껴가는 과정이다.
  기독교 신앙의 진수와 근간은 가로 십자가로 확증된 과를 향한
하나님의 은혜와 사랑이다 (롬5:8, 8:31~38, 35~39, 요일4:7~12)

2. 교만은 무지(無知)의 자기폭로

지혜와 지식의 근본은 자신과 하나님을 바로 알고 겸손하게
하나님을 경외하는 것이다. 많은 생각 깊은 생각이 아니라라도
좋다. 잠시 숨을 멈추고 반짝 스치는 영감만으로라도 쉽게 깨닫게되는 것은
하나님과 과와의 존재의 대비(對比)이다. 하나님은 창조주시고
과는 피조물이다. 하나님은 광대무변의 측량할 수 없는 크신 분이고
과는 티끌을 중에서도 미세먼지만도 못한 비미한 존재다. 결코
하나님 앞에서나 사람 앞에서 교만할 수 없다. 하나님을 경외할 수
밖에 없고 겸손하게 이웃을 존중하며 섬길 수 밖에 없다.
  예수 그리스도께서 보여주신 하나님은 겸손이시다. 그래서
교만한 자는 물리치시고 겸손한 자를 가까이 하신다.

경손은 하나님의 은혜와 사랑을 담는 그릇이고 사람들의 존경과
사랑을 담는 그릇이기도 하라. (마11:28-30. 잠9:10. 약4:6)

3. 권위

권위는 하나님께로부터 오는 것이라. 스스로 크게 보이고 높아보이려고
전체하는 것은 어리석음 중에 가장 어리석은 못난 것거리라.
언제 어디서나 자기를 낮추고 가장 작은 자로서 이웃을 높이고
섬기면 하나님께서 권위자로 세워주시고 높여주신라. 권위는
자신을 낮추고 섬기라는 것고 하리라. (요4:18. 빌2:5-11, 눅22:24-27,
                                                    벧전5:6. 히2:7)

4. 참된 안식 (쉼)

참된 안식은 예수 그리스도의 멍에를 멜 때 깃든라. 예수님의 멍에는
온유와 겸손이라. 온유는 백적 제외, 비관 시기 질투 천한 분노로부터의
자유이고 사심(私心)없이 가볍고 줄겁게 섬기는 것이라. 그리고 겸손은
야점으로부터의 자유이고 하나님의 뜻에 순복하고 이웃을 존중하고
섬기는 것라. 끊임없이 십자가의 예수님을 바라보고 묵상할 때
예수님의 사랑으로 물이양은 온유와 겸손이 마음에 경안을 안겨주고
참된 안식을 누리게 한라 (마11:28-30. 요14:27)

5. 나는 없라.

그리스도인에게는 「나」라고 해도 존재는 없라. 그리스도인은 육체와
함께 전과 욕심을 십자가에 못박은 자기기 때문이라. 그러므로 그리스도인의
삶이란 오직 예수님으로 방리된 예수님의 삶의 모습을 보이며 살아가는 ~~무릇~~
것을 말한라.

(17). 십자가를 진다는 것, 십자의 삶.

그리스도인은 바라크린이든 그들이 삶에서 자국 들을 수 있는 말이 있습니다. 그것은
「내가 십자가를 지겠다」 또는 「주라가 십자가를 짊어지고 가라 했습니다.

어떤 어려한 일이 생겼을 때 그 일을 감당하겠다고 자청해서 나서면서
하는 말입니다. 가슴을 쳐를 울립니다.

그러나 십자가를 진다고 할 때 주님께서 말씀하신 그것은 본질적으로 다른 차원의
뜻을 가지고 있습니다.

주님께서 말씀하신 것을 누구든지 자기 십자가를 지고 나를 따르지 않는 자도 능히
내 제자가 되지 못하리라 하시었다(눅14:27) 아무든지 나를 따라오려거든 자기를
부인하고 날마다 제 십자가를 지고 나를 따를 것이니라 하였습니다 (눅9:23)
먼저 십자가를 진다는 의미를 바로 알아야 하겠습니다.

예수님께서 마지막 만찬을 드시고 습관을 좇아 감람 산으로 가셔서 제자들에게도
기도할 것을 말한 후 제자들과 좀 떨어져 가서 무릎을 꿇고

땅에 엎드려 할 수 있으면 이 때가 자기를 떠나 지나가기를 구하며

기도 제목은 오직 하나였습니다:

「아버지여, 만일 아버지의 뜻이거든 이 잔을 내게서 옮기시옵소서 그러나
내 원대로 마옵시고 아버지의 원대로 되기를 원하나이다」(눅22:42)
예수님의 소원은 십자가를 지지 않고 십자가의 수치의 고통과 죽음을 당하지
않고 하나님의 뜻을 이룰 수 있다면 그렇게 되기를 원하였습니다
그러나 하나님의 뜻이 십자가의 수치와 고통과 죽음을 통해서 이루어지는 것이면
하나님의 뜻이 이루어지를 원한다 하여 순종하였습니다.

하나님께서는 예수님의 간절한 울며 엎드려 기도했음에도 불구하고 예수님께 무 엎드리게
예수님의 원대로 수치와 고통과 죽음을 통하여 구원경륜을 이루게 하는
참으로 어려운 고에수와 것을하기 이라지니 것은 간절하신 예수님을 사랑하지 않는
기도의 무릎을 꺾어서다 하나님께서는 그러나 자기의 외아들 예수를 십자가를
지시고 골고다 산상에 못다 대속의 죽으심과 하나님의 인류구원경륜을
성취케 하신 것입니다.

십자가를 진다는 것은 한마디로 변명하고 내 뜻을 하나님의 뜻에 복종하는 것을
말합니다

(11) 하나님의 말씀을 <del>불로</del> 암송하라   생수사랑동이

우리 밖으로 그리스도인은 공기같은 예수 그리스도의 권면걸입니다 (고후3:3) 지도인을
불 것이나 그의 삶을 통하여 예수 그리스도가 어떠하신 분인을 읽을 수 있어야 합니다
하나님의 말씀을 머리로 <del>암기</del> 그냥 하고 암송하는 것에도 한계가 있습니다 <del>혹은</del>
설사 성경 66권을 모두 <del>암기</del>하고 <del>암송한다</del> 할지라도 세상 사람들은 그가
그리스도인을 <del>알지</del> 알 수 있습니다 그래서 예수 그리스도가 어떠한 분인지를 보라면
그러나 하나님의 말씀을 불로 기억하고 불로 암송하면 그가 그리스도인임을
알게 되고 <del>예수</del>불로 암송하는 그의 삶을 통하여 예수 그리스도가 어떠한 분인지를
<del>읽고</del>알게 됩니다. 그래서 그들이 감동하고 감격을 받으나 예수 그리스도를
알으로 나아오게 되고 예수 그리스도를 인격적으로 만나서 변화의 새 사람이 되고
것이며 <del>그들도</del> 그리스도인이 되어 하나님의 뜻을 이루게 되는 것입니다
생각해 보십시오. 하나님의 말씀을 머리로 다 암송한다 할지라도 불로,
생명으로 그 말씀이 통하지되어 동일하되지 않는다면 <del>머리로</del> 머리로만 기억하고
있는 그 말씀이 무슨 의미가 있겠습니까?
그래서 사도 바울은 통하여 하나님께서 받으실게기를 몸을 거룩한 산 제물로   너희
드리라고 하신 것입니다 여기서 하는 것 하나님께서 기뻐하시는 합당한
예배라고 했습니다 삶으로 하나님의 말씀을 보이라는 뜻입니다

그러므로 형제들아 내가 하나님의 모든 자비하심으로 너희를 권하나니
너희 몸을 하나님이 기뻐하시는 거룩한 산 제물로 드리라, 이는
너희가 드릴 영적(합당한) 예배니라

악으로 갚지 말지니라 <del>악을</del> 받고 누르는지 네 오른 뺨을 치거든 왼편도 돌려대라는
<del>말씀</del> 성경 몇장 몇절인지는 몰라도 오른 뺨을 치는 자에게 왼편도
뺨을 돌려대면 <del>악을</del> 불로 말씀을 암송하는 것입니다

이웃과 회복을 돌이켜서 원수를 사랑하며 박해하는 자를 위하여 기도하라고
말씀이 어느 성경 몇장 몇절인지를 몰라도 생활 속에서 이웃과 회복을 돌이켜
원수를 사랑하며 박해하는 것을 위하여 기도하리면 그것이 바로 불로
말씀을 암송하는 것입니다

그러면 <del>많은 것이</del>
하나님께서
기뻐하시는
인격적인 예배이요,
합당한 예배라는
것입니다

주와 같이 길 가는 것
즐거운 일 아닌가

1. 기독교 신앙의 진수(眞髓)와 근간(根幹)

> 우리가 아직 죄인 되었을 때에 그리스도께서 우리
> 를 위하여 죽으심으로 하나님께서 우리에 대한 자
> 기의 사랑을 확증하셨느니라(롬5:8)

십자가로 확증된 하나님의 은혜와 사랑이 모든 것을 승리로 이끄는 능력이고 범사에 감사하게 하는 만사형통의 복의 근간(根幹)이다. 십자가로 확증된 나를 향한 하나님의 은혜와 사랑을 알고 느끼는 만큼 하나님과 이웃을 사랑하게 되고 나 자신과 자연을 사랑하게 된다. 성도의 삶에서 사랑의 모습을 찾아보기 힘든 것은 십자가로 확증된 자신을 향한 하나님의 사랑과 은혜를 모르기 때문이고 느끼지 못하기 때문이다.

경건 생활이란 십자가로 확증된 나를 향한 하나님의 은혜와 사랑을 더욱 깊이 알아가고 느껴가는 과정이다. 기독교 신앙의 진수와 근간은 바로 십자가로 확증된 나를 향한 하나님의 은혜와 사랑이다(롬5:8, 8:28, 35-39, 요일4:7-12).

2. 교만은 무지(無知)의 자기 폭로

나는 마음이 온유하고 겸손하니 나의 멍에를 메고
내게 배우라 그리하면 너희 마음이 쉼을 얻으리니
(마11:29)

지혜와 지식의 근본은 자신과 하나님을 바로 알고 겸손하게 하나님을 경외하는 것이다. 많은 생각 깊은 생각이 아니더라도 좋다. 잠시 숨을 멈추고 반짝 스치는 생각만으로도 쉽게 깨닫게 되는 것은 하나님과 나와의 존재의 대비(對比)이다. 하나님은 창조주시고 나는 피조물이다. 하나님은 광대무변(廣大無邊)의 측량할 수 없는 크신 분이고 나는 피조물 중에서도 미세 먼지만도 못한 미미한 존재다. 결코 하나님 앞에서나 사람 앞에서 교만할 수 없다. 하나님을 경외할 수밖에 없고 겸손하게 이웃을 존중하며 섬길 수밖에 없다. 예수 그리스도께서 보여 주신 하나님은 겸손이시다. 그래서 교만한 자는 물리치시고 겸손한 자를 가까이하신다. 겸손은 하나님의 은혜와 사랑을 담는 그릇이고 사람들의 존경과 사랑을 담는 그릇이기도 하다. 교만은 무지의 열매요, 사탄이 가장 즐기는 먹잇감이다(마11:29-30, 잠9:10, 약4:6).

3. 권위

그러므로 하나님의 능하신 손 아래에서 겸손하라
때가 되면 너희를 높이시리라(벧전5:6)

권위는 하나님에게서 온다. 스스로 크게 보이고 높아 보이려고 젠체하는 것은 어리석음 중에 가장 어리석은 못난 짓거리이다. 언제 어디서나 자기를 낮추고 가장 작은 자로서 이웃을 높이고 섬기면 하나님께서 권위자로 세워 주시고 높여 주신다. 권위는 자신을 낮추고 섬기는 만큼 견고해진다(수4:18, 빌2:5-11, 눅22:24-27, 벧전5:6, 히12:2).

4. 참된 안식(쉼)

평안을 너희에게 끼치노니 곧 나의 평안을 너희에
게 주노라 내가 너희에게 주는 것은 세상이 주는 것
과 같지 아니하니라 너희는 마음에 근심하지도 말
고 두려워하지도 말라(요14:27)

참된 안식은 예수 그리스도의 멍에를 멜 때 깃든다. 예수님의 멍에는 온유와 겸손이다. 온유는 배척, 폐쇄, 비판, 시기, 질투, 원한, 분노로부터의 자유이고 사심(邪心) 없이 기쁘고 즐겁게 섬기는 것이다. 겸손은 아집으로부터의 자유이며, 하나님의 뜻에 순복(順服)하고 이웃을 존중하고 섬기는 것이다. 끊임없이 십자가의 예수님을 바라보고 묵상할 때 예수님의 사랑으로 말미암은 온유와 겸손이 마음에 평안을 안기고 참된 안식을 누리게 한다(마11:28-30, 요14:27).

5. 나는 없다

내가 그리스도와 함께 십자가에 못 박혔나니 그런
즉 이제는 내가 사는 것이 아니요 오직 내 안에 그
리스도께서 사시는 것이라 이제 내가 육체 가운데
사는 것은 나를 사랑하사 나를 위하여 자기 자신을
버리신 하나님의 아들을 믿는 믿음 안에서 사는 것
이라(갈2:20)

그리스도인에게는 '나'라고 하는 존재는 없다. 예수 그리
스도 안의 내가 있을 뿐이다. 그리스도인은 육체와 함께 정
과 욕심을 십자가에 못 박은 자이기 때문이다. 그러므로 그
리스도인의 삶이란 오직 예수님으로 빙의(憑依)된 예수님의
삶의 모습을 보이며 살아가는 것을 말한다. 어떤 상황에서
도 나는 나타나지 않고 예수님만 보이는 삶을 살아가는 것
이다. 곧 희로애락의 모든 표현이 육신의 정욕에서 나오는
것이 아니라 오직 예수님으로 말미암아 표현되는 것이다.
그리스도인에게는 '나'는 없다. 다만 옛 습관을 따라 불쑥불
쑥 육신의 정욕의 너울 밖으로 나의 추한 모습을 보이지만,
성령님의 능력을 힘입어 끊임없이 육신의 정욕을 쳐서 복
종시키고 다스려야 한다. 경건 생활을 게을리해서는 안 될

이유이다. 나를 통해 예수님께서 예수님의 삶을 사시도록
내주하시는 주님께 나의 전폭 (全幅) 을 내어드리자(갈2:20,
5:16, 24, 고전9:27).

6. 짐승의 밥으로 오신 예수 그리스도

> 나는 하늘에서 내려온 살아 있는 떡이니 사람이 이
> 떡을 먹으면 영생하리라 내가 줄 떡은 곧 세상의 생
> 명을 위한 내 살이니라 하시니라(요6:51)

인간은 아담의 불순종으로 하나님의 형상을 잃어버렸고
짐승의 수준으로 타락했다. 하나님의 형상인 예수 그리스도
는 짐승의 수준으로 타락한 인간의 먹이, 인간의 밥으로 세
상에 오셨다. 누구든지 하나님의 형상인 예수님을 먹으면
(믿으면) 잃었던 하나님의 형상이 회복된다. 단절된 하나님
과의 관계가 복원되어 하나님과 행복한 교제를 하게 된다.
이렇게 예수님을 먹음(믿음)으로 하나님의 형상을 회복한
그리스도인은 예수님과 함께 세상의 밥으로 세상을 향해 나

아가야 한다. 세상이 하나님의 형상을 회복하도록 예수님과 함께 성육의 삶을 살아가야 한다. 이 같은 삶이 성숙한 그리스도인의 삶이요, 그리스도인을 향한 하나님의 뜻이다. 이 같은 성육의 삶은 하나님을 기쁘게 하는 주님을 위한 떡으로 살아가는 삶이기도 하다. 세상을 향해서나, 주님을 향해서나 맛깔스러운 떡으로 살아가자(고후4:4, 요6:51, 고후5:18).

7. 동물의 왕국인가 하나님의 왕국인가

> 예수께서 성전에 들어가사 성전 안에서 매매하는 모든 사람들을 내쫓으시며 돈 바꾸는 사람들의 상과 비둘기 파는 사람들의 의자를 둘러 엎으시고(마 21:12)

교회는 예수 그리스도로 말미암아 하나님의 형상을 회복한 사람들의 모임이다. 그런데 교회의 실상을 들여다보면 하나님의 사람다운 모습은 찾아보기 힘들다. 짐승들로 우글거리는 짐승의 우리 같다. 탐욕으로 가득한 돼지 같은 사람, 이해득실을 계산하느라 잔머리 굴리는 당나귀 같은 사람, 자신의 실리만을 추구하는 박쥐 같은 사람, 변신에 능한 카멜레온 같은 사람, 그리스도인인 척 흉내만 내는 원숭이 같은 사람, 자신의 주제 파악을 못 하고 과장하며 자랑을 일삼는 우물 안 개구리 같은 사람, 안일하게 향락을 즐기는 매미 같은 사람, 간사하고 교활한 여우 같은 사람, 능구렁이 같은 음흉한 사람, 물고 찢고 패거리를 짓는 개 같은 사람, 자기 편의를 따라 요리조리 잘 빠져나가는 미꾸라지 같은 사람, 버르장머리 없는 파리 같은 사람, 매사에 역으로만 나가는 청개구리 같은 사람, 미련한 곰 같은 사람, 엉큼한 짓을 일삼는 두더지와 너구리 같은 사람, 받은 은혜와 사랑을 잘 잊어버리는 감사를 모르는 까마귀 같은 사람, 오만과 교만으로 거들먹거리는 황새 같은 사람, 자기 현시를 즐기는 공작새 같은 사람, 사납기가 사자나 호랑이 같은 사람, 날카로운 발톱을 감추고 꼬리를 흔드는 고양이 같은 사람, 쉴 새 없이 조잘대는 참새 같은 사람 등이다. 교회는 이러한 짐승 같은 사람들이 하나님의 형상인 예수님을 만나서 하나님의 형상을 회복한 하나님의 사람들의 모임이다. 건강하고 행복한 교회는 하나님의 사람들로 가득한 교회이다. 교회가 건강하고 행복해야 시대적이고 역사적인 사명을 바르고 힘 있게 감당할 수 있다(마21:12-13, 눅18:8).

8. 하나님의 은혜가 임하면

> 그런즉 누구든지 그리스도 안에 있으면 새로운 피
> 조물이라 이전 것은 지나갔으니 보라 새 것이 되었
> 도다(고후5:17)

하나님의 은혜가 임하면 변화가 온다. 영이 살아나고 마음이 순수해진다. 얼굴이 밝아지고 선한 일로 생활이 분주해진다(고후5:17).

9. 율법적인 삶과 복음적인 삶의 식별

> 너희 모든 일을 사랑으로 행하라(고전16:14)

매사에 내가 우선이 되고 내가 중심이 되는 삶이라면 율법적인 삶이다. 매사에 하나님이 우선이 되고 하나님이 중심이 되는 삶이라면 복음적인 삶이다. 이웃과 하나님을 섬김이 의무적인 무거운 짐이라면 율법적인 삶이요, 즐겁게 자원하는 섬김이라면 복음적인 삶이다. 율법(말씀)을 지키는 것이 율법적인 삶이 아니다. 율법(말씀)을 지켜 살아가는 것은 사랑의 증표이다. 사랑의 지배를 받는 삶은 율법이 율법이 아니라 복음이다. 그러나 의무의 지배를 받는 율법적인 사람에게는 복음도 율법으로 여기고 힘들어한다. 모든 일을 의무가 아닌 사랑으로 행할 때 행복하다(요14:15, 24, 고전 16:14).

10. 그리스도인의 건강한 삶의 자세

너희가 죄와 싸우되 아직 피흘리기까지는 대항하지
아니하고(히12:4)

자신의 연약함과 우매함과 허물을 볼 수 있음이 지혜이다. 그것을 인정하는 것이 용기이다. 이 같은 지혜와 용기를 바탕으로 과감하게 그리스도의 분량에 이르도록 자기 혁신을 하면서 끊임없이 정진(精進)하는 것이 그리스도인의 건강한 삶의 자세이다(엡4:13, 빌3:12-14, 히12:4).

11. 죽음은 옷을 갈아입는 것이다

주께서 옷을 입음 같이 빛을 입으시며 하늘을 휘장
같이 치시며(시104:2)

몸은 영혼을 담고 있는 옷이다. 낮에는 작업복을 입고 일
하던 사람이 저녁이 되면 평상복으로 갈아입고 밤이면 잠옷
으로 갈아입고 잠자리에 든다. 그리스도인에게 있어서 육신
의 몸은 이 세상에서 하나님의 일을 하는 작업복이다. 육신
의 죽음은 바로 이 작업복을 벗고, 영혼이 편히 쉬는 잠옷
곧 하늘의 신령한 옷, 빛의 옷으로 갈아입는 것이다. 육신의
죽음을 두려워할 것이 아니다. 이 세상에서 하나님의 일을
잘 마친 자로서의 만족함과 편안한 마음, 홀가분한 기분으
로 맞이해야 한다. 죽음은 하늘나라의 옷으로 갈아입는 것
이다(고후5:1-10, 시104:2, 마17:2).

12. 신령한 삶의 메커니즘

너희가 나를 사랑하면 나의 계명을 지키리라 (요14:15)

하나님의 은혜 안에 살아가는 그리스도인에게 있어서 믿음과 사랑과 순종은 별개의 것이 아니다. 하나로 조화를 이루어 움직이는 신령한 기제(機制)이다. 죽을 수밖에 없는 나의 죄를 대속하기 위해 자신의 몸을 희생 제물로 내주신 예수 그리스도를 믿는 자는 예수 그리스도를 사랑하게 되고, 예수 그리스도를 사랑하는 자는 예수 그리스도에게 순종하게 된다. 믿음의 사람에게는 사랑이 자연스럽게 따르고, 사랑의 사람에게는 자연스럽게 순종이 따른다. 사랑 없는 믿음은 율법주의에 지나지 않고 순종 없는 사랑은 거짓이다. 믿음이 없는 사랑은 인도주의에 머물고 사랑 없는 순종은 위선일 뿐이다. 하나님의 은총 안에서 성령으로 거듭난 그리스도인의 신령한 삶에는 믿음과 사랑과 순종이 자연스럽게 조화를 이룬다. 예수 그리스도의 측량할 수 없는 덕이 아름답게 드러난다. 중생자의 수동적 능동의 신령한 삶의 메커니즘 때문이다(약2:19-22, 요14:15, 21).

13. 성숙하고 건강한 성도 관계

> 너희가 우리를 부분적으로 알았으나 우리 주 예수
> 의 날에는 너희가 우리의 자랑이 되고 우리가 너희
> 의 자랑이 되는 그것이라(고후1:14)

성숙하고 건강한 성도 관계는 서로가 서로에게 자랑이 되는 관계이다. 성숙하고 건강한 성도는 당연히 영성, 덕성, 품성이 그대로 묻어나는 섬김의 생활 습관으로 언제나 서로에게 신선한 도전을 준다. 겸손한 일상의 삶이 감동적인 메시지이다. 성숙하고 건강한 성도의 관계는 서로가 서로를 존경하고 사랑할 수밖에 없는 관계이며, 스스럼없이 자랑할 수 있는 관계이다.

그리스도인이 서로가 서로에게 자랑이 되는 삶을 살아가야 할 이유는 우선은 주님의 영광을 더욱 드높이고, 복음의 문을 더욱 활짝 열기 위함이다. 피차 마지막 날 주님 앞에 설 때에 서로가 서로에게 자랑스러운 존재가 되고, 하나님께서 의도하신 대로 좋은 만남을 지속적으로 엮어감으로 건강한 관계 속에 주님께서 주시는 하늘의 기쁨과 즐거움을 누리기 위함이다(고후1:14).

14. 가장 성숙한 믿음의 표현인 감사

> 우리가 알거니와 하나님을 사랑하는 자 곧 그의 뜻
> 대로 부르심을 입은 자들에게는 모든 것이 합력하
> 여 선을 이루느니라(롬8:28)

감사는 가장 성숙한 믿음의 표현이다. 감사가 하나님의 절대 주권적인 사랑의 섭리를 확신하고 하나님의 섭리하심에 무조건 순종하겠다는 신앙고백이기 때문이다. 하나님께서 범사에 감사하는 이를 그토록 기뻐하시는 이유는 감사가 하나님의 뜻이며, 사랑의 섭리를 절대 신뢰하고 조건 없이 따르는 순종의 온전한 표현이기 때문이다.

하나님은 제사보다 순종을 더 기뻐하신다. 이는 제사를 소홀히 여기는 것이 아니다. 순종 없는 제사, 감사 없는 제사는 의미가 없기에 받지 않으신다는 뜻이다. 그러므로 일상의 삶이 항상 순종으로 인식되는 감사의 삶이어야 한다. 하나님께서 어떤 말씀을 주시고, 어떻게 인도하시든지 감사함으로 성령의 권고에 순종해야 한다. 극한의 고난에 처할지라도 감사함으로 그 환경을 받아들여야 한다. 고난이 나를 유익하고 복되게 하려는 하나님의 사랑의 섭리가 분명하기 때문이다. 그리스도인이 겪는 고난에는 하나님의 선하고 깊은 의도가 있다. 하나님은 고난을 통해 어리석은 나를 깨우치고, 교만한 나를 겸손하게 하며, 연약한 나를 연단하여 강하고 담대한 자로 만든다. 고난에는 나를 더욱 복되고 유익하게 하려는 하나님의 측량할 수 없는 사랑의 섭리가 감춰져 있다. 고난을 통해서 하나님은 자신의 영광을 나타내신다.

하나님께서는 감사가 없는 순종은 순종으로 인정하지 않으신다. 하나님께서 하시는 일을 불신하고, 입으로 불평하며, 마음으로 원망을 품고 있기 때문이다. 감사 없는 순종은 하나님을 기만하는 어리석은 짓이다. 하나님은 속지 않으신다. 범사에 감사함으로 하나님을 절대 신뢰하고 따르겠다는 신앙고백을 드리자. 가장 성숙한 믿음의 표현은 범사에 감사하는 것이다(시136:1, 살전5:18, 롬8:28).

15. 울타리

진리를 알지니 진리가 너희를 자유롭게 하리라(요8:32)

세상 사람들에게는 울타리의 규모로 사람의 격(格)을 셈하는 못된 풍습이 있다. 울타리의 규모란 소유의 규모를 말한다. 울타리의 둘레가 크고 견고한 사람일수록 목에 힘을 주고 목소리를 높인다. 울타리가 작고 빈약한 사람은 어깨를 움츠리고 꼬리를 사리며 눈치를 살피며 살아간다. 아예 울타리가 없는 사람은 숨소리조차 내지 못한다. 땅에 코를 박고 납작 엎드려 있어야 한다. 그래서 너나 할 것 없이 울타리 확보와 확장을 위해서 사생결단으로 혈투를 벌이고 있다.

많이도 아니고 조금만 생각해 보면 울타리 확보를 위한 혈투가 얼마나 어리석고 가소로운 짓거리인가를 알게 된다. 지구촌을 넘어 태양계를 지나 은하계를 거쳐 끝없이 펼쳐진 광활한 우주의 눈으로 보면, 사람들이 자랑하는 울타리의 규모는 아무런 의미가 없다. 한낱 미세한 먼지만도 못한 인생들의 울타리 자랑은 가소로울 뿐이다. 수에 칠 가치도 없는 울타리 안에서 사탄 제국의 식민 통치를 받으며, 식민 생활의 고통으로 신음하는 인생의 참담한 모습이 가인의 후예들의 서글픈 자화상이다.

누구를 그리스도인이라고 하는가? 그리스도인은 예수 그리스도로 말미암아 세속의 울타리를 벗어난 사람이다. 탐욕의 지배를 받는 사탄의 식민 통치에서 해방된 사람이다. 자유로운 진리의 울타리 안에서 평안과 여유를 누리는 사람이다. 진리를 좇아 세속 속의 신령한 세계에서 자유로운 삶을 살아간다. 세속의 울타리 규모에 구애받지 않는다. 진리 안에는 인생이 추구하는 욕구 이상의 모든 것이 담겨 있고, 진리 안에서 더 바랄 것이 없는 참 만족을 누리기 때문이다. 그리스도인이 탐욕을 따르지 않는 이유이다.

그리스도인이라고 하면서도 여전히 탐욕의 지배 아래 살아간다면, 그는 아직 진리를 모르는 사람이거나 안다고 해도 미숙한 그리스도인이다. 그리스도인의 울타리는 진리인 성부, 성자, 성령 성삼위 하나님이다. 성삼위 하나님을 아는 그리스도인은 모든 탐욕에서 자유로운 일체 무애의 대자유인으로 살아간다(시18:1-2, 요8:32, 갈5:1, 시118:6, 시23:1).

16. 소인배(小人輩)들의 이전투구(泥田鬪狗)

일어나라 빛을 발하라 이는 네 빛이 이르렀고 여호
와의 영광이 네 위에 임하였음이니라(사60:1)

좀팽이는 좀스러운 졸장부, 소인배를 말한다. 예나 지금
이나 좀팽이들의 탐욕에 매인 이전투구는 세간과 출세간의
구별 없이 동일하다. 아집의 굴레에서 벗어나지 못한 좀팽
이들은 하나같이 도토리 키 재기 놀음으로 사탄의 기쁨조
역할에 충실하다. 지금은 그 어느 때보다도 대장부의 멋진
모습을 보여줄 사람이 그리운 시대이다.

좀팽이가 아닌 대장부는 어떠한 사람을 말하는가? 그 사
람은 예수 그리스도로 빙의된 그리스도인이다. 그리스도인
은 예수 그리스도와 연합된 자로서 예수 그리스도의 삶을
살아가는 자이다. 예수님의 생각으로 생각하고, 예수님의
마음으로 느끼고, 예수님의 눈으로 보고, 예수님의 귀로 듣
고, 예수님의 입으로 말하고, 예수님의 손발로 움직이는 삶
을 살아가는 자이다. 곧 바다 같은 넓고 깊은 사랑의 사람이
다. 바위처럼 흔들림 없는 강한 의지의 사람이다. 청명한 가
을 하늘 같은 맑고 드높은 기상의 사람이다. 구름처럼 막힘

없이 유유자적하는 무애의 사람이다. 바람처럼 형체 없이 섬기는 무사심(無邪心)의 사람이다. 범람하는 강물처럼 도도하나 아래로 더 아래로 흘러가는 겸손의 사람이다. 신선한 꿈을 품고 독수리처럼 높이높이 비상하는 비전의 사람이다. 작지만 큰 도전을 주는 마중물 같은 개혁의 사람이다. 지치고 피곤한 이들에게 느티나무처럼 넉넉한 그늘과 쉼터가 되어주는 덕 있는 사람이다. 양질의 삶을 위해 로댕의 생각하는 사람처럼 끊임없이 고뇌하는 사람이다. 우울하고 답답한 이들의 가슴을 시원하게 하는 품바 같은 해학의 사람이다. 척박한 환경에서도 가무를 즐길 줄 아는 풍류의 사람이다.

좀팽이 소인배들의 이전투구로 아수라장이 된 세상에서 대장부에 대한 그리움이 절절하다. 사람다운 사람, 온전한 사람의 삶의 모습을 보여 주신 예수 그리스도의 삶을 살아가는 그리스도인들은 도대체 어느 곳에 꼭꼭 숨어 있기에 그 장대한 모습을 찾아볼 수 없는 것일까? 그리스도인들이여, 이제 일어나 머리를 들라. 이제 일어나 새날의 밝은 빛을 비추라. 지금이 바로 그때이다(사60:1, 마5:14-16, 엡5:8-9).

17. 순종 없는 구원은 없다

내 형제들아 만일 사람이 믿음이 있노라 하고 행함
이 없으면 무슨 유익이 있으리요 그 믿음이 능히 자
기를 구원하겠느냐(약2:14)

구원은 오직 하나님의 은혜로, 예수 그리스도를 믿음으로
만 받는다. 어떠한 선한 행위나 쌓은 공덕으로는 결코 구원
을 받을 수 없다. 구원의 표지 가운데 중요한 것은 말씀 순
종이다. 믿노라, 구원받았노라 하면서 말씀에 순종하지 않
는다면 그의 믿음은 허세요, 그의 구원은 거짓이다. 믿고 구
원받은 자에게는 반드시 선한 행위가 따르고, 자연스럽게
선한 공덕이 쌓여간다. 말씀에 순종하고, 말씀의 열매를 맺
는다. 씨눈이 있는 씨앗을 심으면 싹이 나고 꽃이 피고 열매
를 맺는 것과 같다. 순종 없는 구원은 없다. 이는 순종의 행
위로 구원받는 의미가 아니다. 구원받은 자에게는 반드시
순종의 열매가 따르므로 순종 없는 구원은 구원이 아니라는
뜻이다.

'구원받았다'라는 말은 예수 그리스도 안에 거한다는 의
미이다. 예수 그리스도 안에 거하는 그리스도인은 자연스럽

게 예수 그리스도의 삶을 살아간다. 예수 그리스도께서 움직이면 함께 움직이고, 예수 그리스도께서 멈추면 함께 멈춘다. 구원받은 자는 예수 그리스도와 연합된 자이기에 예수 그리스도의 삶을 살아가는 것은 지극히 자연스러운 현상이다. 순종은 억지가 아니다. 자연스러운 것이다. 믿고 구원받았노라 하면서도 예수 그리스도께 순종하는 삶이 보이지 않는 것은 아직 예수 그리스도와 온전히 연합하지 않았기 때문이다. 여전히 예수 그리스도와 관계없는 죄인이요, 불의한 자이기 때문이다. 그리스도인이라고 하면서도 교회 안에서 문제를 일으키고, 사회적으로 불미스러운 일로 물의를 빚는 것은 말씀에 순종하지 않는 사이비 그리스도인이기 때문이다. 물론 인간은 연약하고 어리석은 불완전한 존재인지라 때로는 말씀에 불순종한다. 곁길로 가기도 하고 좌우로 치우치기도 한다. 하지만 성령님의 권고하심을 따라 예수 그리스도의 사랑과 십자가의 대속의 은혜를 기억하는 사람, 곧 구원받은 사람은 곧바로 예수 그리스도의 품으로 돌아온다. 순종 없는 구원은 구원이 아니다. 구원받은 자에게는 반드시 순종의 열매인 예수 그리스도의 삶의 모습이 보인다(약2:14, 22, 26, 요일2:4-6).

18. 우리는 지금

사랑하는 자들아 주께는 하루가 천 년 같고 천 년이
하루 같다는 이 한 가지를 잊지 말라(벧후3:8)

우리는 지금 우려를 넘어 두려움으로 떨 수밖에 없는 종
말의 끝자락에 살아가고 있다. 오늘의 사회 풍속도를 보면
하나님의 진노로 물과 불의 심판을 받고 멸망한 노아 시대
와 소돔과 고모라 시대의 사회 풍속도와 똑같다. 아니 더 심
하다고 볼 수 있다. 예수님께서 말씀하시기를 종말의 심판
때에는 노아 시대의 심판이나 소돔과 고모라의 심판보다 더
두려운 것이라고 하셨기 때문이다. 종말 시대의 사회 풍속
도에는 몇 가지 공통점이 있다. 그것은 인명 천시, 맘몬 숭
배, 음란, 패륜 풍조이다. 참혹한 테러, 묻지 마 폭력, 잔인
한 수법의 살인이 난무하고 있다. 자살이 유행병처럼 번지
고 있고 돈이 가치척도의 기준이 되었다. 동성애로 끝나지
않고 동성결혼의 합법화 추세가 문명국가로부터 확산하고
있다. 급기야 동성애 성직자까지 증가 추세를 보이더니 드
디어 동성애 성직자가 교단의 수장이 되는 지경까지 이르렀

다. 또한 지금은 패륜이 극에 달해있다. 자식이 부모를 살해하고 부모가 자식을 죽이는 끔찍한 일이 다반사이다. 형제가 형제를 남편과 아내가 금전과 치정 문제로 살인하는 일이 일상화됐다. 더 두렵고 심각한 문제는 오늘을 살아가는 대부분의 사람이 이 같은 현상에 익숙해져서 무감각하고 무반응을 보이고 있다. 끔찍한 죄악이 보편화되었기 때문이다. 종말 시대의 죄악상을 보편화된 죄악이라고 대변할 수 있다.

종말 시대를 살아가는 그리스도인으로서 가장 두려워해야 할 질병은 바로 심령 불감증이다. 그 증상은 심령이 무디어져서 은혜를 은혜로 느끼지 못하고 죄악을 죄악으로 느끼지를 못한다. 그래서 종말 시대에는 감사가 메말라 감사할 줄을 모르고 죄악을 혐오하고 기피하는 것이 아니라 죄악에 깊이 빠져 죄악을 즐기면서 살아간다. 양심에 화인을 맞아 심령에 굳은살이 겹겹이 생겼기 때문이다. 무지한 인생들이 길이 참고 기다리시는 하나님의 사랑과 자비를 비웃고 악용하고 있다. 그러나 하나님은 누구를 속이지도 않으시지만, 누구에게 속지도 않으신다. 지금은 추수기이다. 졸지에 심판의 낫을 들어 추수하실 때 알곡은 모아 천국 곳간에 들이고 쭉정이는 지옥 불에 던져 불사를 것이다. 우리는 지금 추수기의 절정에 살아가고 있다. 우리가 모두 아름답게 단장된 신부로 신랑이 되신 주님 앞에 영광스러운 모습으로 서기 위해 경건 생활에 더욱 힘써야 할 이유이다. 우리는 지금 예수 그리스도의 재림의 순간이 임박한 시점에 살아가고 있다. 정신 바싹 차리고 깨어 있어야 한다(벤후3:8-14).

19. 순간의 핵인 임마누엘

> 내가 너희에게 분부한 모든 것을 가르쳐 지키게 하라 볼지어다 내가 세상 끝날까지 너희와 항상 함께 있으리라 하시니라(마28:20)

순간은 영원에 잇대어 있고 그 순간의 핵은 임마누엘이다. 이 임마누엘의 신앙이 순간순간을 거룩으로 이끌고, 이 임마누엘의 신앙이 순간순간을 기쁨과 즐거움으로 채워준다. 곧 임마누엘의 신앙이 매 순간을 정직과 진실, 의와 성실의 삶으로 살아가게 한다. 사랑과 순결의 거룩한 삶을 살아가게 한다. 만족과 평안과 행복한 삶을 살아가게 한다.

임마누엘의 신앙이 순간순간을 천국화하고 천국 생활을 누리게 한다. 임마누엘의 신앙으로 순간순간의 천국 생활을 누리는 사람만이 천국 생활의 행복을 영원히 누리게 된다. 순간순간을 기쁘고 즐겁게 살아가지를 못하고 번민과 고통 속에 살아가고 있다면 그는 임마누엘의 신앙이 없기 때문이다. 순간은 영원에 잇대어 있고 순간의 핵은 임마누엘이다. 임마누엘은 하나님이 항상 나와 함께 하심을 말하고, 임마누엘의 신앙은 항상 나와 함께 하시는 하나님을 의식하며 살아가는 것이다. 나와 함께 하시는 하나님은 영원불변하시고 모든 것의 모든 것이 되시는 온전하신 분이요, 사랑과 자비가 무한하신 분이시다. 그 위대하신 분이 나의 아버지이시다. 이를 믿는 자만이 이 땅에서부터 천국의 행복을 누리며 살아간다(시23:1-4, 마28:20).

20. 고독의 참된 안식처

민음의 주요 또 온전하게 하시는 이인 예수를 바라
보자 그는 그 앞에 있는 기쁨을 위하여 십자가를 참
으사 부끄러움을 개의치 아니하시더니 하나님 보좌
우편에 앉으셨느니라(히12:2)

고독에는 저급한 고독과 숭고한 고독이 있다. 저급한 고
독의 사람을 통속적 고독의 사람이라 한다면, 숭고한 고독
의 사람은 고답적 고독의 사람이라 할 수 있다. 또 고독은
주어진 고독과 선택한 고독이 있다. 주어진 고독은 자의가
아닌 타의에 의해서 졸지에 찾아온 고독이다. 사랑하는 배
우자와의 갑작스러운 사별 같은 경우이다. 선택한 고독은
스스로 일상을 벗어나 자기를 객관적으로 대면하여 보다 성
숙한 자아를 위해 냉철하게 성찰하는 자리이다. 일상을 떠
나 한적한 곳으로 나아가 단식 수련을 하는 것과 같은 것이
다. 통속적 고독과는 차원이 다른 고독이다. 통속적 고독과
차원이 다른 고독은 곁에 사람이 없어 홀로 있으므로 느끼
는 쓸쓸한 감정이 아니다. 오히려 대나무 숲처럼 많은 군중
들로 에워싸여 있어도 더욱 외롭고 쓸쓸함을 느끼는 고독이

다. 서로의 진술한 마음과 생각을 담아 나눌 수 있는 순백의
맑고, 밝고, 깊은 눈을 가진 자를 찾을 수 없기 때문이다. 곧
순백의 순수한 영성의 사람을 만나지 못한 외로움이다.

통속적 고독의 사람은 저속한 방법으로 고독의 늪에서 벗
어나려고 안간힘을 쓰지만, 숭고한 고독의 사람은 고상한
방법으로 고독을 달래면서 고독을 즐긴다. 그러나 저속한
방법이든 고상한 방법이든 인간적 노력만으로는 고독의 늪
에서 온전히 헤어나지를 못한다. 좌절하고 절망하다가 파
멸에 이르게 된다. 고독에서 벗어나 참된 안식을 얻으려면
말씀의 조명을 받아 안식의 실상을 알아야 한다. 하나님을
반역한 아담의 불순종이 인간의 삶을 어둡게 했고, 고독하
게 했고, 죽음에 이르게 했다. 아담의 범죄가 고독의 시점이
다. 그러므로 사망과 고독의 근본적인 해결은 죄의 문제이
다. 죄의 문제는 예수 그리스도의 십자가에서의 대속의 죽
음으로만 해결된다. 곧 인간을 향한 하나님의 은혜와 사랑
이 확증된 십자가가 죽음과 고독을 비롯한 모든 문제 해결
의 종점이다. 고독으로 밤잠을 이루지 못하고 괴로워하는
가? 갈보리 산상의 십자가의 예수 그리스도를 바라보라. 이
세상의 그 무엇으로도 채울 수 없었던 참된 안식에 대한 목
마름이 해결될 것이다. 고독의 진정한 안식처는 갈보리 산
상의 십자가이다(마11:28, 요4:13-14, 요14:27, 히12:2).

21. 별것 아닌 것이 별것이 된 연후에는

네가 내 눈에 보배롭고 존귀하며 내가 너를 사랑하
였은즉 내가 네 대신 사람들을 내어 주며 백성들이
네 생명을 대신하리니(사43:4)

진부한 표현 같지만, 인생이란 광대무변의 우주공간에 하
나의 미세 먼지와 같고, 망망대해에 일엽편주와 같다. 그 삶
이란 운무나 하루살이와 다르지 않은 별것 아닌 존재이다.
그래도 인간이 귀한 것은 하나님의 형상대로 지음을 받았기
때문이고, 만유의 주재자이신 하나님의 특별한 관심 안에
존재하기 때문이다. 그러나 대부분의 사람은 별것 아닌 자
신에게 관심을 가지고 다가오시는 하나님을 외면한 채 여전
히 별것인 양 거들먹거리면서 서로가 이웃을 무시하고 이웃
위에 군림하려고 한다. 에덴에서 쫓겨난 아담 이후로 예나
지금이나 별것 아닌 것들의 다툼으로 지구촌은 소란하기만
하다.

그리스도인이 누구인가? 그리스도인은 하나님의 특별한
은총과 성령님의 도우심으로 별것 아닌 존재였던 자신이 하
나님의 은혜로 그리스도 예수 안에서 별것이 되었음을 깨달

은 자이다. 이에 따라 별것 아닌 존재인 내게 관심을 두시고, 별것으로 존재하도록 처우해 주시는 하나님께 찬양과 경배를 드리면서 모두를 하나같이 아우르는 자이다. 이처럼 그리스도인은 자신만은 별것인 양 착각하고 이웃과 서로 도토리 키 재기식으로 견주며 아웅다웅했던 일이 얼마나 가소로운 일인가를 안다. 이를 크게 부끄러워할 뿐만 아니라 다시는 그 같은 한심한 꼴을 보이지 않으려고 안간힘을 다한다. 이처럼 그리스도 예수 안에서 별것답게 살아가려고 경건 생활에 더욱더 정진하는 것이 거듭나고 성숙한 그리스도인의 아름답고 건강한 모습이다.

그리스도인이라고 하면서 여전히 별것 아닌 모습으로 서로 견주며 아웅다웅하는 것은 거듭나지 못한 자이거나, 거듭나긴 했어도 옛 습성에 지배를 받는 젖이나 먹는 유치한 그리스도인이다. 교회가 소란하고 이에 따라 사회에서 뭇매를 맞으며 손가락질을 받는다. 별것 아닌 것에 집착하며, 육에 속한 자의 젖이나 먹는 미숙한 그리스도인들 때문이다. 위의 것을 사모하고 위의 것을 찾으라(골3:1-11). 그리스도인들이여! 예수 그리스도 안에서 새로운 모습으로 존귀하게 된 별것의 존재감으로 자긍심을 가지고 당당하게 그러나 겸손하게 섬기며 살아가기를 힘쓰라(요1:12, 사43:1, 4).

22. 포만과 굶주림

그들의 마음은 살쪄서 기름덩이 같으나 나는 주의
법을 즐거워하나이다(시119:70)

배부른 사람에게는 진수성찬을 진상해도 거들떠보지도
않지만, 굶주린 사람은 소찬이라도 폭풍 흡입을 한다. 영성
의 세계도 그와 같다. 세속적인 것으로 포만인 사람은 하나
님의 은혜와 사랑의 말씀, 진리의 세계에 관심이 없다. 세속
적인 것으로 배불러 있기 때문이다. 반대로 하나님의 은혜
와 사랑의 말씀, 진리로 포만인 사람은 세속적인 것의 풍요
와 화려함에 무관심하고 눈길도 주지 않는다. 하나님 한 분
만으로 만족한다. 모든 것이 하나님 안에 있기 때문이다.

안타까운 것은 육에 속한 사람은 자신의 포만감이 헛배가
부른 것임을 인지하지 못한다는 것이다. 기억할 것은 세속
적인 것이 아무리 풍요롭고 화려해도 그것은 잠깐이요, 곧
바로 허기를 느끼게 된다. 헛배가 부른 것이기 때문이다. 세
속적인 욕망은 아궁이(화덕)나 무덤처럼 만족을 모른다. 말
타면 경마 잡히고 싶은 것이 인간의 본능이다. 끝내는 굶주
림으로 허기진 배를 움켜쥐고 방황하며 고통을 겪다가 마침

내 절망 가운데 파멸을 맞게 된다. 그러나 영에 속한 사람은 굶주림의 해법이 세속적인 것에 있지 않고 영적인 것임을 알기에 세속적인 것으로 허기를 채우려 하지 않는다. 신령한 것 곧 진리의 말씀을 목마른 사슴이 시냇물을 찾듯이 갈구한다. 영적 분별력이 있는 지혜롭고 성숙한 그리스도인의 모습이다. 성숙하고 지혜로운 그리스도인은 포만과 굶주림의 내용을 아는 자이다. 신령한 일에 굶주리고 목마른 자는 하나님으로 인한 포만으로 참 만족과 평안을 누린다. 지금 무엇으로 굶주려 있고 무엇으로 포만감을 즐기고 있는가? 육적인 것인가 아니면 신령한 것인가? 하나님인가 아니면 세속적인 것인가? (시119:70, 147, 시23:1).

23. 초월적 차원에서 누리는 행복

> 너희는 여호와의 선하심을 맛보아 알지어다 그에게
> 피하는 자는 복이 있도다(시34:8)

행복에는 네 가지 차원이 있다. 생물학적, 철학적, 종교적, 초월적 차원에서 누리는 행복이다. 생물학적, 철학적, 종교적 차원에서 누리는 행복의 근거는 하나같이 땅에 속해 있어 인위적이며 무상하다. 불완전하고 제한적이며 한시적이다. 그러나 초월적 차원에서 누리는 행복은 하늘에 속한 것으로서 신적이기에 완전하며 무한하고 영원하다. 초월적 차원에서 누리는 행복은 나의 노력으로 얻어지는 인위적인 것이 아니다. 하나님과의 만남으로, 하나님으로부터 주어지는 아주 특별한 하나님의 은혜의 선물이다. 하나님의 선물을 누리는 기쁨은 무엇으로도 설명할 수 없는 신비한 행복감이다. 행복을 맛본 사람은 이 행복감을 지키려고 자신의 목숨까지도 서슴없이 내놓는다. 실제로 이 행복을 아는 사람만이 순교할 수 있고, 순교적인 삶 곧 성육의 삶을 살아간다.

이 행복의 길이, 넓이, 높이를 더해가는 것이 경건 생활의 묘미이다. 경건 생활은 금욕적 수도가 아니다. 경건 생활은 초월적 행복을 더욱더 풍성하게 즐겨 가는 과정이다. 구체적으로 초월적 행복이란 무엇인가? 한마디로 말하면 예수 그리스도와의 깊은 만남이다. 예수 그리스도와 뜨거운 교제를 통해 최고의 행복감을 얻은 사람은 세상에서 가장 값진 것들을 배설물로 여겨 미련 없이 던져버린다. 정녕 행복한 삶을 원하는가? 지금 곧 예수 그리스도를 만나라. 그분은 지금 당신과의 교제를 간절히 원하시며 당신 앞에 서 계신다. 언제까지 서서 기다리시게 할 것인가? 지금 곧 마음의 문을 열고 당신의 마음 중심에 모시라. 설명할 수 없는 행복한 삶이 시작될 것이다(시34:8, 빌3:4-9).

24. 신부의 행복 지수

평강의 하나님이 친히 너희를 온전히 거룩하게 하
시고 또 너희의 온 영과 혼과 몸이 우리 주 예수 그
리스도께서 강림하실 때에 흠 없게 보전되기를 원
하노라(살전5:23)

신랑을 알아가는 만큼 신부는 행복해진다. 성경은 그리스
도 예수와 성도의 관계를 신랑과 신부의 관계로 표현하고
있다. 신랑을 알아가는 만큼 신부가 행복해진다는 것은 그
리스도 예수를 알아가는 만큼 성도는 행복해진다는 의미이
다. 신랑이 되신 예수님을 보다 깊이 알아갈수록 성도의 행
복 지수는 수직으로 상승한다.

영성의 깊이는 단순히 신비적 체험만을 말하는 것이 아니
다. 그 이상의 중요한 의미를 함의하고 있다. 영성은 하나님
의 은혜와 사랑에 반응하는 것이다. 영성의 깊이는 하나님
의 은혜와 사랑에 반응하는 정도를 말한다. 영성이 깊은 성
숙한 그리스도인일수록 그 마음과 일상생활 속에서 하나님
의 은혜와 사랑을 찬양하고, 감사가 넘쳐난다. 진정성 있는
열정을 담아 지극한 정성으로 하나님을 경배한다. 이웃을

조건 없이 받아주고 기쁨으로 그 이웃을 섬기며 사심 없는 나눔의 삶을 살아간다.

깊은 영성은 하나님께 대한 순종 여하에 달려있다. 하나님의 말씀과 성령님의 권고하심을 따르며, 모든 사건과 환경을 감사하면서 긍정적으로 받아들인다. 곧 하나님의 절대 주권적인 사랑의 섭리를 절대 신뢰하고 기쁨과 즐거움으로 받아들이고 따른다. 순종하는 만큼 영성은 맑아지고 깨끗해지고 순수해지고 깊어진다. 그러나 하나님의 사랑의 섭리를 거역하고 불순종하면 영성은 부정해지고 탁해지고 불순해지고 사악해진다. 그 삶은 어둠의 나락으로 치닫게 된다. 순간순간 자신을 점검하고 불순종의 자리에 있다고 느껴질 때 즉시 순종의 자리로 돌아와야 한다. 그렇지 않으면 그의 영성은 심령 불감증에 오염되고, 그것이 깊어지면 배교의 자리까지 나아가 결국은 파멸에 이르게 된다.

불순종의 대표적인 증후는 마음의 갈등이다. 마음이 불편하다. 답답하다. 괴롭다. 우울하다. 분노가 치솟는다. 서글프다. 불평불만과 원망이 일어난다. 증오심이 생긴다. 매사에 트집이고 비판적 반항적 전투적으로 된다. 지옥의 불꽃 가운데서 절규하다가 막다른 생각에 이르게 된다. 이 같은 증후들이 보이면 자신을 자세히 돌아보고 즉시 회개해야 한다. 힘들고 어려워도 순종의 자리로 돌아오면 곧 위로부터

부어지는 평안의 강수로 충만해지고 더할 수 없는 행복감에 취하게 된다. 그래서 경건 생활의 요체는 순종이라고 할 수 있다. 순종은 나와 하나님의 관계가 건강한지 알 수 있는 핵심 증표이다. 여기서 다시 한번 기억해야 할 영성 생활의 공식이 있다. 즉 하나님의 은혜와 사랑을 아는 만큼만 하나님과 이웃을 사랑하게 되고, 자신을 바르게 관리하며, 하나님의 뜻에 순종한다. 이것이 순종의 신령한 법칙이다.

기억하고 명심하자. 순종으로 말미암은 맑고 깨끗하고 순수한 영성의 성숙한 그리스도인이라야 비로소 단장된 신부로서 신랑이 되신 주님과 더욱 깊은 사랑의 교제를 나누게 되고, 그만큼 그리스도인으로서의 행복 지수는 높아진다. 하나님의 은혜와 사랑이 예수 그리스도의 십자가로 확증되었음을 끊임없이 마음으로 되새기며 항상 십자가의 예수님을 바라보자. 십자가의 예수님을 아는 만큼 행복 지수는 더욱더 높아진다(롬5:8, 살전5:23-24).

25. 무슨 재미로 사는가

오직 우리 주 곧 구주 예수 그리스도의 은혜와 그를
아는 지식에서 자라 가라 영광이 이제와 영원한 날
까지 그에게 있을지어다(벧후3;18)

사람은 누구나 각기 주어진 삶의 터전에서 나름대로 재미
를 찾고 누리며 살아간다. 재미의 사전적 의미는 아기자기
하게 즐거운 기분이나 느낌, 좋은 성과나 보람을 말한다. 재
미의 형태나 내용은 지문만큼이나 다양하다. 문제는 세상
재미는 그 재미의 한계성으로 인해 인간이 누리려는 지속적
이고 완벽한 재미의 욕구를 채워주지 못한다는 것이다. 많
은 사람들이 합창하듯 자조적 탄식을 하면서 염세적이고 퇴
폐적인 모습으로 방만한 삶을 살아간다. '사는 재미가 없
다. 살 재미가 없다. 무슨 재미로 사는가, 죽고만 싶다.' 주
변에서 흔히 듣는 말이다. 그래서 사람들은 더 자극적이고,
더 충격적인 재미를 찾으려고 이곳저곳을 기웃거린다. 이
방법 저 방법을 시도하다가 마약을 비롯한 동물적 쾌락의
늪에 빠져서 허우적이게 되고 끝내는 파멸의 경지에 이르게
된다.

그리스도인은 근본적으로 기분에 사는 자가 아니라 사명에 매여 사는 자이다. 그러나 사명에 매여 사는 것도 재미가 없으면 율법이 된다. 억지로 감당하는 사명이 된다. 사명이 재미있어야 행복한 사명자의 삶을 살아갈 수 있다. 사명자의 재미는 무엇일까? 사명자가 맛보는 재미의 진수는 십자가의 예수 그리스도로 확증된 하나님의 은혜와 사랑이다. 십자가의 예수 그리스도를 보다 깊이 알아가는 재미, 하나님의 진리의 말씀을 보다 깊이 알아가는 재미, 나와 세상을 향해 펼쳐지는 하나님의 절대 주권적인 사랑의 섭리와 경륜을 더욱 깊이 알아가며 믿음의 눈으로 구경하는 재미이다. 세상에서 누리는 그 어떠한 재미도 감히 여기에 미치지 못할 뿐만 아니라 비교할 수도 없다. 늘 신선하고 항구적이고 온전한 재미의 관건은 십자가의 그리스도 예수로 확증된 하나님의 은혜와 사랑의 섭리와 경륜을 날마다, 순간마다 더 깊이 알아가고 뜨겁게 느끼는 삶에 있다. 무슨 재미로 살아가고 있는가? 사는 게 재미있는가? 삶을 재미있게 하는 그 재미의 형태와 내용은 무엇인가? (벧후3:18).

26. 소통을 가로막는 장애물

너희가 짐을 서로 지라 그리하여 그리스도의 법을
성취하라(갈6:2)

인생의 맛은 이웃과의 소통에 있다. 인간은 관계성의 존재이기 때문이다. 소통은 건강한 관계를 말한다. 사람들이 살맛이 없다든지 살맛이 나지 않는다고 탄식하는 것은 소통의 부재, 건강하지 못한 소통 때문이다. 관계가 건강하지 못한 것이다. 소통의 세계가 천국이라 한다면 지옥은 불통의 세계라고 할 수 있다.

공동체의 구성원은 다양하다. 규모의 대소를 막론하고 공동체를 이루어 생활하다 보면 고운 정이든 미운 정이든 오가는 정으로 소통하며 살아가게 된다. 오가는 정으로 소통하며 살아갈 때 그윽하고 담백한 삶의 맛을 느끼게 된다. 서로 다름을 인정하고, 존중하면 갈등의 여지가 없다. 서로 소통하며 건강한 관계를 지속하게 된다. 살맛 나는 세상에 매력을 갖게 된다. 더욱 충실한 삶을 살아가려는 의지를 불태

우게 된다.

물이 너무 맑으면 고기들이 모이지를 않는다고 한다. 이는 사람들이 흔히 생각하는 것처럼 물이 흐려야 한다는 뜻이 아니다. 달리 생각하면 물은 일급수로 맑고 깨끗한데 은신처가 없다는 뜻이다. 고기들이 모여서 노닐게 하려면 수초나 돌들이 있어야 할 것이다. 무슨 말인가? 가까이 접근할 수 있는 친근미를 갖춰야 한다는 말이다. 서로가 서로에게 편안하게 쉴만한 공간과 그늘이 되어야 한다. 서로가 서로에게 안길 수 있는 품, 서로가 서로를 보듬어 주는 포근한 품과 따뜻한 손길이 되어야 한다. 완벽한 사람은 없다. 그래서 건강한 관계를 유지하려면 장단점을 서로 보완하면서 톱니바퀴처럼 맞물려 돌아가야 한다. 관계의 톱니바퀴를 부드럽게 돌아가게 하는 것은 사랑이라고 하는 윤활유이다. 물론 십자가의 순백의 사랑이다.

그런데 안타까운 것은 소통을 가로막는 장애물이 있다는 것이다. 그것은 편견과 오만에서 오는 고고하고 도도한 자세이고, 파렴치함과 공치사(功致辭)이다. 또 파렴치와 공치사가 소통의 장애물이 되는 것은 뻔뻔함 때문이다. 아무리 작은 것이라도 이웃으로부터 은혜를 받고 신세를 지는 사람은 진정성 있는 마음으로 고마움을 전하고 감사해야 한다. 이웃에게 은혜를 베푸는 사람은 그것이 아무리 많고 큰 것이라 해도 겸손하게 섬기며 베푼 순간 베푼 내용을 모두 잊어야 한다. 지우고 기억하지 말아야 한다. 그리하면 소통에 문제가 없고 건강한 관계를 유지하면서 살맛 나는 생활을 만끽하게 된다. 그러나 은혜받는 것을 당연한 것으로 생각하면서 고마워할 줄을 모르고, 은혜에 보답하려는 의지를 전혀 보이지 않는다면 소통은 막히고 관계는 병약해질 수밖에 없다. 뻔뻔함 때문이다. 또 은혜를 베푸는 사람은 자신의 선행을 침소봉대해서 동네방네 나팔을 불어대고 자랑하며 공치사를 한다면 이 또한 뻔뻔함이요, 소통을 가로막고 관계를 병들게 하는 어리석음이다. 파렴치나 공치사나 뻔뻔함에는 마찬가지이다.

살맛 나는 소통의 세상을 위해서는 서로가 서로에게 오는 정은 막지 말고 감사하면서 곱빼기로 되돌려 주기를 힘쓰고, 가는 정은 사심 없이 순수한 것이어야 한다. 베푼 정은 베푼 즉시 잊어야 한다. 살맛 나는 소통의 세상에서 기쁘고 즐겁게 살아가기를 원한다면 서로가 먼저 순수하고 담백한 정으로 섬겨야 한다(갈6:2, 고전16:14).

27. 무식한 자의 표지

> 교만은 패망의 선봉이요 거만한 마음은 넘어짐의
> 앞잡이니라(잠16:18)

무식한 자의 표지는 교만이다. 자신은 유식한 체 거들먹거리지만, 무식하기 때문에 어리석은 행태를 보이는 것이다. 하나님, 피조 세계와 이웃에 대해서 모르기 때문에 자신이 제일인 양 천상천하 유아독존식의 자아도취에 빠져 누구의 말도 듣지 않는다. 언제나 자신을 높여 기고만장하고 안하무인이요, 독불장군이다.

하나님을 알고 피조 세계를 알고 이웃의 존재를 아는 자는 결코 교만할 수 없다. 언제나 겸손하다. 겸손할 수밖에 없다. 하나님과 자연 세계와 이웃의 존재가 자신과는 비교가 되지 않는 측량할 수 없이 큰 존재임을 알기 때문이다. 하나님과 자연 세계와 이웃을 알아가면 알아갈수록 하나님과 자연 세계와 이웃은 점점 더 커지고 반대로 자기 자신은 점점 더 작아지는 것을 보기 때문이다. 그래서 하나님을 경외하게 되고 자연 앞에 숙연해지고 이웃을 공경하게 된다.

하나님과 자연과 이웃에 대해 보다 깊이 공부할수록 더욱더 겸손해질 수밖에 없다.

교만한 자는 자신을 으뜸이라 생각하기 때문에 아예 공부할 생각을 하지 않는다. 점점 더 무식해지고, 교만한 모습만을 보인다. 더욱 안타까운 것은 자신의 교만을 인지하지 못하고 오히려 자신을 겸손한 자로 착각하고 있다. 주의하고 경계해야 한다. 누구나 자기 스스로 교만해지려고 하는 사람은 없다. 겸손해야지 하면서도 자신도 인식하지 못하는 사이에 교만해지고, 그 교만이 콘크리트처럼 굳어서 돌이킬 수 없는 지경에 이르게 된다. 매 순간 엄격한 자기성찰이 필요한 이유이다.

기억하라. 그리고 조심하라. 아무리 세상 물리를 통달한 박학다식한 사람이요, 탁월한 재능을 지니고 있다고 해도 겸손하지 못하고 교만하다면 그는 무식한 자이다. 아무리 성경을 수백 번 통독해서 성경 지식이 해박하더라도 겸손하지 못하고 교만하다면 그는 무식한 자이다. 깊은 기도로 신비의 세계를 넘나들며 신령한 체험을 많이 했다고 하더라도 겸손하지 못하고 교만하다면 그는 무식한 자이다. 교만은 무지에서 오는 질병이다. 교만의 질병이 깊어지면 끝내는 파멸에 이르게 된다. 속히 치유해야 할 무서운 질병이다.

치유 방법은 성령님의 도우심에 따라, 그리스도의 은혜

안에서, 말씀의 조명을 받아야 한다. 말씀의 조명으로 하나님과 피조 세계와 이웃과 자신의 진명목을 바로 보고 알아야 한다. 말씀의 조명을 받으면 자신의 존재란 태산 앞에 강변의 작은 모래 한 알 만도 못하다는 것을 보고 알게 된다. 내 이웃은 태산 같고, 피조 세계는 태산보다 더 크고, 하나님은 가히 측량할 수 없이 크신 분임을 알게 된다. 겸손해질 수밖에 없다. 기억하자. 그리고 조심하자. 교만한 사람은 자신이 겸손한 사람이라고 생각하고 공부를 하지 않거나 게을리하기 때문에 교만에서 헤어나지를 못하지만, 겸손한 사람은 자신을 교만한 자라고 생각하고 겸손을 위한 공부에 더욱 정진하기 때문에 더욱더 겸손해진다. 지금 자신을 돌이켜 볼 때 자신의 모습이 어떻다고 생각되는가? 교만한 사람인가? 겸손한 사람인가? 무식한 자의 표지는 교만이다(잠 11:2, 9:10, 16:18).

28. 하늘의 문을 여는 것은

오직 너희 죄악이 너희와 너희 하나님 사이를 갈라
놓았고 너희 죄가 그의 얼굴을 가리어서 너희에게
서 듣지 않으시게 함이니라(사59:2)

대체로 하늘 문을 여는 열쇠는 기도라고 한다. 기도는 만
사를 형통하게 한다고 한다. 틀린 말은 아니다. 그러나 온전
히 맞는 말도 아니다. 절반은 맞는 말이고 어쩌면 전적으로
잘못된 말이기도 하다. 기도가 하늘 문을 여는 열쇠라든지
기도가 만사를 형통하게 한다고 말하는 것은 기도의 중요성
을 일깨우고 기도의 능력을 강조하기 위한 표현으로는 맞는
말이지만, 실제로 하늘의 문을 열고 만사를 형통하게 하는
것은 기도에 앞서 회개와 믿음과 사랑과 순종이다.

무슨 말인가?

죄악을 품고 있으면 하나님은 하늘 문을 닫으시고 얼굴을
숨기신다. 미운 마음을 품고 있으면 하나님은 하늘 문을 닫
으시고 얼굴을 숨기신다. 불순종하면 하나님은 하늘 문을

닫으시고 얼굴을 숨기신다. 의심을 품고 있으면 하나님은 하늘 문을 닫으시고 얼굴을 숨기신다. 하늘 문을 여는 것은 회개와 사랑과 순종과 믿음이 있는 기도이다. 그러므로 무엇보다도 먼저 품고 있는 숨겨진 죄를 십자가 앞에 토해내야 한다. 이웃에게 굳게 닫아 놓은 미움의 문고리를 열고 사랑의 문을 내가 먼저 활짝 열어야 한다. 하나님의 말씀과 성령님의 인도하심과 주님께서 섭리하시는 환경에 순종해야 한다. 이는 곧 범사에 감사하는 생활을 말한다. 사랑과 자비의 하나님, 전능하시고 신실하신 하나님을 절대 신뢰해야 한다. 그리하면 요청하지 않아도 하늘의 문이 열리고 하나님께서 숨기셨던 하나님의 얼굴을 보여 주신다.

　하늘의 문이 닫힌 것 같고 하나님께서 그 얼굴을 숨기신 것 같아 답답한가? 잠시 기도를 멈추고 자신을 더듬어 살펴보라. 토해내지 않은 죄는 없는지, 미움의 마음을 품고 있지는 않은지, 순종하지 않은 것은 없는지, 의심을 품고 있지는 않은지를…. (신32:20, 사59:2, 잠28:9).

29. 회칠한 무덤

네가 어찌하여 네 형제를 비판하느냐 어찌하여 네
형제를 업신여기느냐 우리가 다 하나님의 심판대
앞에 서리라(롬14:10)

바리새인들은 하시딤의 후예들이다. 그들은 철저하게 율
법을 지키며 구별된 삶을 살았지만, 점차 폐쇄적이고 독단
적인 집단으로 변질됐다. 아집의 철옹성에 자신을 숨기고
성 밖으로 비판과 정죄의 불화살을 쏘아 수많은 사람에게
상처를 입히고 억울한 죽음으로 몰았다.

교회 안팎으로 바리새파적이지도 못하면서 바리새파적인
사람들로 살벌해지고 있다. 바리새인들은 비록 정의와 사랑
과 믿음에서 비롯되지 못하고, 위선적이긴 했어도 율법의
세세한 부분까지 철저하게 지켰다. 그러나 오늘날 교회 안
팎을 보면 설혹 위선적이라도 바리새인처럼 율법이나 도덕
률을 따라 살아가는 모습을 찾아볼 수 없다. 이러하니 바리
새파적이지도 못하다고 하는 것이다. 또 바리새파적이라고
하는 것은 자신은 율법이나 도덕률을 따라 살지 않으면서

똥 묻은 개 재 묻은 개 나무라는 격으로 자신의 처지는 돌아보지 않고 이웃에게 율법과 도덕률의 잣대를 들이대면서 무자비하게 정죄하고 비판하는 일을 일삼는 것을 말한다.

옛 성현들의 가르침은 이웃의 허물과 실수에는 봄바람같이 부드럽게 대하고, 자신의 허물과 실수를 향해서는 가을 서리같이 냉혹해야 한다고 했다. 예수 그리스도께서도 말씀하시기를 이웃의 눈에 있는 티를 탓하기 전에 자신의 눈에 있는 들보를 먼저 빼야 한다고 하셨다. 서로가 먼저 이웃의 눈에 있는 티는 춘풍처럼 대하고 자신의 눈에 있는 들보에 대해서는 추상같이 다스린다면 교회 안팎의 모든 공동체의 분위기는 봄 동산처럼 다사롭고 화사해질 것이다.

가정 공동체든, 사회 공동체든, 교회 공동체든, 공동체의 분위기가 경직되고 살벌해지는 것은 바리새파적이지도 못하면서 바리새파적인 사람들 때문이다. 지금 자기 자신을 어떻게 평가하고 있는가? 봄 동산의 주인공으로 살아가고 있는지, 아니면 툰드라의 주인공으로 살아가고 있지는 않은지 성찰해 보라(마23:23, 마7:1-5, 롬14:10-12).

30. 어리석음의 극치

또한 너희 지체를 불의의 무기로 죄에게 내주지 말고 오직 너희 자신을 죽은 자 가운데서 다시 살아난 자 같이 하나님께 드리며 너희 지체를 의의 무기로 하나님께 드리라(롬6:13)

어리석음의 극치는 무지이다. 무지란 학문성의 지식의 유무를 말하는 것이 아니다. 더욱 근원적인 영적인 무지를 말한다. 성경은 하나님을 알고 경외하는 것이 지혜와 지식의 근본이라고 했다. 무지는 곧 하나님을 알지 못하고 하나님을 대적하는 것임을 말해준다. 이 같은 근원적인 영적 무지가 인생을 어리석은 삶으로 이끈다.

사람은 누구나 다 하나님으로부터 선을 행할 수 있는 조건을 부여받았으며 항시 그 선을 행할 기회 앞에 서 있다. 행할 수 있는 선이란 하나님께서 계획하신 하나님 나라를 이루는 일에 하나님의 동역자로 참여하는 것이다. 그리스도인이란 선을 이루도록 부름을 받은 사람이다. 그러나 무지한 자는 하나님의 의도를 헤아리지 못한다. 하나님께 부여받은 자신의 목숨을 비롯한 인생의 모든 것을 하나님의 뜻을 이루기 위한 의의 도구로 사용하지 않고, 간교한 사탄의 사주를 받아 세속적인 욕구 충족을 위해 불의의 도구로 쓴다. 사탄 왕국의 초석을 놓고, 사탄의 제단에 즐거운 마음으로 진상한다. 이는 대속의 제물로 독생자를 내어주시기까지 자신을 사랑하시는 하나님을 대적하는 무지의 소치(所致)이다. 영적으로 무지하면 진리보다는 정욕을 따라 어리석은 삶을 살아간다.

지혜와 지식은 하나님의 의도를 바로 헤아려서 그 뜻을 받들어 전적인 헌신의 삶을 살아가는 것이다. 어리석음의 극치는 자신을 사랑하는 하나님의 의도를 헤아리지 못하고 하나님을 대적하는 무지이다. 하나님을 아는 지혜로 영생에, 하나님을 대적하는 무지로 영벌에 이름을 언제나 기억해야 한다. 지금 내 삶의 모습은 어떠한가? 하나님의 의의 도구인가? 사탄의 불의한 도구인가? 나의 모든 것을 하나님께 드리는 지혜자인가, 아니면 사탄에게 바치는 무지한 자인가? (롬6:12-14).

천산天山을 담은 호수같은
예수 그리스도의 마음으로

31. 무사심(無邪心)의 사랑

형제들아 너희가 자유를 위하여 부르심을 입었으나
그러나 그 자유로 육체의 기회를 삼지 말고 오직 사
랑으로 서로 종 노릇 하라(갈5:13)

자고이래로 인간이 한결같이 꿈꾸며 노력해 온 이상적 사
회는 자유, 평등, 박애, 평화, 풍요, 정직, 진실과 정의가 보
편적 상식인 건강하고 성숙한 사회이다. 그러나 최고의 문
명과 문화를 자랑하는 오늘의 지구촌 사람들은 그 어느 시
대보다도 더욱 심화된 혼돈의 늪에 빠져 허우적이며 힘들어
하고 있다. 그 이유의 핵심은 이상적 사회로의 진입은 서로
가 무사심의 사랑으로 사랑할 때만 비로소 이루어짐을 알지
못하기 때문이다.

무사심의 사랑은 십자가로 확증된 하나님의 사랑이다. 하
나님의 사랑은 계산 없는 사랑, 조건 없는 사랑, 인위적이
아닌 담백한 순백의 사랑이다. 무사심의 하나님의 사랑이
응축된, 십자가의 능력에 사로잡힐 때 이웃 관계에 코페르
니쿠스적인 대변화가 일어난다. 곧 온전히 이타적으로 된

다. 받을 생각보다는 줄 생각만 하게 된다. 섬김과 대접을 받을 생각보다는 섬기고 대접할 생각만 하게 된다. 언제나 높은 자리가 아닌 낮은 자리에 마음을 두게 된다. 도움을 준 것은 쉽게 잊고 도움을 받은 것만 생각나게 한다. 그 은혜의 빚을 갚고자 하는 생각만 하게 된다. 단점과 허물은 덮어주고 장점과 선행만 보게 한다. 궂은일은 지워버리고 좋은 일만 기억하게 된다. 어려울 때 방파제가 되어주고 경사로운 일은 내 일처럼 기뻐하게 된다. 시기 질투가 없다. 군림해서 노예처럼 함부로 대하지 아니하고 주님을 대하듯 공손하게 한다. 아무리 나를 힘들게 해도 미워하지 않고 그를 위해 기도하게 된다. 이 같은 무사심의 사랑의 관계 사이에는 불평과 불만, 원망과 분노, 시비의 다툼이 깃들 수 없다.

어떤가? 하나님의 무사심의 사랑이 응축된 십자가의 능력으로 무장되어 있는가? 기억할 것은 이웃에게 바라고 기대하기 전에 언제나 나부터, 내가 먼저라는 마음가짐이 중요하다는 것이다. 언제나 나부터, 내가 먼저라는 마음가짐으로 소속된 공동체와 삶의 현장에서 무사심의 사랑으로 사랑하는 삶을 살아가야 한다. 명심하자. 언제나 나부터, 내가 먼저라는 것을(마7:12, 고전16:14, 갈5:13).

32. 십자가의 원수

> 그들이 먹여 준 대로 배가 불렀고 배가 부르니 그들
> 의 마음이 교만하여 이로 말미암아 나를 잊었느니
> 라(호13:6)

십자가의 원수가 무엇일까? 그것은 모든 탐욕의 집합소인 배(腹)이다. 배가 부르면 교만해진다. 재물, 지식, 쾌락, 명예, 권세, 인정에 배가 부르면 하나님을 멀리하게 되고, 하나님의 은혜를 잊어 버린다. 하나님을 우롱하다가 대적하기까지 한다. 그래서 성경은 가난한 자가 복이 있다고 했다.

가난한 자는 무욕의 사람을 말한다. 욕심이 없다는 것은 집착하지 않는 것을 말한다. 재물을 얻든지, 잃든지 재물에 집착하지 않는다. 칭찬하든, 비난하든 칭찬과 비난에 집착하지 않는다. 고난과 슬픔이 오든지, 안락과 기쁨이 오든지 그것에 집착하지 않는다. 땅의 것은 그것이 무엇이든 그것을 얻든지, 잃든지 그것에 집착하지 않는다. 성숙한 영성의 지혜자는 십자가의 원수인 배, 곧 땅의 것에 집착하지 않는다. 오직 진리인 성삼위 하나님 한 분만으로 만족한다. 진

리인 성삼위 하나님을 알면 모든 집착으로부터 자유롭게 된다. 진리인 성삼위 하나님은 모든 것의 모든 것이 되시는 분이시다. 그래서 진리인 성삼위 하나님을 알면 부족함이 없다. 더 바랄 것이 없다. 참된 행복은 땅의 것으로 가득 채운 배의 포만감에 있는 것이 아니라 하나님과 깊은 사랑의 교감으로 얻은 영적 포만감에 있다. 끊임없이 하나님의 임재 안에 살아가는 지혜롭고 성숙한 그리스도인은 어떠한 상황에서든지 자유를 만끽하면서 항상 기뻐하고 범사에 감사하는 행복한 삶을 살아간다.

그리스도 예수의 사람은 육체와 함께 정과 욕심을 십자가에 못 박은 사람이다. 곧 세속에의 집착으로부터 자유로운 사람이다. 관성에 따라 꿈틀거리는 배를 다스리라. 십자가의 원수는 땅의 것을 갈구하는 탐욕의 집합소인 배이다. 경건 생활이란 바로 이 같은 배를 다스리는 생활을 말한다. 지금의 생활은 어떠한가? 진리 안에서 자유로운 삶을 살아가고 있는가? 아니면 배의 노예로 번민과 고통의 삶을 살아가고 있는가? (호13:6, 빌3:18-19, 신8:10-20).

33. 좋은 나무로 이루어진 아름다운 숲

> 못된 열매 맺는 좋은 나무가 없고 또 좋은 열매 맺
> 는 못된 나무가 없느니라(눅6:43)

건강하고 행복한 인간관계의 요체가 되는 덕목들이 있다. 인내와 받아줌, 온유와 겸손, 이해와 배려, 양보와 협력, 섬김과 나눔, 진실과 정직, 성실과 신뢰, 감싸줌과 돌봄이다. 이 같은 덕목은 모두 사랑이라는 한 뿌리에서 싹 트고 꽃 피운 것들이다. 사랑에 근거하지 않은 덕목은 아무리 아름답게 보여도 열매를 맺을 수 없다. 사랑은 생명이기 때문이다. 생명 없는 조화는 아무리 아름답게 보여도 열매를 맺을 수 없다. 사랑의 뿌리에서 싹 트고 꽃피운 덕목이라야 향내 물씬 풍기는 열매를 맺는다. 그때야 비로소 하나님을 영화롭게 하고, 사람들에게도 큰 감동과 변화를 주게 된다.

뿌리가 되는 그 사랑은 땅에 속한 인간적이며 인도주의적인 사랑이 아니라 하늘에 속한 하나님의 사랑이어야 한다. 죄성을 지닌 땅에 속한 인간적인 사랑은 계산적이며 유한하지만, 하늘에 속한 하나님의 사랑은 계산이 없는 무조건적

인 영원한 사랑이다. 예수 그리스도의 십자가는 조건 없이 생명까지 내어주는 하나님의 인간을 향한 확실한 사랑의 증표이다. 십자가가 없는 덕목들은 아무리 사랑이라는 명분으로 아름답게 포장해도 잠시 감동과 감화를 줄 뿐이다. 사람들에게 감동과 감화와 함께 근본적인 심령과 생활의 변화를 가져다주는 것은 오직 예수 그리스도의 십자가로 확증된 하나님의 무조건적이고 한량없는 사랑뿐이다.

좋은 나무로 이루어진 아름다운 숲은 생명의 향기가 진동한다. 가정 공동체이든, 사회 공동체이든, 교회 공동체이든 예수 그리스도의 십자가에 뿌리를 둔 사랑의 공동체는 생기가 충만하다. 자신을 어떠한 나무라고 생각하는가? 소속된 공동체에서 십자가에 뿌리를 둔 사랑의 교제를 나누고 있는가? 아름다운 숲을 이루어가는 좋은 나무라 생각하는가? (눅6:43-44, 고전16:14, 고전13:1-3).

34. 수준 높은 성숙한 그리스도인

오직 사랑 안에서 참된 것을 하여 범사에 그에게까
지 자랄지라 그는 머리니 곧 그리스도라(엡4:15)

교회 안에는 세 종류의 그리스도인이 있다. 수준 높은 성
숙한 그리스도인, 수준이 낮은 미숙한 그리스도인, 거듭나
지 못한 육에 속한 명목상의 그리스도인이다. 하나님께서
찾으시고 사회가 요청하는 수준 높은 성숙한 그리스도인은
명문가의 유명 인사, 높은 학력과 화려한 이력으로 명예를
얻은 사람, 많은 재물을 가진 재력가, 탁월한 재능을 지닌
기능인, 생물학적 팔등신인 선남선녀를 말하는 것이 아니
다.

수준 높은 성숙한 그리스도인이란 영성 깊은 그리스도인
을 말한다. 그의 영성이 예수 그리스도의 분량까지 근사하
게 접근한 사람, 곧 예수 그리스도로 충만한 사람, 예수 그
리스도와 연합된 사람을 말한다. 나는 죽고 예수 그리스도
로 살아가는 사람이다. 끊임없이 예수 그리스도로 호흡하
고, 예수 그리스도와 호흡을 맞춰서 예수 그리스도와 동행

하는 삶을 살아가는 사람, 언제나 하나님의 임재 안에서 살아가는 사람이다. 항상 예수님의 생각으로 생각하고, 예수님의 마음으로 느끼며, 예수님의 눈으로 보고, 예수님의 귀로 듣고, 예수님의 입으로 말하고, 예수님의 손과 발로 움직인다. 하나님의 영광과 하나님의 나라에 초점을 맞춰서 일상의 삶을 살아간다.

영성 깊은 그리스도인은 예수 그리스도를 보다 근사하게 닮아간다. 온전한 그리스도인을 이상하면서 항상 깨어 있는다. 혹독하게 그러나 즐겁게 자신의 영성 관리에 철저하다. 동물적 쾌락을 탐닉하는 세상 풍조에 휩쓸리지 않는다. 어떠한 형태의 인본주의 사상에도 미혹되지 않는다. 간교한 사탄의 기만적 술수에 넘어가지 않는다. 고난에도 흔들리지 않는다. 현란한 유혹의 손짓에도 눈길을 주지 않는다. 생각, 말, 행동, 생활과 모든 인간관계에서 하나님의 말씀을 벗어남이 없다. 완벽할 수는 없지만, 온전해지고자 부단하게 노력한다. 십자가의 예수 그리스도로 확증된 하나님의 사랑이 강권하기 때문이다.

하나님은 영성이 깊고, 수준이 높은 성숙한 그리스도인을 목마르게 찾고 계신다. 수준 낮은 미숙한 그리스도인과 예수 그리스도와는 무관한 명목상의 그리스도인으로 인해 주님의 몸 된 교회가 많은 상처를 입고 있기 때문이다. 자신을 어느 부류의 그리스도인이라고 생각하는가? 영성 깊은 그리스도인이 되어서 하나님의 마음을 시원하게 해드리고, 시대의 요청에 부응함으로 하나님 나라를 이루는 일을 앞당겨야 하지 않겠는가? (살전5:6, 고전9:27, 엡4:15).

35. 생명을 누리는 행복

> 내가 너희 중에서 예수 그리스도와 그가 십자가에 못 박히신 것 외에는 아무 것도 알지 아니하기로 작정하였음이라(고전2:2)

생명이 있음과 생명을 누리는 것은 큰 차이가 있다. 생명 있음이 그저 생존하는 것이라면, 생명을 누림은 앎의 깊이와 넓이를 더해가는 것이라 하겠다. 앎의 대상은 하나님, 사람, 자연과 자기 자신이다. 생명을 누리는 행복감의 정도는 앎의 깊이와 넓이를 더해가는 과정에 정비례한다.

갓난아기는 생명은 있으나 생명을 누리지는 못한다. 앎의 정도가 미천하기 때문이다. 성장하면서 앎의 깊이와 넓이의 폭이 커진다. 그 과정에서 생명의 풍요를 누리게 되고 행복

지수는 더욱더 상승하게 된다. 앎의 깊이와 폭이 커질수록 생명의 완숙한 맛을 알게 되기 때문이다.

그리스도인으로서 '예수 믿고 천국'이라는 등식에만 머물러 있다면 그는 젖먹이 수준의 생명밖에는 누릴 수 없다. 하나님을 알고, 이웃을 알고, 자연을 알고, 나를 알고, 나아가 나를 위해 행하신 성삼위 하나님의 사역을 알게 되면 생명의 완숙한 맛을 마음껏 즐기는 행복한 삶의 정점에 서게 된다. 하나님께서 의도하신 깊은 뜻을 즐겁게 따르게 된다. 하나님께서 의도하신 깊은 뜻이란 날마다, 순간마다 자기 십자가를 지는 삶을 말한다. 즐겁게 자기 십자가를 지는 그리스도인이 증가할수록 하나님 나라의 영역이 날로 확장되고, 마침내 그 나라가 온전히 이루어지는 순간이 앞당겨질 것이다. 십자가를 지는 삶이 다시 오시는 예수님의 길을 예비하는 것이기 때문이다. 무엇보다도 생명의 원천인 성삼위 하나님을 더욱 깊고 넓게 알아가기를 힘써야 하며, 나부터 생명의 완숙한 맛을 마음껏 즐기는 행복한 삶을 살아가야 한다.

성삼위 하나님을 깊고 넓게 알아가려면 규칙적으로 말씀을 끊임없이 묵상하고, 냉철하게 자기 성찰을 하여 어둠에 속한 육적인 일에는 단호하게 대처해야 한다. 움직이는 말씀이 되어 자기 삶의 현장에서 좋은 이야기를 엮어가고, 아름다운 그림을 그려가고, 감미로운 멜로디가 흐르게 하고, 향기 나는 흔적을 남기고, 감동적인 멋진 장면을 연출하여 예수 그리스도를 보여 주는 삶을 살도록 힘써야 한다. 생명 있음에 감사할 뿐만 아니라 생명의 풍성함을 누리는 행복한 그리스도인으로 살아가라(호6:3, 벧후3:18, 고전2:2).

36. 종인가 연인인가

> 사랑 안에 두려움이 없고 온전한 사랑이 두려움을 내쫓나니 두려움에는 형벌이 있음이라 두려워하는 자는 사랑 안에서 온전히 이루지 못하였느니라(요일4:18)

어떤 의식을 갖고 예수 그리스도와 관계를 맺느냐에 따라 신앙생활에 현저한 차이가 난다. 교회 안에는 종 의식을 가지고 예수 그리스도를 섬기는 종으로서의 그리스도인이 있고, 연인 의식을 가지고 예수 그리스도를 섬기는 연인으로서의 그리스도인이 있다.

종으로서의 그리스도인에게는 그 섬김에 있어서 사모함

이나 열정, 기쁨이나 즐거움, 평안함이나 감사가 없다. 종으로서의 그리스도인은 사랑이 아닌 의무로 섬기기 때문이다. 형식적인 섬김은 무거운 짐일 뿐이어서 힘들기만 하다. 불평과 불만으로 가득한 눈속임의 섬김이다. 쉽게 싫증을 느끼고 짜증스럽기만 하다. 항상 불안과 두려움에 쫓겨 안정감이 없다. 문책당하고 징벌받을 것이라는 강박관념에서 벗어나지 못한다. 절대로 행복한 신앙생활일 수가 없다. 불행한 그리스도인이다. 그러나 연인으로서의 그리스도인에게는 섬김에 있어서 사모함과 열정이 있고, 기쁨과 즐거움, 평강과 감사가 넘친다. 의무가 아닌 사랑으로 섬기기 때문이다. 섬김이 전혀 짐스럽지 않다. 섬겨도 섬겨도 아쉬움뿐이다. 불안이나 두려움이 없다. 맑고 순수한 마음으로 신바람 나게 섬긴다. 사랑하는 주님과 얼굴과 얼굴을 맞대고 감격의 포옹을 하는 순간을 그리면서 설레는 마음으로 섬긴다. 결코 불행의 그림자가 깃들 수 없다. 행복한 그리스도인이다.

종의 의식으로 섬기는 자는 율법과 의무에 매인 율법주의자요, 육신에 속한 자이다. 연인은 은혜와 사랑에 매인 복음주의자요, 영에 속한 자이다. 육신의 법을 따르는 종의 의식을 가진 그리스도인은 행복한 신앙생활을 할 수 없고, 마지막에는 부끄러운 자리에 서게 된다. 그러나 사랑의 법을 따르는 연인의 의식을 가진 그리스도인은 행복한 신앙생활을 하게 되고, 마침내 영광스러운 자리에 서게 된다. 종인가 연인인가? 예수 그리스도와의 관계를 확인하고 섬김의 상태를 점검해 보라. 육신의 법이 아닌 사랑의 법을 따라 섬기는 행복한 그리스도인의 반열에 줄 서라.

자신이 육신의 법을 따르고 있는지 아니면 사랑의 법을 따르고 있는지를 분별하는 것은 아주 단순명료하다. 자신의 선행이나 잘못을 대할 때 내면에서 어떤 반응이 일어나는지 살피면 된다. 한마디로 말하면 사랑의 법을 따르는 사람은 범사에 하나님의 입장을 먼저 생각하지만, 육신의 법을 따르는 사람은 자신의 입장을 먼저 생각한다. 크든지 작든지 어떤 잘못을 범했을 때, 사랑의 법을 따르는 사람은 자신의 잘못으로 훼손될 하나님의 명예를 먼저 생각하면서 마음 아파하고 괴로워하고 슬퍼한다. 자신의 미숙하고 어리석은 언행을 보면서 하나님께서는 얼마나 마음 아파하실까, 얼마나 안타까워하실까를 생각하면서 자신에 대해 분노한다. 충심으로 애통해하며 회개한다. 그러나 육신의 법을 따르는 사람은 자신이 잘못을 범했을 때, 하나님의 입장보다도 자신이 받을 심판을 먼저 생각한다. 자기 잘못으로 자신의 가정이나, 직장이나, 사업에 무슨 문제가 생기지는 않을까 전전긍긍한다. 불안해하고 두려워한다. 회개가 아닌 자기변명과 자기 합리화에 급급하다. 얼마나 극명한 차이인가? 또 자신의 선행으로 인해 주변으로부터 칭송을 받을 때 사랑의 법을 따르는 사람은 모든 영광을 오직 하나님께만 돌려드린다. 그러나 육신의 법을 따르는 사람은 노골적이든, 침묵 가운데든 자신이 그 모든 영광을 가로채며 으스댄다. 이 같은 사건을 대하는 단순한 반응에서 자신이 육신의 법을 따르는 율법주의자인지 아니면 사랑의 법을 따르는 복음주의자인지를 쉽게 분별할 수 있다.

이제 자신의 신앙생활을 객관적으로 냉정하게 평가해 보라. 육신의 법을 따르는 율법주의자인가 아니면 사랑의 법을 따르는 복음주의자인가? 종인가 연인인가? (고전16:14, 마7:21-23, 요일4:18).

37. 그날을 위한 예비 청문회

> 이는 우리가 다 반드시 그리스도의 심판대 앞에 나
> 타나게 되어 각각 선악간에 그 몸으로 행한 것을 따
> 라 받으려 함이라(고후5:10)

청문회의 사전적 의미는 어떤 문제에 관하여 내용을 듣고 그에 관하여 물어보는 모임을 말한다. 고위 공직자를 임명하기 전에 국회에서 열리는 인사청문회와 같은 것이다. 그리스도인은 그리스도의 심판대 앞에서 청문회 절차를 밟게 될 것이다. 먼저는 천국에 들어갈 자격이 있는지를 결정하는 절차를 밟게 될 것이다. 곧 물과 성령으로 거듭난 진품 그리스도인인가를 확인받게 될 것이다. 오직 예수 그리스도만이 유일한 나의 구주 되심을 믿는 믿음의 증표가 있는지 확인받게 될 것이다. 연후에는 이 세상에서의 삶 일체가 철저하게 검증받게 될 것이다.

천국에 들어갈 자격은 아무런 조건이 없다. 오직 예수 그리스도를 유일한 자신의 구주로 믿는 믿음 하나면 족하다. 그러나 상벌을 결정하는 그리스도의 심판대 앞에서는 이 세상에서 행한 언행심사(言行心事)와 일거수일투족의 삶 일체

에 대해서 주님께서 이해하실 만한 소명이 있어야 한다.

이 세상에서 살아가는 동안 그때, 그곳에서, 왜 그러한 생각을 했는지, 왜 그러한 마음을 품었는지, 왜 그러한 말을 했는지, 왜 그러한 행동을 했는지 낱낱이 가감 없는 소명을 해야 한다. 그래서 그날 그리스도의 심판대 앞에서 예수 그리스도로부터 칭찬과 존귀와 영광을 얻기 위해서는 날마다 성령님의 조명을 받아 하나님의 말씀으로 자가 점검을 해야 한다. 자기를 향한 혹독하고 철저한 예비 청문회를 열어야 한다. 매 순간 자기 점검을 하는 순간 청문회가 최상의 방법이지만, 아직 훈련되어 있지 않다면 잠자리에 들기 전에 하루의 삶 일체를 돌아보고 점검하는 일일 청문회는 반드시 있어야 한다. 그렇게 할 때 이 땅에 머물러 호흡하는 동안에는 주님을 더욱 영화롭게 할 수 있다. 후일에 주님께 칭찬과 존귀와 영광을 받을 수 있는 맑고 깨끗한 영성, 건강하고 성숙한 영성을 더욱 아름답게 다듬어 갈 수 있다. 자가 청문회든, 주님 앞에서의 청문회든 그 평가의 기준은 복음을 기초로 한 사랑의 법이다. 주님은 사랑으로 하지 않는 삶과 섬김은 기억하지 않고, 인정하지 않는다는 것을 결코 잊어서는 안 된다. 그날을 위한 예비 청문회 곧 순간 청문회 및 일일 청문회에 최선을 다하라(롬14:10-12, 마12:35-37, 고후5:10, 계22:12).

38. 고민은 화가 아니라 아주 큰 복덩어리이다

오호라 나는 곤고한 사람이로다 이 사망의 몸에서
누가 나를 건져내랴(롬7:24)

고민은 화가 아니라 아주 큰 복덩어리이다. 고민함으로
인간으로서 자신의 정체성과 존재감을 확인하고, 고민함으
로 영원한 참 자유를 향한 출구를 발견하기 때문이다. 금수
에게는 고민이 없다. 고민 없는 인생은 금수와 다름이 없
다. 거창한 것 같지만 고민한다는 것은 철학 한다는 것과 다
르지 않다. 그래서 깊은 고민을 한다는 것은 깊은 철학을 한
다는 것을 말한다. 깊은 고민, 깊은 철학을 하다 보면 자신
의 한계성과 무력함을 인식하게 된다. 자신의 한계성과 무
력함을 인식하게 될 때 허무와 절망의 늪에 빠지게 된다. 허
무와 절망의 늪에서 빠져나오려고 허우적이며 안간힘을 쓰
면 쓸수록 더욱더 깊이 허무와 절망의 늪에 빠져든다. 이처
럼 철저한 허무와 절망의 늪 속에서 비로소 처절하게 절규
하게 되고, 처절한 절규 가운데 여명의 출구가 보이게 된
다. 곧 온갖 고민의 굴레에서 벗어날 수 있는 여명의 출구,
참 자유의 빛을 보게 된다.

여명의 출구, 참 자유의 빛이 무엇인가? 바로 길이요, 진리요, 생명이신 예수 그리스도이시다. 예수 그리스도가 자유롭게 하는 진리이고, 영원한 쉼과 평안을 주시는 안식처이다. 고민과 신앙은 함수관계이다. 깊은 고민은 깊은 신앙을 낳는다. 고민하는 만큼 신앙의 깊이를 더해간다. 고민은 화가 아니라 아주 큰 복덩어리이다. 그러므로 인위적으로 고민을 해결하려 할 것이 아니라 고민 가운데 더욱 깊이 빠져드는 것이 고민을 해결하는 지혜이다. 더욱 고민하고 더욱 절망하라. 처절하게 절규하며 위를 바라보라. 여명의 출구가 보일 것이다. 그곳에 영원한 참 자유를 주시는 예수 그리스도께서 팔을 내밀며 손짓하고 계시지 않은가? 그 손을 잡아라. 그의 품에 안겨 참 평안을 누리게 되리라(롬7:24, 요8:32, 마11:28, 요14:27, 전1:2, 12:13).

39. 거짓 없는 순백의 사랑

주라 그리하면 너희에게 줄 것이니 곧 후히 되어 누르고 흔들어 넘치도록 하여 너희에게 안겨 주리라 너희가 헤아리는 그 헤아림으로 너희도 헤아림을 도로 받을 것이니라(눅6:38)

사랑은 다양한 형태로 표현되지만, 두 묶음으로 정리한다면 사랑은 정과 섬김으로 나타낼 수 있다. 정은 눈으로 나누고, 섬김은 손발로 한다. 눈은 마음의 진실을 담아내기에 눈으로 나누는 정은 속일 수가 없다. 섬김 또한 진실한 마음의 의지를 담아내기에 손발로 하는 섬김도 역시 속일 수가 없다. 진실한 마음을 담은 정감 어린 눈빛은 맑고 따뜻하고 포근하다. 진실한 마음을 담은 손발의 섬김은 힘이 있으면서도 부드럽다. 손발의 움직임은 간헐적이 아니라 지속적이다. 그래서 정이 없는 섬김은 위선이고, 섬김이 없는 정은 탐욕에 지나지 않는다. 정과 섬김이 없이 혀와 입술로 하는 말뿐인 사랑은 거짓이다.

사랑인 예수 그리스도와 연합한 그리스도인이라면 마땅

히 예수 그리스도의 사랑으로 정을 나누고, 손발로 섬겨야 한다. 예수 그리스도의 사랑은 거짓과 불순함이 없는 순백의 사랑이다. 예수 그리스도와 연합한 그리스도인이라면 당연히 거짓되고 불순한 사랑이 널브러진 세상에서, 순백의 사랑을 갈구하다가 지친 이들에게 예수 그리스도의 사랑의 생수로 그들의 갈한 목을 시원하게 축여 주어야 한다. 자신이 소속된 공동체와 삶의 현장에서 예수 그리스도의 사랑으로 존재하며, 사랑의 생수 역할을 하는 것이 참 그리스도인의 삶의 원형이다.

홍수로 물 천지를 이루고 있는 곳에서 가장 힘든 점은 마실 생수가 없다는 것이다. 세속의 사랑은 홍수처럼 범람하고 있지만 순백의 사랑은 찾기 어렵다. 오늘날 인생들이 가장 힘들어하는 것도 사랑의 홍수 가운데 참사랑의 생수가 없어 겪는 목마름이다. 하나님의 특별한 은총으로 거저 받은 사랑의 생수이니 갈급한 이웃에게 거저 나누기를 머뭇거리지 말라. 나누는 자에게 더욱 넘치게 채워 주실 것이다(롬 12:9, 눅6:38, 마24:12).

40. 자신의 정체성을 확인하라

> 예수께서 그들을 보시며 이르시되 사람으로는 할
> 수 없으되 하나님으로는 그렇지 아니하니 하나님으
> 로서는 다 하실 수 있느니라(막10:27)

그리스도인으로서 자기 정체성을 확인하는 것은 중요하다. 자기 정체성을 바로 인식해야 정체성에 걸맞은 정상적인 그리스도인의 삶을 살아갈 수 있다. 그리스도인의 정체는 '그리스도인은 하나님의 자녀다'라는 말로 명료하게 표현된다. 하나님의 자녀인 그리스도인에게는 반드시 따르는 증표가 있다. 이 증표가 없다면 그리스도인이라는 명찰을 달고 다닌다 해도 그는 그리스도인이 아니다. 하나님의 자녀인 그리스도인에게 따르는 증표는 어떠한 것들이 있는가?

◢ 예배 우선의 삶을 살아간다(요4:23-24, 롬12:1). 예배는 그것이 공간 예배든, 생활 예배든 자신을 죄와 사망에서 구원해 주시고 하나님의 자녀로 삼아 주신 은혜, 때를 따라 도우시는 은혜에 감사하는 첫 반응이다. 최상의 공경을 표하는 행위

이다. 하나님은 예배자를 찾으시고 예배를 통해 영광을 받으신다. 예배를 부담스럽고 지루하게 생각하거나, 기피하는 행위를 한다면 그 사람은 그리스도인이 아닐 확률이 매우 높다. 확률이 높다고 표현하는 것은 어떤 이유로든 영적 침체로 인해 구원의 감격이 식은 사람도 있기 때문이다.

◢ 늘 마음과 입술에서 구원의 주님을 찬미하는 소리가 흘러나온다(히13:15, 출15:1-21).

◢ 자신이 소속된 공동체를 화평하게 한다(마5:9).

성령님의 역사는 하나 되게 하지만, 사탄의 역사는 분열과 분쟁하게 한다. 하나님의 자녀인 그리스도인이라면 사탄의 역사에 결코 동참할 수 없다.

◢ 자신을 괴롭히는 원수를 사랑으로 받아주고 그를 위해서 기도한다(마5:44-45).

◢ 모든 섬김에 있어서 사심 없이 순수한 사랑으로 섬긴다(눅6:35, 고전16:14).

◢ 범사에 성령님의 인도하심을 따라 살아간다(롬8:14).

◢ 예수 그리스도와 함께 십자가를 지는 고난의 삶을 피하지 않는다(롬8:16-17, 빌1:29).

◢ 세속적인 어둠의 문화 조류에 휩싸이지 않고, 어둠의 물결을 거슬러 성화의 삶을 살아간다(요일3:1-3).

◢ 회개에 합당한 열매를 맺는다. 곧 세상을 등지고, 예수 그리스도의 십자가를 바라보며 날마다 자신의 십자가를 지고

살아간다(마3:7-9, 눅9:23, 히12:2).

⊿ 고의로 죄를 짓지 않는다(요일3:9-10, 5:18).

⊿ 범사에 하나님이 주권자 되심을 인정하고 하나님의 결재를 받아 생활한다. 결코 자기 마음대로 전결 처리하지 않는다(잠 3:5-6).

⊿ 언제, 어디서, 누구와 무엇을 하든지 선하고 의롭고 진실한 삶을 살아간다(엡5:8-9).

⊿ 세속에 머물러 살지만, 세속인들과는 구별된 거룩한 삶을 살아간다(고후6:14-18).

⊿ 하나님과 이웃을 섬길 때 종처럼 의무나 불안과 두려움으로 섬기지 않고, 사랑받는 자녀답게 기쁨으로 편안하게 섬긴다(갈4:4-7).

⊿ 깊은 밤에 벌거벗고 잠자는 상태의 삶이 아니라, 한낮처럼 깨어 있어 옷을 입고 정신을 차린 상태로 경건 생활에 정진한다(롬13:11-14, 살전5:4-8).

⊿ 한눈팔거나 곁길로 나갈 때는 아버지 하나님의 사랑의 징계가 따른다(히12:5-8).

⊿ 언제나 나보다는 하나님을 우선으로 한다(마6:33).

⊿ 예수 그리스도의 증인으로 살아간다(마28:18-20, 막16:15, 행1:8).

자신을 하나님의 자녀인 그리스도인이라고 생각하는가?

그렇다면 자신의 정체성에 걸맞게 살아가라. 자신이 소속된 공동체에서 입으로 예수 그리스도를 설명하기보다는, 자신의 삶을 통해서 예수 그리스도를 보여 주라. 공동체 사람들한테 하나님의 자녀가 맞다고 인정받는 삶을 살아가라. 그리스도인은 예수 그리스도와 연합된 자임을 명심하라. 소속된 공동체의 사람들이 그리스도인의 삶 속에서 예수 그리스도를 볼 수 있어야 한다(골2:6, 요일2:6). 걱정되는가? 성령님을 의지하라. 나는 할 수 없다. 하지만 성령님께서 함께하시면 할 수 있다(빌4:13, 막10:27).

41. 산문적 인생과 시적 인생

이기기를 다투는 자마다 모든 일에 절제하나니 그
들은 썩을 승리자의 관을 얻고자 하되 우리는 썩지
아니할 것을 얻고자 하노라(고전9:25)

산문적 인생은 절제와 규모가 없다. 방만하다. 사설이 많고 장광설만 늘어놓는다. 매듭이 없고 복선적이요, 오리무중이다. 물기가 없어 건조하고 리듬이 없는 지루한 인생이다. 짜증스럽고 싫증 나게 한다. 몰염치하고 음흉한 동굴 같은 인생이다. 여기에 더해 매사에 오만하고 독불장군이요, 우이독경이고 벽창호이다. 성경에 소개된 인물 중에 사울 왕 같은 사람이다.

시적 인생은 절제와 규모가 있다. 간결하고 단순하다. 솔직 담백하다. 언행심사(言行心事)가 농축되고 응축되어 있다. 군더더기가 없다. 단선적이다. 사족을 달지 않는다. 명경지수와 같다. 투명하고 맑다. 물기가 있어 건조하지 않고 부드럽다. 리듬이 있어 신명 난다. 싫증 나지 않는다. 감동적이다. 성경에 소개된 다윗 왕 같은 사람이다.

하나님은 산문적 인생보다 시적 인생을 좋아하신다. 그래서 산문적인 사울 왕을 폐하시고 시적인 다윗 왕을 구속사의 무대 위에 세우셨다. 산문적 인생은 하나님을 피곤하게 한다. 그러나 시적인 인생은 하나님을 춤추게 한다. 산문적 인생이 아닌 시적 인생을 살아가도록 하라(행13:22-23, 고전 9:25, 창4:9, 삼하12:13).

42. 밀로의 비너스와 못난이 자식

> 아들이 있는 자에게는 생명이 있고 하나님의 아들
> 이 없는 자에게는 생명이 없느니라(요일5:12)

밀로의 비너스상은 아무리 아름다워도 생명 없는 조각품일 뿐이다. 그러나 아무리 못생기고 무능하더라도 내 자식은 생명이 있는 존엄한 인격적 존재이다. 말할 것도 없이 부모의 마음은 아름다운 비너스상이 아니라 못나고 무능한 내 자식에게 가 있다. 무슨 말인가? 아무리 세속적 호조건을 갖춘 사람이라도 예수 생명이 없다면 그는 하나님께 밀로의 비너스 같은 조각품에 불과하지만, 아무리 못나고 무능한 존재라도 그에게 예수 생명이 있다면 그는 하나님께 사랑받는 존귀한 존재이다.

예수 생명이 있는 자로서 하나님께서 존귀하게 여기시는 그리스도인에게는 분출하는 용암을 막을 수 없듯이 억제할 수 없고, 감출 수 없는 현상이 나타난다. 그것은 기쁨, 슬픔, 아픔, 분노, 혐오, 자율적인 섬김과 자부심이다.

첫째는 넘쳐나는 기쁨이 있다. 구속받은 은혜에 근거한 예배의 기쁨, 기도와 찬양의 기쁨, 말씀과 순종의 기쁨, 봉사와 헌신의 기쁨이다. 예수 그리스도를 자랑하고 선전하는 기쁨이다.

둘째는 절제할 수 없는 슬픔이 있다. 죄악을 슬퍼한다. 환락 문화를 슬퍼한다. 복음의 대적자를 슬퍼한다. 정죄하고 비판하는 자를 슬퍼한다.

셋째는 고난받는 자로 인하여 가슴 저미는 아픔을 느낀다. 가난에 시달리는 자, 질병에 시달리는 자, 억압에 시달리는 자, 모함에 시달리는 자로 아파한다.

넷째는 예수 생명이 있는 그리스도인에게는 거룩한 분노가 있다. 불의와 부정을 보고 분노한다. 갑질 하는 금수저들을 보고 분노한다. 분노할 일에 외면하는 자를 보고 분노한다.

다섯째는 혐오하는 것이 있다. 명예, 권세, 재리, 거짓과 위선을 혐오한다. 내용이 없음에도 요란을 떨며 젠체하는 것을 혐오한다.

여섯째는 예수 생명이 있는 그리스도인에게는 막을 수 없는 섬김이 따른다. 물질로, 몸으로, 마음으로, 지식과 재능으로 섬긴다.

일곱째는 만유의 대 주재자, 만왕의 왕, 만주의 주가 되시는 하나님의 자녀라는 정체성에 따르는 요동치 않는 긍지와 자부심이 있다. 당당하나 교만하지 않고, 겸손하나 비굴하지 않다.

예수 생명이 있는 그리스도인에게는 이 모든 현상이 타율적 강압에 의한 억지가 아니다. 내게 임한 하나님의 은혜와 사랑으로 말미암아 절로 그렇게 되기 때문에 그렇게 하게 되는 수동적 능동의 아름다운 현상이다.

잠시 살펴보자. 자신이 예수 생명을 소유한 그리스도인이라고 생각하는가? 앞서 말한 예수 생명이 있는 그리스도인에게 따르는 불가항력적인 현상들이 자신의 구체적인 삶 속에 표출되고 있는가? 하나님은 생명 없는 조각상 비너스의 아름다움에는 눈길을 주지 않으시고, 비록 못나고 무능하지만 예수 생명을 소유한 그리스도인에게 마음을 주신다는 것을 기억하자(요일5:12, 요15:4, 갈5:22-24).

43. 온전한 사람의 표상인 예수 그리스도

> 또 무리에게 이르시되 아무든지 나를 따라오려거든
> 자기를 부인하고 날마다 제 십자가를 지고 나를 따
> 를 것이니라(눅9:23)

하나님께 사랑을 받고 기뻐하심을 받은 예수 그리스도는
이 땅에 머물러 사시는 동안 한 번도 하나님을 실망케 하는
일이 없었다. 하나님께서 의도하신 선한 삶을 살아 내심으
로 하나님을 만족게 하는 온전한 사람의 모습을 보여 주셨
다. 예수 그리스도는 온전한 사람의 표상이다.

하나님께서 의도하신 선한 삶은 하나님의 뜻을 이루기 위
한 사랑의 구현이고, 이를 위한 온전한 순종의 삶이다. 예수
그리스도를 구주로 믿고 그 마음 중심에 예수 그리스도를
모시고 사는 그리스도인이라면 당연히 하나님을 실망케 하
는 삶이 아니라 하나님을 흡족하게 하는 삶을 살아가야 할
것이다. 아니 그렇게 살아가게 된다. 왜냐하면 내 안에 내주
하여 계신 예수 그리스도께서 나를 통해 자신의 삶을 살아
가기를 원하시고, 그렇게 살아갈 수밖에 없도록 예수 그리
스도의 사랑이 강권하시기 때문이다.

예수 그리스도는 온 천하보다도 귀한 한 영혼의 구원을 위해서 인내와 섬김으로 응축된 사랑의 삶을 사셨다. 그 사랑의 극치는 십자가에서 이룬 대속의 죽음이었다. 예수 그리스도를 구주로 믿고 그 마음 중심에 모시고 살아가는 그리스도인이라고 하면 예수 그리스도와 함께 온 천하보다도 귀한 한 영혼의 구원을 위해서, 역시 온 천하보다도 귀한 미숙한 믿음의 사람을 성숙한 믿음의 사람으로 세워주기 위해 아무런 계산 없이 인내와 섬김의 삶, 범사에 자기 십자가를 지고 가는 성육의 삶, 곧 사랑의 삶을 살아가야 한다.

예나 지금이나 교회 공동체와 사회 공동체에서 일어나는 문제는 예수 그리스도를 구주로 고백하는 사람은 많으나, 자기 삶의 현장에서 예수 그리스도의 삶을 몸으로 살아내는 사람이 많지 않다는 데 있다. 예수 그리스도의 삶을 몸으로 살아내지 않는 신앙고백은 거짓이요, 가증한 것이라고 성경은 지적하고 있다. 온전한 그리스도인은 자신이 소속된 공동체와 삶의 현장에서 예수 그리스도의 삶을 몸으로 살아내는 사람을 말한다. 온전한 사람의 표상인 예수 그리스도를 바라보고, 예수 그리스도를 깊이 생각하고, 예수 그리스도의 발자취를 따르는 보다 성숙한 그리스도인이 되기를 소망하자. 부단한 자기 성찰과 온전함에 이르는 경건 생활에 더욱 정진하자(딛1:16, 마3:16-17, 눅9:23, 갈2:20, 약2:22, 26).

44. 먼저 사람다운 사람이 돼라

그의 안에 산다고 하는 자는 그가 행하시는 대로 자
기도 행할지니라(요일2:6)

흔히들 말하기를 어느 공동체에서든지 누군가가 어떠한
직임을 맡아 무엇을 하기 전에 먼저 사람이 되어야 한다고
한다. 사람다운 사람이 되어야 한다는 말이다. 심지어 성직
자에 대해서도 성직을 맡기 전에 먼저 사람이 되어야 한다
고 일침을 놓는다. 맞는 말이다.

그렇다면 사람다운 사람의 개념이 무엇인가? 대체로 사
람다운 사람의 개념을 말하다 보면 먼저 그가 갖추고 있는
자질, 인격과 도덕성을 떠올린다. 하지만 그것은 사람다운
그 사람에게서 나타나는 현상일 뿐 사람다운 그 사람이 되
는 근본적 요소가 아니다. 본질적으로 사람다운 사람됨의
기준은 일반적이고 상식적인 것이 아니다. 그것을 뛰어넘는
원초적 기준이 있다. 원초적 기준은 그가 아담의 범죄로 잃
었던 하나님의 형상을 회복했느냐에 있다. 곧 사람다운 사
람이란 죄를 범하기 이전 하나님의 형상을 지닌 아담 같은

존재를 말한다. 죄를 범하기 이전 하나님의 형상을 지닌 아담 같은 사람다운 사람은 하나님의 형상인 예수 그리스도를 구주로 믿고 영접함으로 회복된다. 곧 그 마음 중심에 예수 그리스도를 영접함으로 예수 그리스도와 연합된 그리스도인이 바로 사람다운 사람이다.

그런데 교회 안팎으로 크고 작은 공동체에서 벌어지는 각종 불미스러운 현장에는 사람다운 사람의 모습을 보여 주어야 할 그리스도인이 추악한 짐승의 모습으로 똬리를 틀고 있다. 왜 그리스도인이라는 사람들에게 이런 현상과 문제점이 나타나는 것일까?

그 이유는 묶어서 말하자면 두 가지이다. 하나는 그가 하나님의 형상을 회복하지 못한 명목상의 그리스도인이기 때문이다. 또 다른 하나는 그가 예수 그리스도를 영접함으로 하나님의 형상을 회복하기는 했지만, 아직 옛 습관을 다스릴 수 있는 능력을 갖추지 못한 젖이나 먹는 갓난아이 수준의 미숙한 그리스도인이기 때문이다.

소속된 공동체에서 인정받는 그리스도인, 존경과 사랑을 받는 사람다운 사람이 되려면 무엇보다도 먼저 하나님의 형상인 예수 그리스도를 구주로 믿고 영접해서 예수 그리스도와 연합된 자가 되어야 한다. 성숙한 그리스도인으로서 사람다운 사람의 삶을 살아가려면 성령님의 능력에 힘입어 옛 습관을 다스리고, 예수 그리스도께 온전히 순종해야 한다. 성령님의 능력은 끊임없는 기도와 독경, 깊은 묵상과 순종의 사람에게 주어진다.

예나 지금이나 사람다운 사람이 아닌 사이비 사람들이 그가 속한 공동체를 하나님의 왕국이 아닌 동물의 왕국으로 만들어간다. 어떻게 생각하는가? 자신이 소속된 공동체에서 하나님의 왕국을 이루어가는 일에 앞장서고 있는지, 아니면 동물의 왕국을 이루는 일에 일조하고 있지는 않은지 살펴보라(고후4:4, 히1:3, 롬6:5, 11, 골2:6, 요일2:6).

45. 피리 부는 자와 애곡하는 자

이르되 나는 선지자 이사야의 말과 같이 주의 길을
곧게 하라고 광야에서 외치는 자의 소리로라 하니
라(요1:23)

인류 역사상 최고의 정신문화와 최상의 과학 문명을 자랑하는 21세기의 문턱에서 바라본 금세기의 풍경은 경악 그자체이다. 기대와는 달리 지구촌의 실상은 곤달걀 같기 때문이다. 일반 공동체는 물론이거니와 신앙 공동체까지도 하나같이 탐욕, 악독, 불의, 부정, 부패와 동물적인 말초적 환락의 늪 속으로 걷잡을 수 없이 빠져들고 있다. 무지한 지도자와 무지한 회중들의 책임이 가장 크다.

깨달음은 들음에서 온다. 그런데 무지한 회중들은 반드시 들어야 할 말에는 귀를 막고 외면한다. 자신들이 듣고 싶은 말에만 귀를 열고 열광한다. 더욱 한심한 것은 무지한 지도자들이다. 지도자들은 회중들에게 돌팔매질을 당한다 해도, 회중들이 듣든지 아니 듣든지 할 말을 해야 한다. 하지만 무지한 지도자들은 무지한 회중들의 비위에 맞춘다. 그들이 반드시 들어야 할 말은 접어두고 회중들이 듣기 좋아하는 말만을 골라서 신명 나게 떠벌린다. 누가 그 멍청한 장단과 추임새를 막을 수 있는가? 대중 매체를 통해서 지도자를 자처하는 사람들을 통해서 숱한 소리가 울려 퍼지고 있다. 그런데도 외치는 소리에 맞춰 춤추는 자들이나 가슴을 치는 자들을 찾기가 힘들다. 시의적절하고 명확한 진리의 소리를 들을 수 없고, 가슴 저미는 진정성 있는 애곡의 소리가 없기 때문이다. 누가 그들의 마음을 찌르고 쪼갤 것인가? 지금은 몽매한 지도자들과 회중들을 싸잡아서 독사의 자식들이라고 일갈하며 회개를 촉구했던 세례 요한과 같은 참 소리꾼이 절실하게 요청되는 시대이다.

지금은 그리스도인이라면 누구나 자신이 소속된 공동체와 삶의 현장에서 제대로 된 소리를 내야 한다. 진정성 있는 애곡으로 회중들이 춤추고 가슴을 치도록 감동을 주는 삶을 살아가야 한다. 목숨을 바칠 각오로 사자후를 토했던 이사야 선지자 같은 공의의 사람, 농도 짙은 사랑의 눈물로 호소했던 예레미야와 호세아 같은 사랑의 사람, 사도 요한같이 새 하늘과 새 땅의 소망을 안겨주는 확신에 찬 꿈의 사람으로 살아가야 한다. 그리하면 우매한 인생들이 무지의 잠에서 깨어나 가슴을 치며 회개하고, 신령한 자유와 해방의 기쁨을 만끽하면서 춤을 추게 될 것이다. 피리를 바로 불자. 진정성 있게 애곡하자(마11:16-17, 요1:23).

46. 진리를 농단하는 여우

우리를 위하여 여우 곧 포도원을 허는 작은 여우를
잡으라 우리의 포도원에 꽃이 피었음이라(아2:15)

진리는 단순하고 소박한 것이다. 진리는 보편적 불변의
절대 가치이다. 그런데 현학적 언어의 유희로 진리를 농단
하는 어리석은 이들이 있다. 진리는 특수 계층이나 특수 집
단만이 독점하고 향유할 수 있는 것이 아니다. 진리인 예수
그리스도는 보편적 불변의 절대 가치로 이 땅에 성육신 했
다. 성육한 진리인 예수 그리스도의 교훈과 삶은 아주 단순
하고 소박했다. 삶이 곧 진리였고 진리가 곧 삶이었다.

빌라도가 예수님께 진리가 무엇이냐고 물었던 것처럼 오
늘도 숱한 사람들이 진리를 갈구하지만, 진리를 농단하는
이들로 인해 갈증은 더욱 심해지고 있다. 이러한 때에 진리
인 예수 그리스도를 자신의 유일한 구주로 믿고 영접함으
로 예수 그리스도와 연합한 그리스도인들은 자신이 소속된
공동체와 삶의 현장에서 예수 그리스도의 삶을 살아냄으로
단순하고 소박한 진리를 구현해야 한다. 자신이 알고 있는

진리를 삶으로 보이면 된다. 진리를 앎에는 진리의 삶이 내포되어 있기 때문이다. 그러나 진리를 농단하는 이들은 단순하고 소박한 진리의 삶은 없고 현학적 언어의 유희로 진리를 농단하는 번쇄(煩瑣)한 앎, 생명 없는 앎만을 자랑하고 있다. 그리스도인의 권위는 삶이 없는 죽은 앎에 있지 않고, 삶을 내포한 생명 있는 앎에 있다. 대중을 사랑하고 하나님의 기쁨이 되고자 하는 그리스도인이라면 생명 없는 번쇄한 앎으로 진리를 농단하지 말고, 단순하고 소박한 진리의 삶 곧 진리인 예수 그리스도의 삶을 살아냄으로 이웃과 더불어 진리를 나누는 축복의 통로가 되어야 한다(약2:26, 고전4:20, 겔13:4).

진리를 살아내는 삶이 없이 진리를 왜곡하는 자, 진리를 폄훼하는 자, 진리를 훼방하는 자, 진리를 희롱하는 자, 진리의 내용은 없고 말로만 화려하게 포장해서 떠벌리는 자들 곧 진리를 농단하는 자들을 잡아 없애야 할 여우라고 했다. 자신에게 여우의 모습은 없는지 말씀의 거울에 비추어 살펴보라(아2:15, 겔13:4, 고전4:20, 약2:26).

47. 저잣거리의 복음으로 물꼬를 트라

> 흑암에 앉은 백성이 큰 빛을 보았고 사망의 땅과 그
> 늘에 앉은 자들에게 빛이 비치었도다 하였느니라
> (마4:16)

오늘의 세정(世情)을 보노라면 마치 오랜 가뭄으로 거북이 등처럼 갈라진 메마른 전답과 같다. 아무리 눈을 씻고 보아도 갈라진 땅을 적셔줄 물줄기를 찾을 수 없다. 그러나 절망하지 말자. 신령한 눈으로 보면 희망이 보인다. 태초로부터 다함이 없이 솟구쳐 흐르는 생수의 원천이 있기 때문이다. 그 생수의 근원은 바로 성육한 복음, 예수 그리스도의 십자가 보혈이다. 육신의 눈으로만 메마른 세정을 보면서 탄식할 것이 아니라, 신령한 눈으로 솟구쳐 흐르는 십자가 보혈의 생수를 보면서 어두운 생각을 떨쳐 버리고, 생명 강수인 복음의 물꼬를 트는 시대적 사명을 감당해야 한다.

기억하라. 복음은 박물관에 안치된 박제품이 아니다. 복음은 저잣거리에서 활력 있게 움직이는 생명체이다. 예수 그리스도의 십자가는 우상의 전당에 좌정해 있는 수공품이

아니다. 예수 그리스도의 십자가는 지금도 보혈의 생수가 흘러넘치는 생수의 근원지이다. 흘러넘치는 생수를 저잣거리로 끌어들여 그곳에 복음의 생수가 흐르게 해야 한다. 메말라 죽어가는 심령들이 복음의 생수를 마시고 살아나게 해야 한다. 생수의 물길을 가로막는 장애들을 치우고 모든 심령에 생수가 흘러들도록 물꼬를 트는 일을 그리스도인들이 감당해야 한다. 예수 그리스도께서 뭇 심령들에게 보혈의 생수를 마시게 하려고 성육하여 십자가에서 대속의 보혈의 생수를 흐르게 하신 것처럼, 보혈의 생수를 마시고 성육의 신앙으로 무장된 그리스도인이라면 결코 요나같이 태만의 잠을 잘 수 없다. 혹 어쩌다 잠시 잠들었다 하더라도 이제는 잠에서 깨어나 생명 강수인 복음의 물꼬를 트는 시대적 사명을 다해야 한다.

복음의 물꼬를 트는 그 뭇은 움직이는 말씀으로 살아가는 성도들이다. 예배당 안의 박제된 복음으로 머물러 있으면 안 된다. 성육의 복음을 따르는 성육의 신앙인답게 활력 있게 움직이는 저자의 복음으로 살아가야 한다. 어떤가? 자신이 소속된 공동체와 삶의 현장에서 저자의 복음으로 물꼬를 트는 사명을 제대로 감당하고 있다고 생각하는가? 하나님은 저자의 복음으로 물꼬를 트는 사명자를 목마르게 찾고 계시다는 것을 기억하라(마4:16, 사60:1, 암5:24).

48. 시기(猜忌)의 꽃과 성육(成肉)의 꽃

아무 일에든지 다툼이나 허영으로 하지 말고 오직
겸손한 마음으로 각각 자기보다 남을 낫게 여기고
(빌2:3)

아름답지만 맹독을 지닌 꽃도 있고 흔하지만 그윽한 향을
품은 꽃도 있다. 여인의 복수, 현혹이라는 꽃말을 가지고 있
는 천남성(天南星)은 맹독성의 꽃으로 사약의 재료로 사용
하기도 했다. 우정, 정신적 사랑, 고상함이란 꽃말을 가지고
있는 아카시아 꽃은 평범하지만 향이 그윽하고 단맛이 있어
서 어린 시절에 즐겨 따먹기도 했다.

영적인 경건 생활에도 경계해야 할 맹독성의 꽃이 있고,
그윽한 향을 품은 사랑받는 꽃이 있다. 바로 시기(猜忌)의
꽃과 성육(成肉)의 꽃이다. 시기의 꽃은 맹독을 품고 있다.
시기의 꽃이 맺는 열매는 분노, 분열, 분쟁, 모함, 저주 등이
다. 이 같은 열매들은 무저갱이라는 끝 모를 구덩이에 던져
진다. 아벨을 죽인 가인과 다윗을 괴롭혔던 사울 왕이 그 본
보기라 하겠다. 시기의 꽃은 하나님께나 사람에게나 혐오스
러운 꽃이다. 반면에 성육의 꽃은 돋보이지 않고 평범하지

만 그윽한 향을 품고 있다. 성육의 꽃이 맺는 열매는 사랑, 희락, 화평, 온유, 자비, 양선, 충성, 인내, 절제 등이다. 이 같은 성육의 꽃이 맺는 열매들은 천국 창고에 들여진다. 성육의 꽃은 하나님께나 사람에게나 기쁨과 즐거움을 안겨주는 매력적인 꽃이다. 천정부지로 치솟는 인기를 마다하고 자신은 묻히고 무명의 나사렛 예수님을 돋보이게 했던 세례 요한이나, 역시 회중들로부터 사랑과 존경을 받는 뛰어난 인물이었지만 바울을 역사의 무대 위로 올리고 자기 모습을 드러내지 않은 채 조용히 무대 뒤에서 섬겼던 바나바 같은 이들이 그 본보기라 하겠다.

영적인 경건 생활에서 꽃 중의 꽃은 성육의 꽃이다. 성육은 하나님의 뜻을 이루기 위해서 자기 뜻을 포기하는 것이다. 자신을 비우는 것이고 자신을 내려놓는 것이다. 철두철미한 자아 부정이다. 육체와 함께 정과 욕심을 십자가에 못 박는 것이다. 온 천하보다도 귀한 한 영혼을 구원하는 일이라고 하면, 미숙한 믿음의 사람이 성숙한 믿음의 사람으로 성장하는 일이라고 하면 자신이 어떻게 짓밟히고 망가진다 해도 기뻐하고 감사한다. 하나님께 영광이 되고, 교회에 덕이 되고, 이웃에게 유익이 되는 일이라고 하면 자신의 모든 기득권을 기쁘게 포기한다. 성육의 꽃을 피우는 사람의 모습이다.

시기의 꽃을 피우는 사람은 그 반대이다. 하나님의 영광이 가려지든 말든, 교회가 어지러워지고 파괴되든 말든, 온 천하보다도 귀한 한 영혼을 잃어버리든 말든, 믿음이 어린 사람이 상처를 입고 실족하든 말든 자신의 명리만을 챙긴다. 해악을 끼치는 맹독의 꽃이다. 가정과 교회와 사회를 막론하고 어느 공동체든 성육의 꽃을 피우는 사람이 많을수록 그 공동체의 건강 지수와 행복 지수는 상승한다. 어떠한 꽃으로 존재하기를 원하는가? 성육의 꽃인가 아니면 시기의 꽃인가? (빌2:3, 요12:24, 고후2:15).

49. 역설적 세태에서의 올바른 자아인식

> 입법자와 재판관은 오직 한 분이시니 능히 구원하기도 하시며 멸하기도 하시느니라 너는 누구이기에 이웃을 판단하느냐(약4:12)

악의 창궐로 종말적 현상이 두드러짐에도 불구하고 악의 주체인 악인은 보이질 않고, 어디를 가든 자칭 의인들이 지천인 역설적 세태를 본다. 이 같은 난센스의 세상이 얼마나

갈 건지 두렵기만 하다. 파괴된 생태계와 함께 온갖 불의와 불법과 불미스러운 일로 엉망진창이 된 인간사에 대해 누구 하나 책임지려는 사람은 없다. 하나같이 자기만 옳고 타인은 모두 그르다고 한다. 이웃에게는 봄바람같이 대하고 자신에게는 가을 서릿발같이 하라는 현자의 교훈이 무색해지고, 남의 눈 속에 있는 티를 탓하기 전에 자신의 눈 속에 있는 들보부터 빼라는 예수 그리스도의 가르침이 그저 공허하게만 들리는 참으로 안타까운 세태 풍경이다.

정녕 아담이 죄를 범하기 이전의 건강하고 행복한 정상적인 세상으로 회귀하는 것은 불가능한 일인가? 아니다. 건강하고 행복한 정상적인 공동체를 위한 간단한 비책이 있다. 그 비책은 예수 그리스도의 마음을 품는 것이다. 남을 나보다 낫게 여기는 것이다. 겸손의 마음이다. 서로가 한 발씩 물러서서 먼저 자신의 눈 속에 있는 들보부터 빼내고 이웃을 봄바람처럼 대한다면 문제의 매듭은 아주 쉽게 풀리게 된다.

그러나 오만과 탐욕으로 가득 찬 아집의 철옹성 깊이 자신을 숨기고 이웃을 향해 비판과 정죄의 불화살만을 쏘아 댄다면 너나 할 것 없이 지구촌의 모든 인생은 졸지에 공멸하게 될 것이다. 공의로운 심판자이신 예수 그리스도께서 곧 이 세상에 오실 것이기 때문이다. 그때 마음의 생각과 계획, 내뱉은 모든 말들과 은밀히 행한 모든 몸짓을 살피고 아시는 예수 그리스도께서 심판대에서 모든 시비를 밝힐 것이다. 선악 간에 공정한 판결이 있을 것이다. 행한 대로 갚아주실 것이다. 예수 그리스도의 다시 오심의 징조가 곳곳에 보인다. 기쁨으로 주님을 맞이할 수 있도록 경각심을 가지고 철저하게 준비해야 한다.

지금은 죄인 중에 내가 괴수이노라고 고백했던 사도 바울의 올바른 자아 인식이 우리 모두에게 절실한 때이다. 악이 창궐하는 시대에 오히려 자칭 의인들이 지천인 역설적 세태에서 하나님께서 찾으시는 사람은 도덕적인 의인이 아니다. 하나님께서 목마르게 찾고 계신 사람은 자신의 죄로 인해 애통해하는 흉악한 죄인이다. 하나님의 긍휼하심과 절대 은총을 간구하는 겸손한 죄인이다. 자신을 어떻게 인식하고 있는가? 의인이라고 생각하는가 아니면 죄인이라고 생각하는가? 올바른 자아 인식에 따라서 자신과 세상의 운명이 결정된다는 것을 명심하자(빌2:5-8, 약4:12, 딤전1:15).

50. 세상의 법보다 엄격한 하나님의 사랑의 법

나 여호와는 심장을 살피며 폐부를 시험하고 각각
그의 행위와 그의 행실대로 보응하나니(렘17:10)

죄에는 가시적인 죄와 불가시적인 죄가 있다. 현행법, 도
덕법, 율법 곧 세상 법으로는 가시적인 죄만을 정죄하고 심
판할 뿐 불가시적인 죄는 정죄할 수도, 심판할 수도 없다.
정죄하고 심판할 실체가 없기 때문이다. 그러나 사랑의 법
앞에서는 가시적인 것이든, 불가시적인 것이든 모든 죄가
드러난다. 사랑의 법 앞에서는 그 어떠한 죄도 숨길 수 없
고, 속일 수 없다. 변명할 여지도 없다.

사람들은 세상 법의 잣대로 가시적인 죄만을 보고 판단하
고 정죄하지만, 하나님의 사랑의 법은 불가시적인 죄를 더
욱 엄중하게 여긴다. 자기는 겉으로 드러나지 않는 태산 같
은 내적인 죄를 품고 있으면서도 이웃의 드러난 티끌만 한
죄를 보고 이를 신랄하게 비판하고, 비정하게 정죄하는 사
람이 있다. 하나님께서는 이런 자를 매우 가증하게 여기신

다. 노여워하시면서 엄하게 문책하신다. 하나님의 사랑의 법은 현실적으로 살인의 실체가 없더라도 마음으로 이웃에 대한 미운 마음을 품고 있으면 그는 이미 살인자라고 했다. 현실적으로는 간음한 실체가 없더라고 여인을 보고 음욕을 품으면 그는 이미 간음한 자라고 했다. 하나님의 사랑의 법은 이처럼 엄중한 것이다.

온전하지는 않지만 하나님의 사랑의 법을 대변할 수 있는 것이 양심이다. 살인을 범한 살인자가 현행법을 피해 숨어 지내다가도 공소 시효를 며칠 앞두고 자수하는 것을 본다. 하나님의 법인 양심을 속일 수가 없으므로 끊임없는 양심의 고발에 괴로움을 겪다가 결국은 숨겨왔던 범죄행위를 자백하는 것이다. 교도소 생활의 고통보다도 양심의 고발이 주는 고통이 비교할 수 없이 더 크기 때문이다. 그러나 안타까운 것은 양심에 화인을 맞은 사람은 죄를 죄로써 전혀 느끼지 못하고 오히려 죄를 즐기면서 습관적으로 죄를 범한다는 것이다. 경계하라. 누구라도 양심의 화인을 맞을 수 있기 때문이다. 양심의 화인을 맞는다는 것이 무엇인가? 심령이 세속의 탐욕으로 살이 쪄서 비대해지는 것을 말한다. 심령의 감각이 둔해지고 판단력을 상실하게 되는 것을 말한다. 먼지가 쌓이고 쌓여 유리창이 흐려지듯이 먼지 같은 미세한 죄라도 즉시 털어내지 않으면 그것이 쌓여 심령을 흐리게 한다. 끊임없는 성화의 삶이 요청되는 이유이다.

사랑의 법을 대변하는 양심은 예수 그리스도의 십자가의 조명을 받을 때 비로소 온전해진다. 사랑의 법은 십자가로 확증된 하나님의 사랑에 근거하고 있기 때문이다. 죄책감에 짓눌린 억압된 양심이 아니라 십자가의 사랑에 인도를 받는 자유로운 양심, 그것이 바로 지키고 따를 수밖에 없는 하나님의 사랑의 법이다. 사랑의 법을 따르는 자는 죄로 인해 내가 받을 고난, 재앙, 심판이 우선인 삶이 아니라 나의 죄로 인한 하나님이 근심이 우선인 삶을 살아간다. 그래서 사랑의 법을 따르는 자의 심령은 언제나 회개와 감사의 눈물로 촉촉이 젖어 있다. 메마른 양심이 아닌 윤택한 양심이다. 이것이 사랑의 법을 따르는 자의 양심이다. 윤택한 양심 곧 사랑의 법을 따라 살아가라. 사랑의 법을 따라 살아갈 때 온전한 성화가 이루어지기 때문이다. 성화는 다시 오시는 예수 그리스도의 간곡한 요청이자 엄중한 명령이기도 하다. 어떻게 생각하는가? 회칠한 무덤같이 의인의 가면을 쓰고 번뇌의 고통 속에 살아가고 있지는 않은가? 사랑의 법을 따라 위선의 가면을 벗어버리고 있는 그대로의 모습이 부끄럽지 않은 민낯의 사람이 돼라. 사랑의 법은 세상의 법보다 비교할 수 없이 엄격하다는 것을 항상 기억하라(마23:25-27, 시7:9, 렘17:10, 고전16:14).

51. 관계와 절연

사랑하는 자들아 하나님이 이같이 우리를 사랑하셨
은즉 우리도 서로 사랑하는 것이 마땅하도다(요일
4:11)

기독교는 관계의 종교이다. 단절과 절연은 하나님의 의도
가 아니다. 건강하고 행복한 관계를 이룸이 하나님의 의도
이고 기쁨이다. 죄악이란 이 같은 하나님의 의도를 무시하
고 관계를 파괴하는 것이다. 관계를 파괴하는 악성 바이러
스는 교만과 탐욕이다. 아담과 하와는 사탄이 주입한 교만
과 탐욕의 악성 바이러스에 감염되어서 스스로 하나님이 되
려고 하나님의 자리를 넘보는 우를 범했고, 이에 따라 모든
관계가 파괴되었다. 하나님과의 관계, 이웃과의 관계, 자연
과의 관계, 자신과의 관계가 파괴되었다. 예수 그리스도는
바로 이처럼 철저하게 파괴된 관계를 정상적인 관계로 회복
하기 위해서 하늘 영광을 버리고 혼돈의 이 세상에 성육하
신 하나님이시다.

탐욕과 교만은 소통을 가로막고 서로 증오하게 한다. 분
열과 분쟁을 일으킨다. 단절과 절연을 하게 하고 끝내는 파

멸에 이르게 한다. 이것이 바로 교활한 사탄의 전술과 전략이다. 사탄의 흉계는 가정 공동체든, 사회 공동체든, 신앙 공동체든 상호 간의 사랑과 신뢰로 소통하는 건강하고 행복한 관계를 파괴하는 것이다. 건강하고 행복한 관계를 파괴하는 것은 십자가를 짓밟고 욕되게 하는 죄악 중에서 가장 크고 무서운 죄를 범하는 것이다.

지금 어떠한 모습으로 살아가고 있는가? 하나님의 의도대로 건강하고 행복한 관계를 위해서 성육의 신앙으로 살아가고 있는지, 아니면 사탄의 흉계에 휘말려서 단절과 절연의 도구가 되어 건강하고 행복한 관계를 파괴하는 십자가의 원수로 살아가고 있지는 않는지 냉정하게 성찰해 보라(마 12:25, 고후5:17-18, 빌3:17-18, 요일4:10-11).

52. 사랑의 진정성

사랑에는 거짓이 없나니 악을 미워하고 선에 속하라(롬12:9)

사랑은 정성으로 나타나고 정성은 한결같음이 받쳐줄 때

비로소 그 사랑은 진정성을 보장받게 된다. 정성이 없는 사랑의 행위, 지속성이 없는 변덕스러운 정성은 진정성이 있는 사랑이라고 할 수 없다. 진정한 사랑은 한결같은 정성으로 계산 없이 섬기는 것이다. 여기에 미치지 못하는 사랑 곧 기분이나 감정, 이해득실 및 환경에 좌우되는 변덕스러운 사랑은 자기의 욕구 충족만을 채우려는 이기적인 거짓된 사랑이요, 사랑 같으나 사랑이 아닌 사이비 사랑이다. 이는 그 사랑의 관계가 하나님과의 관계든, 이웃과의 관계든, 가족과의 관계든 어떠한 관계의 사랑에서나 동일하게 적용되는 진정성 있는 사랑의 원리이다.

진정성 있는 사랑은 변함없는 정성으로 계산 없이 한결같은 모습으로 섬기는 것이다. 열정을 가지고 사랑을 하지만 결국에는 서로에게 아픈 상처만을 남기는 것은 계산 없이 한결같은 정성으로 섬기는 진정성 있는 사랑이 아니기 때문이다. 지금 관계하는 모든 이들과 어떠한 사랑을 나누고 있는가? 진정성 있는 사랑인가? 사이비 사랑인가? (롬12:9, 왕하4:8-13).

53. 도킹의 감격과 랑데부의 즐거움

예수께서 이르시되 내가 곧 길이요 진리요 생명이
니 나로 말미암지 않고는 아버지께로 올 자가 없느
니라(요14:6)

인공위성이나 우주선이 우주공간에서 정확하게 도킹하려
면 정확한 데이터와 최고도의 기술이 있어야 하지만, 하나
님과의 랑데부에는 복잡하고 까다로운 과학적 데이터나 어
떤 기술도 필요하지 않다. 아주 단순하고 간단하다. 거짓 없
는 믿음과 거짓 없는 믿음에서 나오는 사랑이면 족하다. 거
짓 없는 믿음이란 인격적으로 만난 예수님을 진정성을 가지
고 그리스도라 신앙고백 하는 것이고, 거짓 없는 믿음에서
나오는 사랑이란 인본주의 및 인도주의적 사랑이 아닌 십자
가로 확증된 하나님의 성육의 사랑을 말한다. 하나님과의
도킹에 실패하고 이웃과의 랑데부에 실패하는 것은 거짓 없
는 믿음과 거짓 없는 믿음에서 나오는 사랑이 없기 때문이
다. 하나님과의 도킹에 감격하고 이웃과의 랑데부를 즐기려
면 거짓 없는 믿음의 사람이 되어야 하고, 거짓 없는 믿음에
서 나오는 사랑의 사람이 되어야 한다(요14:6, 딤전1:5).

54. 모르핀 중독과 그 처방

때가 이르리니 사람이 바른 교훈을 받지 아니하며
귀가 가려워서 자기의 사욕을 따를 스승을 많이 두
고(딤후4:3)

사탄이 아담과 하와에게 탐욕의 모르핀을 주입한 후 아담
의 후손인 온 인류는 탐욕의 모르핀 중독자가 되었다. 중독
증상은 권세욕, 명예욕, 물질욕, 정욕으로 나타난다. 그리고
정욕은 식욕, 수면욕, 색욕으로 표출된다. 이 같은 탐욕 중
독의 증상은 종말 시대에 이르러서는 통제 불능의 발작적
현상으로 나타난다고 성경은 증언하고 있다.

작금의 교회 안팎에서 연출되고 있는 탐욕으로 인한 게걸
스러운 현상을 보면 지금이 바로 절박한 종말 세대임을 알
수 있다. 어떻게 하면 탐욕의 모르핀 중독을 치유할 수 있겠
는가? 방법은 오직 하나밖에 없다. 예수 그리스도께서 십자
가에서 흘리신 대속의 피를 수혈받는 것이다. 십자가의 예
수 그리스도의 대속의 피로만 탐욕의 모르핀 중독을 해독
할 수 있기 때문이다. 수혈 방법은 믿음이다. 예수 그리스도
의 대속의 피만이 유일한 해독제라는 것을 인정하고 받아들

이기만 하면 된다. 오직 십자가의 피, 오직 믿음만이 유일한 치유의 길이다. 그래서 예수 그리스도의 십자가의 대속의 피가 보혈인 것이고, 복음인 것이다. 교회가 줄기차게 복음을 전해야 할 이유이다.

마음을 아프게 하는 일은 보혈의 복음을 전하는 교회의 기능이 심각하게 약화한 것이다. 교회마저 탐욕의 모르핀의 환각에 취해서 좀비 현상을 보인다. 진리의 외침에는 귀를 막는다. 탐욕을 충족시켜 주는 감미로운 소리에만 귀를 기울이며 열광한다. 그래도 희망은 있다. 소수의 남은 자들이 온 힘을 다해 복음을 외치고 있기 때문이다. 듣든지, 아니 듣든지 최선을 다하고 있다. 듣는 자는 모르핀의 중독에서 해방될 것이고, 끝까지 외면하는 자는 그들이 자초한 영원한 죽음에 이르게 될 것이다. 남은 자로 살아가는 것이 힘들겠지만, 성령님께서 도와주시는 은혜에 힘입어 탐욕의 모르핀에 중독되어 피폐해진 인생들을 치유해야 한다. 절망한 인생에게 희망을 주는 보람찬 삶을 위해 끊임없이 정진해야 한다. 여호와 닛시! (딤후4:3-5, 딤후3:4).

55. 변혁의 요체

이에 예수께서 이르시되 네 칼을 도로 칼집에 꽂으
라 칼을 가지는 자는 다 칼로 망하느니라(마26:52)

'탓'이 건강하고 아름다운 세상을 망쳤고, 계속 망가지게
하고 있다. '탓'은 문제의 책임을 나 아닌 다른 것에 전가하
는 것이다. '탓'하는 것은 문제의 원인이 나 때문이 아니라
환경이나 다른 사람 때문이라고 궁색한 변명을 하면서 문제
의 책임에서 벗어나려는 비열하고 옹졸한 자태이다. 아담이
그랬고, 하와가 그러했다. 아담과 하와의 '탓'하는 유전인자
를 받아 태어나는 인간은 예나 지금이나 일그러진 아담과
하와의 모습을 생활 속에 고스란히 드러내고 있다.

'탓'하는 것이 심각한 것은 불만, 원망, 증오와 저주를 담
고 있기 때문이다. 그래서 '탓'하는 곳에는 어김없이 분열과
분쟁이 발생한다. '탓'하기를 일삼는 태생적 못된 습관을 변
혁하지 않는 한 건강하고 행복한 공동체는 기대하기 어렵
다. 근본적인 변혁이 일어나야 한다. 근본적인 변혁의 근간
은 성육의 신앙이다. 예수 그리스도의 십자가에 있다. 예수

그리스도께서는 세상의 온갖 '탓'을 한 몸에 걸머지고 십자가에서 대속물로 죽으셨다. 온 세상 모든 인간의 모든 허물에 대한 책임을 몸소 다 감당하셨다. 온갖 '탓'을 잠재우셨다. 자신이 죽음으로 모든 인생에게 살길을 열어 주셨다. 성육의 신앙이란 예수 그리스도를 마음 중심에 모시고 예수 그리스도의 삶을 살아가는 것이다. 나는 죽고 내 이웃을 살리는 삶이다. 모든 문제의 '탓'을 내게 돌리고 이웃은 '탓'에서 자유롭게 하는 것이다.

기억하자. 성육의 신앙과 성육의 삶만이 인생의 모든 문제를 해결하는 변혁의 요체이다. 그리스도인들의 시대적 사명이 얼마나 막중한 것임을 알 수 있는 대목이다. 그 무엇이나 그 누구를 탓하지 않고, 모든 '탓'을 끌어안는 성육의 신앙으로 성육의 삶을 살아가는 존재가 그리스도인이기 때문이다. 그러므로 그리스도인들은 자신이 소속된 공동체와 삶의 현장에서 성육의 신앙으로, 성육의 삶을 살아가고 있는지 끊임없이 점검해야 한다(마26:51-54, 사53:1-6).

56. 인내의 한계와 그 정점

예수께서 일러 이르시되 이것까지 참으라 하시고
그 귀를 만져 낫게 하시더라(눅22:51)

바보처럼 무조건 참기만 하면 건강을 해치게 되니 적당히
감정을 표출해서 스트레스를 푸는 것이 건강에 이롭다고 흔
히 말한다. '적당히' 라는 말의 기준이 애매모호하지만 말이
다. 그러나 성경의 가르침은 다르다. 바보 취급을 당해도 끝
까지 인내를 온전히 이루라고 한다. 온전한 인내의 형태는
참고, 견디고, 기다리는 것이다. 억울함과 분함과 치욕을 끝
까지 잘 참아야 한다. 고난과 시련과 온갖 유혹은 끝까지 잘
견뎌야 한다. 인격의 성숙함과 온전함을 기대하며, 하나님
의 언약의 말씀을 끝까지 잘 기다려야 한다.

온전한 인내란 사랑의 인내를 말한다. 사랑은 범사에 인
내하게 한다. 무조건 인내하게 한다. 끝까지 인내하게 한
다. 기쁨으로 인내하게 한다. 감사하며 인내하게 한다. 찬송
하며 인내하게 한다. 이 같은 온전한 인내를 가능하게 하는
사랑은 십자가로 확증된 하나님의 사랑 곧 성육의 사랑이
다. 증오를 품고 있는 인내는 영, 마음, 몸과 생활을 피폐하

게 하지만, 사랑의 인내는 이 모두를 윤택하게 한다. 언제나 기억해야 할 핵심적인 덕행은 성육의 신앙에서 나오는 사랑의 인내이다.

문제는 인내의 한계를 언제까지로 정하느냐는 것이다. 인내의 한계는 하나님께서 잘했노라고 칭찬하시면서 승리의 깃발을 높이 들어주시고, 영광의 면류관을 씌워 주실 때까지이다. 하나님께서 내리시는 승패의 판정은 예수 그리스도의 재림으로 결정된다. 예수 그리스도의 재림이 인내의 정점이다. 그러므로 어떠한 상황에서도 조급하지 말자. 끝까지 온전한 인내를 이루자. 조급함은 인내의 천적임을 알아야 한다. 조급함에 머리를 숙이고 꼬리를 내리면 모든 것을 망친다. 생명까지 위험하게 된다. 명심하라. 조급함은 종말 시대의 두드러진 심리 현상이다. 도무지 참지를 못한다. 견디지를 못한다. 기다리지를 못한다. 사탄에게 공격의 빌미를 제공해서는 안 된다. 사탄은 조급함을 수단으로 그리스도인을 넘어트리려는 전술을 사용하기 때문이다. 항상 조심하고 경계해야 한다. 결정적인 순간에 "이것까지 참으라"는 예수 그리스도의 음성을 들어야 하고, 온전한 인내로 하나님의 뜻을 "다 이루었다"라고 선언하신 십자가의 예수 그리스도를 똑바로 바라보아야 한다.

그리스도인에게 성육의 신앙은 필수이다. 성육의 신앙에

서 나오는 사랑만이 온전한 인내를 이룬다. 어떤 경우에도 유연하고 여유롭게 한다. 조급하게 욱하면 망한다. 성령님의 도우시는 은혜 안에서 끝까지 온전한 인내를 이루라. 예수 그리스도께서 재림하실 때까지(사30:18, 히10:36-37, 눅22:51, 벧후3:9, 약1:4).

57. 선택과 운명

범사에 헤아려 좋은 것을 취하고(살전5:21)

순간의 선택이 자기 행불행의 운명을 좌우한다. 범사에 바른 판단과 선택이 중요한 이유이다. 누구나 좋은 선택을 원하지만, 모두가 좋은 선택을 하는 것은 아니다. 선택은 지혜로운 삶과 어리석은 삶, 행복한 삶과 불행한 삶의 분수령이 된다. 자신은 좋은 선택을 했다고 생각했는데 그 선택이 최악의 결과를 초래하는 치명적인 경우가 비일비재하다. 사탄의 말을 듣고 선악과를 따서 먹은 아담과 하와의 경우가 그 대표적인 예라 하겠다.

어떻게 바른 선택을 할 수 있을까? 좋다는 기준이 무엇인지 알 때 바른 선택을 할 수 있다. 단도직입적으로 말하면 좋다는 기준은 하나님께 있다. 하나님은 절대 진리이시기 때문이다. 내가 생각하기에 좋은 것이 좋은 것이 아니라, 하나님이 생각하시기에 좋은 것이 내게도 좋은 것이다. 내가 듣기에 좋은 것이 좋은 것이 아니라, 하나님께서 들으시기에 좋은 것이 내게도 좋은 것이다. 내가 말하기에 좋은 것이 좋은 것이 아니라, 하나님께서 말씀하시기에 좋은 것이 내게도 좋은 것이다. 내가 계획하는 것이 좋은 것이 아니라, 하나님께서 계획하시는 것이 내게도 좋은 것이다. 내가 느끼기에 좋은 것이 좋은 것이 아니라, 하나님께서 느끼시기에 좋은 것이 내게도 좋은 것이다. 내가 좋아하는 일이 좋은 것이 아니라, 하나님께서 좋아하시는 일이 내게도 좋은 것이다. 내가 기쁘고 즐겁게 여기는 것이 좋은 것이 아니라, 하나님께서 기뻐하고 즐거워하시는 것이 내게도 좋은 것이다. 내가 유익하게 여기는 것이 좋은 것이 아니라, 하나님께서 유익하게 여기시는 것이 내게도 좋은 것이다. 내가 좋아서 걸어가는 길이 좋은 것이 아니라, 하나님께서 걸어가시기에 좋은 것이 내게도 좋은 것이다.

범사에 좋은 것을 판단하고 선택하는 기준은 절대 진리인 하나님의 말씀이다. 하나님께서 좋아하시고 싫어하시는 것이 무엇인지는 성경에 다 기록되어 있고, 성경 말씀은 범사에 하나님을 인정하고 범사에 헤아려 좋은 것을 취하라고 했다. 범사에 하나님을 인정하라는 것은 주권자이시고 최종 결재자이신 하나님께 결재를 올리라는 뜻이다. 제멋대로 전결 처리하지 말고, 범사에 판단하고 선택하기 전에 먼저 하나님께 여쭈어야 한다는 의미이다. 범사에 하나님을 인정하면 하나님께서 그 길을 지도해 주신다고 했다. 범사에 헤아려 좋은 것을 취하라는 말씀도 같은 맥락의 가르침이다. 하나님께서 다윗을 그렇게 좋아하시고 사랑하신 것은 바로 범사에 하나님을 인정하는 삶을 살았기 때문이다. 범사에 제멋대로 판단하고 결정해서 선택하는 것은 주권자이신 하나님을 무시하는 사악한 행위이다. 하나님께서는 크게 노여워하시며 그가 선택한 일에 함께하시지 않는다. 그 일이 결코 잘될 수 없다. 실패뿐인 불행한 인생을 살아갈 수밖에 없다.

기억하라. 순간의 선택이 행불행 간에 자신의 운명을 좌우한다. 제멋대로 판단하고 결정하고 선택할 것이 아니라, 범사에 하나님을 인정하고 범사에 헤아려 좋은 것을 취해야 한다. 범사에 절대 진리이고 주권자이신 하나님께 결재를 올리고 하나님의 지도를 따라야 한다. 오늘날 살벌하고 혼란한 세태 풍속은 절대 진리인 하나님을 무시하고 제멋대로 살기 때문이다. 하나님께서 의도하신 대로 건강하고 행복하게 살려면 하나님의 지혜를 기준으로 한 바른 판단, 신중한 결정과 선택이 필수임을 언제나 잊지 말아야 한다. 범사에 하나님을 인정하고 범사에 헤아려 좋은 것을 취하라. 성공적인 복된 삶을 살아가게 될 것이다(잠3:5-7, 살전5:21, 엡5:10, 롬12:2).

58. 바구미 같은 철부지 무뢰한

> 화 있을진저 이 사람들이여, 가인의 길에 행하였으며 삯을 위하여 발람의 어그러진 길로 몰려 갔으며 고라의 패역을 따라 멸망을 받았도다(유1:11)

성숙한 사람과 미숙한 사람의 차이는 성숙한 어른과 철부지의 차이라고 할 수 있다. 성숙한 어른은 예도(禮度)를 알고, 예도를 따라 살아간다. 그러나 미숙한 철부지는 예도를 외면한 채 천방지축도 모자라 무뢰한으로 행동한다.

성숙한 어른은 사심(邪心)없이 윗사람을 공경하고, 온유와 겸손으로 동료를 대하고 신의를 지키며, 아랫사람을 애정으로 보살펴준다. 언제나 사리사욕보다는 공익을 앞세우며 자기 자신을 엄격하게 관리하는 사람이다. 이 같은 성숙한 어른의 삶은 지식과 의지만으로는 온전히 살아낼 수 없다. 성숙한 어른의 삶은 하나님 경외와 성육의 신앙에서 비롯되기 때문이다. 성육의 신앙으로 하나님을 경외하는 사람은 남녀노소, 빈부귀천을 불문하고 타인에게서 하나님의 모습을 본다. 그들을 단순히 자연인으로 대하는 것이 아니라 하나님을 공경하듯 섬긴다. 이웃을 대할 때 사람을 대하듯 하지 말고 하나님을 대하듯 하라는 성경의 가르침대로 살아가는 것이다.

그러나 아무리 세속적 이력이 화려하더라도 하나님을 경외하지 않고, 예도를 따르지 않는 사람은 미숙한 철부지 무뢰한이요, 바구미 같은 존재일 뿐이다. 바구미는 바구밋과에 속하는 쌀이나 보리를 갉아 먹는 해충을 말한다. 바구미 같은 미숙한 철부지 무뢰한들이 크고 작은 공동체에서 예도를 벗어나 문제를 일으킨다. 공동체를 큰 혼란에 빠뜨릴 뿐만 아니라 끝내는 파멸에 이르게 한다. 출애굽 이후 이스라엘 공동체를 붕괴시킬 뻔했던 고라 일당처럼 무익한 존재들이다. 하나님을 경외하고 성육의 신앙을 가진 그리스도인이라면 당연히 꿀벌 같은 유익한 존재로 살아가야 할 것이다. 바구미 인생인가? 꿀벌 인생인가? 심각하게 살펴보아야 한다(유1:11-13, 고전13:5).

59. 지혜와 능력으로 세워지는 건강하고 바른 삶

악은 어떤 모양이라도 버리라 (살전5:22)

시시비비와 공과 사를 바로 분별함이 지혜이고 정에 매이지 않고 정을 다스려 진리를 따름이 능력이다. 자고로 동서고금을 막론하고 크고 작은 공동체에서 불미스러운 문제가 발생하고 혼란이 가중되는 것은 너나없이 지혜가 모자라고 능력이 부족한 이유 때문이다. 모든 지혜와 권능은 하나님에게서 온다. 따라서 하나님을 경외함이 없이는 온전한 지혜를 얻을 수 없고, 하나님께서 주시는 능력 곧 성령의 능력을 힘입지 않고는 결코 정을 다스릴 수 없다.

언제나 자신의 어리석음과 나약함을 인정하고 겸손하게 하나님의 지혜와 능력을 끊임없이 간구해야 한다. 그리하면 지혜와 권능의 하나님께서 함께하심으로 시시비비와 공과 사를 바로 분별하게 된다. 정을 다스리면서 건강하고 바른 삶을 세워가게 되고, 공동체는 평화롭게 안정되고, 하나님 나라는 날로 더 크고 넓게 확장되어 갈 것이다. 지혜와 능력의 사람이 돼라(출23:1-9, 살전5:21-22).

60. 성경 암송과 매력 만점의 그리스도인

어떤 사람은 말하기를 너는 믿음이 있고 나는 행함
이 있으니 행함이 없는 네 믿음을 내게 보이라 나는
행함으로 내 믿음을 네게 보이리라 하리라(약2:18)

하나님을 기쁘게 하고 사람에게도 칭찬을 받는 매력 만점
의 그리스도인은 성경을 잘 암송하는 그리스도인이다. 성경
을 잘 암송하는 그리스도인이란 단지 성경을 머리로 암송하
는, 머리 좋은 사람을 말하는 것이 아니다. 성경을 잘 암송
하는 그리스도인이란 몸으로 성경을 암송하는 사람을 말한
다. 말씀 순종의 사람으로 말씀대로 살아가고 행동하는 그
리스도인이다. 머리로만 성경을 암송하는 사람은 단지 머리
라는 박물관에 박제된 성경을 진열해 놓은 것 같아서 호기
심의 대상은 되어도 하나님을 기쁘게 하거나 사람들의 인정
을 받지 못한다. 그러나 몸으로 성경을 암송하는 사람은 성
경을 머리로 깨닫고 마음에 감동을 받을 뿐만 아니라, 그 깨
달음과 감동이 손발로 이어지고 삶의 현장에서 구체적인 생
활로 나타난다. 하나님을 기쁘게 하고 사람에게도 칭찬을
받게 된다. 하나님을 기쁘게 하고 사람에게도 인정받고 칭
찬받는 매력 만점의 그리스도인은 성경을 몸으로 암송하는

사람이다.

하나님은 말씀 자체이시다. 예수 그리스도는 말씀이 육신으로 오신 하나님이시다. 성경은 기록된 말씀이고, 설교는 선포된 말씀이다. 말씀을 받은 그리스도인은 세상 속에서 움직이는 말씀이다. 그러므로 그리스도인은 구체적으로 역사의 현장 곧 자신이 소속된 공동체와 자기 삶의 현장에서 삶을 통해 불신의 세인들과 아직 신앙이 미숙한 사람들이 하나님의 말씀을 아주 쉽게 읽을 수 있도록 움직이는 말씀으로 살아가야 한다. 오른뺨을 치면 왼쪽 뺨을 돌려대고, 대적하는 자에게 온유함으로 다가가고, 얼굴에 침을 뱉는 자에게 맑은 미소로 응대하고, 철천지원수라도 계산 없이 받아주고, 비천한 자에게도 무릎 꿇고 섬기는 모습을 보여줌으로 사랑의 하나님을 읽을 수 있게 살아가야 한다.

어느 시대에나 마찬가지이지만 종말 시대를 살아가고 있는 현시점에서는 더더욱 몸으로 성경을 암송하는 매력 만점의 그리스도인을 하나님께서는 목마르게 찾고 계신다. 그리고 세속의 사람들도 생활 속에서 몸으로 성경을 암송하는 매력 만점의 그리스도인을 기대하고 있다. 그리스도인들에 대한 기대치를 상승시키는 핵심은 그리스도인들 앞에서 신앙을 선도해 가는 성직자들이다. 성직자들이 먼저 몸으로, 생활로 설교해야 한다. 생활이 곧 설교가 되어야 한다. 성직자들이 생활로 설교하는 삶을 살아가는 만큼 성도들은 그리스도인다움을 보인다. 교회가 교회다워진다. 참 그리스도인이라면 누구라 할 것 없이 모두가 몸으로 성경을 암송함으로 하나님의 마음을 시원케 해드리고, 세속인의 기대에 부응하는 매력 만점의 그리스도인으로 살아가기를 더욱더 힘써야 할 것이다(고후3:3, 롬14:18, 약2:18, 22).

거친 풍랑 같은 세상이지만

주 예수께 소망의 닻을 내리면 안전하리

61. 지금 어느 쪽에 머물러 있는가

밤이 깊고 낮이 가까웠으니 그러므로 우리가 어둠
의 일을 벗고 빛의 갑옷을 입자(롬13:12)

하나님과 하나님의 말씀을 향한 그의 반응을 보면 그가
하나님의 자녀인지 또는 마귀의 자녀인지를 알 수 있다. 근
본적으로 마귀는 하나님을 믿기도 하고 두려워 떨기도 하지
만 하나님을 사랑하지도 않고 하나님의 말씀에 순종하지도
않는다. 오히려 하나님을 대적하고 하나님의 일을 훼방하고
거짓을 일삼는다. 마귀는 대적자요, 훼방자요, 거짓의 아비
이다. 마귀에게 속한 마귀의 자녀들은 아비의 속성을 닮아
일상에서 빛보다는 어두움을 좋아하고, 어두운 생활을 즐겨
한다. 질서와 청결보다는 혼잡하고 불결한 것을 좋아한다.
사랑하기보다는 증오하기를 좋아한다. 화목과 화합과 평화
보다는 분당을 짓고 갈등과 분열과 분쟁하기를 좋아한다.
나누기보다는 소유하기를 좋아한다. 낮은 자리에서 섬기
기보다는 높은 자리에서 섬김받기를 좋아한다. 건설하기보
다는 파괴하기를 좋아한다. 성결하기보다는 음행을 좋아한
다. 의와 정직과 진실보다는 불의와 거짓과 위장하기를 좋
아한다. 감사하기보다는 원망하기를 좋아한다. 칭찬과 찬양

보다는 헐뜯고 폄훼하기를 좋아한다. 희망과 용기와 의욕을 갖기보다는 낙심과 좌절과 절망하기를 좋아한다. 솔직 담백하기보다는 가식과 위선으로 포장하고 꾸미는 것을 좋아한다. 이해하고 포용하기보다는 비판하고 정죄하기를 좋아한다. 평안과 안정보다는 불안과 공포 분위기를 좋아한다. 양보하고 세워주기보다는 무너트리고 쟁취하기를 좋아한다. 책임지기보다는 변명과 떠넘기는 것을 좋아한다. 축복하기보다는 저주하기를 좋아한다. 근면보다는 태만을 즐긴다. 덕담보다는 음담패설과 씨알 없는 한담을 좋아한다. 사실을 말하기보다는 헛소문 유포하기를 좋아한다. 고독과 묵상을 즐기기보다는 무리를 짓고 떠벌리는 것을 좋아한다. 이처럼 마귀와 그의 자녀들은 빛의 세계보다 어둠의 세계를 좋아한다. 그러나 구속의 은혜를 받은 하나님의 자녀는 빛 가운데서 생활하기를 좋아한다. 빛은 생명과 사랑이며, 화평이고 질서와 성결이요, 의와 진실이고 순수이다. 빛은 희망과 건설이며 감사와 찬양이다. 빛은 진리이다. 그 빛은 바로 진리요, 생명이요, 사랑인 예수 그리스도이시다. 예수 그리스도 안에서 빛의 자녀 곧 하나님의 자녀가 된 그리스도인이라면 자연스럽게 예수 그리스도의 삶을 좇아 빛 가운데서 생활하는 것은 지극히 당연한 일이다.

마귀와 마귀의 자녀는 어두움을 좋아하고, 어두움 가운데서의 삶을 즐거워한다. 하나님의 자녀는 빛을 좋아하고, 빛 가운데서의 삶을 즐거워한다. 지금 어느 쪽에 머물러 있다고 생각하는가? 빛인가 어두움인가? (요1:1-5, 엡5:8-12, 롬 13:11-14).

62. 겸손과 섬김의 절정인 십자가

화평하게 하는 자는 복이 있나니 그들이 하나님의
아들이라 일컬음을 받을 것임이요(마5:9)

아름답고 건강한 생명체의 꽃은 화평이고, 그 열매는 겸
손한 사랑의 섬김이다. 그리고 건강한 생명체는 성육의 신
앙과 순종에 근거한다. 부조화 곧 혼란과 갈등, 분열과 분쟁
은 성육의 신앙의 부재와 불순종에서 비롯된다. 예수 그리
스도의 생명을 소유한 하나님 자녀로서의 아름답고 건강한
그리스도인은 자신이 소속된 공동체에서 성육의 신앙과 순
종의 삶을 살아감으로 그 공동체를 화목과 화평의 공동체로
변화시켜 간다. 불화와 다툼은 하나님의 의도가 아니다. 불
화와 다툼은 사탄의 속성이다. 그리스도인이라고 자처하면
서도 불화와 다툼의 불씨가 되어 공동체를 혼란케 한다면
그는 그리스도인이 아니라 사탄의 조종에 놀아나는 사탄의
꼭두각시일 뿐이다.

기독교 진리의 진수는 성육신, 성육의 신앙, 순종이며 모
두 겸손을 내포하고 있다. 겸손 없이는 순종도 없다. 성육의
신앙도 없다. 성육신하지도 않았다. 사랑의 섬김은 겸손을

근거로 하고 겸손에서 비롯된다. 겸손은 내 뜻을 하나님의 뜻에 철저하게 복종시키며 남을 나보다 낮게 여기는 것이다. 아름답고 건강한 생명체를 이루는 진리의 진수는 겸손이다. 겸손은 하나님의 사랑의 본질이다. 겸손으로 생명체를 더욱 아름답고 건강하게 키워 나가라. 조화와 화평의 하나님 나라를 이루어가라(엡1:10, 4:5-6, 마5:9).

63. 하나님을 기쁘게 하는 양질의 삶

> 그런즉 우리는 몸으로 있든지 떠나든지 주를 기쁘시게 하는 자가 되기를 힘쓰노라(고후5:9)

사람이나 짐승이나 먹고, 마시고, 배설하고, 섹스하는 면에서는 동일하다. 그러나 사람과 짐승과는 많은 차이가 있다. 많은 차이 가운데 하나가 짐승과는 달리 사람은 생각한다는 것이다. 생각하는 사람은 먹고, 마시고, 배설하고, 섹스하는 삶을 넘어 사람다운 삶이 무엇인가를 고뇌하면서 자신의 삶에 진지해진다. 깊은 생각은 아니더라도 상식 수준의 생각을 하는 사람은 대체로 자신만을 위한 이기적인 삶이 아니라 이웃에게 선한 영향과 유익을 주는 플러스 인생이기를 원한다. 당대와 후세대에 좋은 모습으로 기억되기를 원하지만, 그 같은 삶이 말처럼 그렇게 쉬운 일이 아니기에 이 일로 인해 더 많은 스트레스를 받아 행복한 삶이 아닌 어두운 삶을 살아가는 경우가 많다.

어떻게 하면 건강하고 행복한 양질의 삶을 살아갈 수 있을까? 이웃에게 유익을 주는 것뿐만이 아니라 하나님을 영화롭게 하고 기쁘게 하는 삶을 살아갈 수 있을까? 방법은 아주 간단하고 단순하다. 간단하고 단순한 그 방법은 자신의 정체성에 대한 바른 인식이다. 생각하다 보면 결국에는 나는 누구인가라는 정체성에 관한 질문 앞에 서게 된다. 자신의 정체성을 천착하고 궁구하게 된다. 마침내 얻어진 결과는 나는 하나님의 형상대로 창조된 존귀한 자로서 위로는 하나님을 경외하고, 아래로는 사람을 사랑해야 하는 존재임을 알게 된다. 곧 경천애인의 삶을 살아가야 할 존재임을 깨닫게 된다. 짐승과는 현격한 차이가 있음을 보여 주는 대목이다. 그래서 성경의 가르침을 보면 반드시 지켜야 할 으뜸 계명이 하나님 사랑과 사람 사랑임을 말씀해 주고 있다. 사람은 짐승과 달리 하나님의 형상으로 창조된 존귀한 존재이다. 그래서 존귀에 처하나 깨닫지 못하는 사람은 멸망하는 짐승과 같다고 성경은 증언하고 있다. 건강하고 아름다운 양질의 삶은 자신의 정체성을 따라 경천애인의 삶을 살아가는 것이다. 경천애인의 삶이 바로 하나님을 영화롭게 하고 기쁘게 하는 삶이고, 아름답고 건강한 양질의 삶이다.

하나님께서 기뻐하시는 경천애인의 삶은 어떠한 삶인가? 먼저 경천의 삶을 보자. 경천의 삶은 바르고 즐거운 삶이다. 바름과 즐거움은 하나님께서 가장 크게 기뻐하고 기대하시는 것이다. 바른 삶이란 코람데오 곧 어전 의식을 가지고 공의의 하나님 앞에서 반듯하게 살아가는 삶을 말하고, 하나님 말씀에 대한 순종 곧 성육의 삶을 말한다. 그리고 즐거운 삶이란 사랑의 하나님과 더불어 동행하는 삶, 범사에 기뻐하고 감사하며 찬양하는 자족의 삶을 말한다. 한마디로 표현하면 경천의 삶은 반듯하고 즐겁게 살아가는 삶이다. 이 같은 경천의 삶이 하나님을 기쁘게 하는 건강하고 아름다운 양질의 삶이다.

다음으로 애인의 삶을 보자. 애인의 삶이란 내 이웃을 내 몸과 같이 사랑하는 것이다. 나와 너를 구분해서 차별하지 않고, 너와 나는 하나라는 인식을 갖는 것이다. 나와 너는 연합이요, 조화요, 화합이다. 이웃의 아픔을 나의 아픔으로 느끼고, 이웃의 기쁨이 나의 기쁨이 된다. 이웃의 고뇌가 나의 고뇌가 되고, 이웃의 즐거움이 나의 즐거움이 된다. 나와 이웃이 일심동체가 되는 것이다. 이 같은 이웃 사랑의 삶이 하나님을 영화롭게 하고 기쁘게 하는 아름답고 건강한 양질의 삶이다. 경천애인의 삶은 인간의 존재 이유이고, 삶의 목적이며 가치이고 보람이다.

하나님께서 의도하신 경천애인의 삶을 살아갈 때 하나님께는 영광이 되고 사람에게는 유익을 주게 된다. 사람들에게 사랑과 존경을 받게 되고, 그리스도의 심판대 앞에 서게 될 때 하나님으로부터 칭찬과 존귀와 영광을 얻게 된다. 그러므로 이 땅에 머물러 호흡하는 동안 언제 어디서나 반듯하고 즐겁게 살아가기를 힘쓰고, 이웃을 내 몸처럼 사랑하고 섬기는 삶에 최선을 다해 경주(傾注)해야 할 것이다(고후 5:9-10, 마22:36-40, 롬14:17-18).

64. 인간의 언어가 된 초월적 언어

> 인자가 온 것은 섬김을 받으려 함이 아니라 도리어
> 섬기려 하고 자기 목숨을 많은 사람의 대속물로 주
> 려 함이니라(막10:45)

초월적 언어인 하나님께서 인간의 언어로 오신 분이 바로
예수 그리스도이시다. 초월적 언어인 하나님께서 인간의 언
어로 오신 의도는 죄인인 인간으로서는 감히 엄두도 낼 수
없는 하나님과의 소통을 위해서이다. 예수 그리스도의 소통
법은 철두철미 내어줌과 섬김의 삶을 사는 것이며, 그 삶의
절정은 십자가에서의 대속의 죽음이었다. 예수 그리스도는
제자들에게 나처럼 살라고 하셨고, 오늘도 예수 그리스도를
믿고 따르는 제자 된 그리스도인들에게 삶의 현장에서 예수
처럼 살라고 말씀하신다. 말씀이 육신이 되어 오신 예수 그
리스도를 모신 그리스도인들은 예수 그리스도와 함께 그 이
웃을 향해 성육의 삶을 살라는 것이다. 그러므로 초월적 언
어인 하나님께서 인간과 소통하기 위해서 인간의 언어로 오
신 것처럼 오늘의 그리스도인들도 이웃과 소통하기 위해 그
이웃이 누구이든 그 이웃의 언어로 다가가야 한다.

이웃과의 소통 방법은 예수 그리스도처럼 가장 낮은 자리에서 섬기며 궁극적으로 이웃을 위해 십자가를 지는 성육의 삶을 실행하는 것이다. 이웃의 언어로 만나고, 성육의 삶으로 이웃과 진솔하게 소통하는 삶이 없다면 아무리 다양한 프로그램을 짜고, 화려한 행사를 펼친다 해도 하나님께서 원하시는 생명의 열매를 맺을 수 없다. 그것은 하나님을 슬프게 하는 인간 축제일뿐이다. 하나님의 기쁨이 되기를 원하는 그리스도인이라면 하나님께서 인간의 언어로 오신 의도를 바로 알고, 이웃의 언어로 진솔하게 소통하며 생명의 열매를 맺는 성육의 삶에 힘써야 한다(요1:14, 막10:45, 갈2:20, 고전11:1).

65. 반올림의 지혜

세월을 아끼라 때가 악하니라(엡5:16)

변화를 이끄는 계기가 있다. 그 계기를 기점으로 변혁을 시도할 때 반드시 있어야 할 것은 반올림의 지혜이다. 반올림의 지혜란 마음을 아프고 무겁게 하는 요소들, 즉 진리에 미치지 못했던 삶의 어두운 요소들을 미련 없이 훌훌 털어버리고 진리에 이르는 마음을 상쾌하게 하는 희망적인 요소들은 한층 더 끌어올려서 더욱 가다듬고 보듬는 것을 말한다.

어두웠던 일에 발목을 잡히면 의욕을 상실하게 되고 절망의 늪에서 헤어나기 어렵다. 밝은 미래를 기대할 수 없다. 이제 어둠의 봇짐일랑 주저 말고 십자가 아래에 내려놓으라. 부활의 예수 그리스도 너머, 곧 재림하실 예수 그리스도를 바라보며 반올림의 지혜로 새로운 삶을 향해 힘차게 도약해 보자. 변화와 변혁의 계기는 자신의 실체를 바로 인식하는 바로 지금, 이 순간이라는 것을 놓치지 말자. 기회를 사라(엡4:22-24, 빌3:12-16, 엡5:16).

66. 교회와 사회의 역학적 관계의 축

너희가 열매를 많이 맺으면 내 아버지께서 영광을
받으실 것이요 너희는 내 제자가 되리라(요15:8)

교회와 사회의 역학적 관계의 축은 예수 그리스도의 제자
된 그리스도인이다. 교회가 건강하면 교회가 존재하는 당대
의 사회도 건강하지만, 교회가 병약하면 교회가 존재하는
그 시대도 병약하다. 사회를 건강하게 하는 교회는 건강한
그리스도인이 많은 교회이다. 건강한 그리스도인이란 성숙
한 영성의 그리스도인으로서 예수 그리스도로 빙의되어 성
육의 삶을 살아가는 예수 그리스도의 참 제자를 말한다. 교
회 공동체의 구성원을 보면 회원으로서의 교인은 많으나 성
령으로 거듭난 신령한 성도는 그렇게 많아 보이지 않는다.
또한 성령으로 거듭난 성도는 있으나 예수 그리스도로 온전
히 빙의되어 살아가는 성도는 그렇게 많지가 않다. 예수 그
리스도로 빙의되어 예수 그리스도의 삶 ,곧 성육의 삶을 살
아가는 성숙한 영성의 사람은 어떠한 사람인가?

⊿ 혈육의 정과 인정에 매이지 않고 진리를 따라 살아가는 정

으로부터 자유로운 자이다.

⊿ 자기 의지를 포기하고 예수 그리스도의 의지만을 따르는 자이다.

⊿ 자기의 주권과 소유권을 포기하고 예수 그리스도를 주권자로 모시며 그분의 말씀만을 섬기는 자이다.

⊿ 보장된 높은 자리를 포기하고 예수 그리스도와 함께 낮은 자리에 머무는 자이다.

⊿ 자신의 목숨까지도 포기하고 예수 그리스도의 길을 따르는 자이다.

⊿ 예수 그리스도의 말씀 안에 거하고 그 말씀으로 움직이는 삶을 살아가는 자이다.

⊿ 하나님을 영화롭게 하는 의로운 열매를 많이 맺으며 살아가는 자이다.

⊿ 쟁기를 잡고 뒤를 돌아보지 않는 자, 곧 과거와 세속적인 일에 집착하지 않고 시대적이고 역사적인 사명을 감당하면서 저 천성을 향해 앞만 보고 나아가는 자이다.

⊿ 자신을 사랑하듯 이웃을 사랑하고 사명의 동지들과 더불어 서로 사랑하며 소통하는 가운데 한 방향으로 나아가는 자이다.

⊿ 차이는 많으나 차별하지 않고 분열과 분쟁의 불씨가 되지 않으며 화목하고 화평케 하는 일에 앞장서는 자이다.

⊿ 어떠한 위기와 불이익을 당하는 상황에서도 끝까지 진실과

정직과 의를 지키는 자이다.

⊿ 극한 고통과 좌절과 절망의 환경에서도 탄식과 원망, 불만과 불평을 토해내지 않고 기쁨과 감사로 찬양하는 자이다.

⊿ 까닭 없이 괴롭게 하고 악랄하게 대적하는 자에게도 분노와 증오심을 일으키지 않고 그를 포용하고 축복하며 기도하는 자이다.

⊿ 추종하는 사람이 많아도 불의한 일에는 따르지 않고 추종하는 사람이 없다 해도 의의 길을 가는 자이다.

⊿ 역지사지로 이웃을 이해하고 도우려는 자이다.

⊿ 비판과 정죄하지 않고 사랑으로 이해하고 권면하며 중보기도 하는 자이다.

⊿ 이웃의 호사(好事)에 시기 질투하지 않고 함께 기뻐하고 즐겁게 축하하며 세워주고 자랑해 주는 자이다.

⊿ 범사에 모든 영광은 오직 하나님께 올려드리고 공로는 이웃에게 돌려주고 모든 책임은 자신이 안고 가는 자이다.

⊿ 하나님과 교회와 이웃을 섬기되 섬김의 수고를 다 잊고 어떠한 보상이나 이득을 기대하지 않는 사심(邪心) 없이 순수하게 섬기는 자이다.

⊿ 모함이나 오해를 받아 마음에 상처가 크고 물리적 상해와 손상을 당해도 변명하지 않고 하나님께서 시시비비를 밝혀 주실 때까지 사랑의 인내로 기다리는 자이다.

⊿ 열악한 환경 중에서도 사건을 긍정적으로 받아들이고 현실

화될 이상을 소망 중에 바라보면서 비전을 놓지 않고 정진(精進)하는 자이다.

△ 수치와 모욕을 오물통 뒤집어쓰듯 해도 평상심을 잃지 않고 백치와 같은 순백의 미소를 보이는 자이다.

△ 각양의 미혹에도 눈길을 주지 않고 유혹의 손길을 품위 있게 물리치는 자이다.

△ 업적을 자랑하는 전시성의 헌신이 아니라 소리 없이 흔적 없이 투명인간(透明人間) 같은 헌신을 하는 자이다.

△ 무시로 성령님과 교통하면서 언제 어디서나 하나님의 임재 안에서 살아가는 자이다.

이처럼 예수 그리스도로 살아가는 성도가 교회에 많아질 때 사회는 더욱 건강해진다.

교회와 사회는 역학적 관계이다. 그리고 건강한 교회와 건강한 사회의 역학적 관계의 축은 예수 그리스도로 빙의되어 예수 그리스도의 제자도를 따라 성육의 삶을 살아가는 성숙한 영성의 그리스도인이다. 생각 깊은 그리스도인이라면 부실한 사회를 보면서 혀를 차며 탄식하기 전에 먼저 자신의 영성 상태를 냉엄하게 진단하고, 교회와 사회의 역학적 관계의 축으로서 시대적이고 역사적인 사명에 충실해야 한다. 경건 생활에 더욱 분발해야 할 이유이다(눅14:26-27, 33, 요8:31, 13:35, 요15:8, 눅9:62, 갈2:20).

67. 빛의 세계와 어둠의 세계

> 너희가 전에는 어둠이더니 이제는 주 안에서 빛이
> 라 빛의 자녀들처럼 행하라(엡5:8)

빛의 세계는 투명하다. 꾸밈, 감춤, 속임이 있을 수 없다. 그래서 진정한 소통이 있다. 차별이 없다. 모두를 아우르는 일체다. 상호 의존하고 협력한다. 다툼이 없다. 바로 하나님의 의와 사랑의 통치를 받는 질서와 평화의 세계이다. 어둠의 세계는 불투명하다. 꾸미고 감추고 속인다. 진정한 소통이 없다. 차별한다. 개별적이다. 각자도생이다. 다툼이 일상이다. 바로 사탄의 지배를 받는 혼돈과 마찰의 세계이다.

예수 그리스도는 빛이시다. 빛이신 예수 그리스도를 마음 중심에 모신 그리스도인은 빛의 세계에서 살아가는 사람이다. 빛이 있는 곳에는 어둠이 깃들지 못한다. 어둠이 있는 곳에 빛을 비추면 어둠은 물러간다. 교회와 그리스도인은 그렇게 많은데 세상은 왜 날로 어두워만 갈까? 빛없는 등이거나 등에 빛은 있으나 등불을 등경 위에 두지 않고 말 아래나 평상 아래 두었기 때문이다. 곧 경건을 멀리하고 맘몬과 에로에 취해 있기 때문이다. 빛의 자녀인 그리스도인으로서 언제, 어디서나 빛의 자녀로 존재하고 있는지 수시로 자신과 자신의 주변을 살피고 점검해야 할 이유이다(요1:1-5, 엡5:8-9, 요8:12, 마5:14-16).

68. 내가 먼저 한 번만 더 그리고 조금만 더

> 누구든지 자기의 유익을 구하지 말고 남의 유익을
> 구하라(고전10:24)

건강하고 행복한 공동체는 건강하고 행복한 상호 관계에서 비롯된다. 건강하고 행복한 상호 관계는 서로가 서로에게 한 번만 더 그리고 조금만 더 바보가 되는 것이다. 한 번만 더 그리고 조금만 더 바보가 되는 것은 무엇을 말하는가?

⊿ 내가 먼저 한 번만 더 그리고 조금만 더 지는 것이다.
⊿ 내가 먼저 한 번만 더 그리고 조금만 더 양보하고 물러서는 것이다.
⊿ 내가 먼저 한 번만 더 그리고 조금만 더 관용하고 섬기는

것이다.

◢ 내가 먼저 한 번만 더 그리고 조금만 더 이해하고 배려하는 것이다.

◢ 내가 먼저 한 번만 더 그리고 조금만 더 감싸주고 보듬어 주는 것이다.

◢ 내가 먼저 한 번만 더 그리고 조금만 더 칭찬해 주고 자랑해 주는 것이다.

◢ 내가 먼저 한 번만 더 그리고 조금만 더 머리 숙이고 낮아지는 것이다.

◢ 내가 먼저 한 번만 더 그리고 조금만 더 참고 견디고 기다리는 것이다.

◢ 내가 먼저 한 번만 더 그리고 조금만 더 숙고하고 온유하게 대응하는 것이다.

◢ 내가 먼저 한 번만 더 그리고 조금만 더 밝은 웃음을 보이는 것이다.

◢ 내가 먼저 한 번만 더 그리고 조금만 더 손을 펴고 나누는 것이다.

◢ 내가 먼저 한 번만 더 그리고 조금만 더 활짝 팔을 벌리고 안아주는 것이다.

◢ 내가 먼저 한 번만 더 그리고 조금만 더 따뜻한 눈길을 주는 것이다.

◢ 내가 먼저 한 번만 더 그리고 조금만 더 미안하다, 고맙고

감사하다, 사랑한다는 진정성 있는 정겨운 말을 건네며 은근
한 포옹을 하는 것이다.

내가 먼저 한 번만 더 그리고 조금만 더의 삶이 성육의 삶
이요, 예수 그리스도의 삶이다. 성육의 삶과 성육의 삶, 예
수 그리스도의 삶과 예수 그리스도의 삶이 만나 서로 격의
없는 소통을 할 때 그곳이 바로 하나님 나라로서의 건강하
고 행복한 공동체이다. 진정으로 건강하고 행복한 공동체를
원한다면 철두철미 내가 먼저 한 번 더 그리고 조금만 더의
의식을 가지고 살아야 할 것이다(살전5:21, 고전10:24, 마7:12,
눅22:27, 막10:42-45, 빌2:5, 6).

69. 오직 그 한 길

그런즉 누구든지 그리스도 안에 있으면 새로운 피
조물이라 이전 것은 지나갔으니 보라 새 것이 되었
도다(고후5:17)

세상에 감동과 감화를 주고 대변혁을 일으킬 수 있는 오
직 하나의 길은 그리스도인다운 삶이다. 그리스도인으로서
목사는 생활이 설교인 삶을 살아가고, 그리스도인으로서 성
도는 생활이 움직이는 말씀인 삶을 살아가는 것이다. 그리
스도인으로서 지극히 자연스럽고 정상적인 삶의 모습이다.
그러나 목사는 설교 따로 생활 따로의 삶을 살아가고, 성도
는 말씀 따로 생활 따로의 이상(異常)한 삶의 모습을 보이기
에 오늘의 교회가 감동과 감화와 변화의 역사를 일으키지
못하고 오히려 웃음거리가 되어 손가락질을 당하고 있다.
어쩌면 이 같은 현상은 거듭나지 못했기에 보이는 정상적인
모습일지도 모른다.

세상에 감동과 감화를 주고 대변혁을 일으킬 수 있는 오
직 그 한 길은 목사와 성도가 그리스도인다운 삶을 보이는
것이다. 곧 예수 그리스도의 삶, 예수 그리스도로 빙의된 성
육의 삶을 살아가는 것이다. 언제나 그 삶의 핵은 예수 그리

스도이다. 그러므로 세상에 감동과 감화를 주고 대변혁을 일으킬 수 있는 오직 그 한 길은 예수 그리스도를 핵으로 하는 성육의 삶을 살아가는 것이다. 어떻게 생각하는가? 거듭났는가? 그리스도인이 맞는가? 성육의 삶으로 증명하라(요 3:5, 고후5:17, 골2:6, 고후13:5, 요일2:6).

70. 예수 그리스도의 분신

> 내가 그리스도를 본받는 자가 된 것 같이 너희는 나를 본받는 자가 되라(고전11:1)

예수 그리스도를 구주로 믿고 영접함으로 예수 그리스도와 연합된 자를 그리스도인이라고 한다. 예수 그리스도께서 내 안에 거하시고 내가 예수 그리스도 안에 거함으로, 나의 삶이 예수 그리스도의 삶으로 나타나고 예수 그리스도의 삶이 나의 삶으로 표현되는, 신비적 존재가 바로 그리스도인이다. 성경에 그리스도인을 지칭해서 그리스도의 편지요, 향기라고 한 것은 세인(世人)들이 그리스도인들의 삶을 통해서 예수 그리스도가 누구인지를 읽을 수 있어야 하고, 예수 그리스도의 냄새를 맡을 수 있어야 한다는 뜻이다.

코스어는 어느 작품상의 인물이든 실재 인물이든 자신이 좋아하고 흠모하는 인물을 흉내 내어(코스프레) 그 인물처럼 행동하는 자를, 아바타는 어느 특정 인물의 화신이 되어 그의 분신으로 살아가는 자를 말한다. 어떤 의미에서 그리스도인은 예수 그리스도를 코스프레하는 예수 그리스도의 코스어이고, 온전히 예수 그리스도에게 매여 살아가는 예수 그리스도의 아바타이다.

사악함이 최고조에 이른 이 시대는 보다 성숙한 그리스도인이 요청되는 때이다. 예수 그리스도의 삶을 흉내 내는 코스어의 수준을 넘어 예수 그리스도의 분신으로 살아가는 예수 그리스도의 아바타들의 출현이 절실한 때이다. 모든 그리스도인이 자신이 소속된 공동체와 삶의 현장에서 예수 그리스도의 코스어를 넘어 예수 그리스도의 아바타로 살아갈 때 온 인류의 이상인 새 하늘과 새 땅의 여명이 열리게 될 것이다.

그리스도인들이여! 예수 그리스도의 코스어로 만족하며 거기 머물지 말고, 예수 그리스도의 코스어를 넘어 예수 그리스도의 분신으로서 예수 그리스도의 아바타로 살아가자. 하나님 나라는 말에 있지 않고 능력에 있다고 하신 주님, 주님의 능력으로 연약한 속사람을 강하게 하사 예수 그리스도의 아바타로 살아가게 하소서(고전11:1, 엡4:15, 고전4:20).

71. 근육질의 그리스도인

하나님의 나라는 말에 있지 아니하고 오직 능력에
있음이라(고전4:20)

나이와 관계없이 근력이 약해지면 삶의 질이 떨어지고 행
복한 삶을 살아갈 수 없다. 하나님은 근력이 강한 근육질의
그리스도인을 좋아하신다. 하나님 나라 사람들은 근육이 튼
튼한 근육질의 사람들이다.

근육이라 할 때 육체의 근육만을 말하는 것이 아니다. 전
인적이고 총체적인 근육을 말한다. 곧 영, 정신, 마음, 몸과
모든 관계의 근육을 말한다. 튼튼한 근육을 위해서는 근육
보강을 해야 한다. 근육 보강을 위한 방법은 다양하지만, 그
중에서도 핵심적인 근육 보강의 방법은 규칙적인 독경과 끊
임없는 기도이다. 폭넓고 깊이 있는 독서는 정신 근육을 강
하게 한다. 다양한 장르의 예술 작품 감상은 서정적 마음의
근육을 강하게 한다. 온유와 겸손, 나눔과 희생적 섬김은 인
간관계의 근육을 강하게 한다. 꾸준히 하는 적당한 운동은
몸의 근육을 강하게 한다. 근육이 강한 근육질의 그리스도
인이라야 사탄의 도전과 미혹을 방어하고 나아가 사탄의 세

력을 정복해서 다스릴 수 있다.

필승하는 그리스도의 군사는 근육질의 그리스도인을 말한다. 하나님은 근육질의 그리스도인을 좋아하신다. 근육질의 그리스도인을 목마르게 찾고 계신다. 목말라하시는 주님의 마음을 시원케 해드릴 근육질의 그리스도인이 되지 않겠는가? 만약 그리스도의 군사가 근육 결핍으로 근력이 떨어지면 사탄의 도전과 미혹을 물리칠 수 없다. 오히려 사탄의 포로가 되어 사탄의 꼭두각시로 추한 모습을 보이다가 끝내는 돌이킬 수 없는 파국에 이르게 된다. 끊임없이 근력을 보강해야 할 이유이다. 경건 생활이란 끊임없이 근육 보강을 위해 정진(精進)하는 것이다. 이때 성령님의 도우시는 은혜가 필수적인 선결 요소임을 명심해야 한다.

하나님은 그 어느 시대보다도 더욱 죄악의 어두움이 짙게 드리워진 오늘의 종말 시대에 사탄의 세력과 끝까지 싸워 하나님의 뜻을 이루어 나가는 근육질의 그리스도인을 목마르게 찾고 계신다. 바로 그 근육질의 그리스도인이 돼라(롬 12:2, 고전4:20).

72. 바보인가 현자인가

노하기를 더디하는 자는 용사보다 낫고 자기의 마
음을 다스리는 자는 성을 빼앗는 자보다 나으니라
(잠16:32)

바보는 화를 낼 줄 모르는 사람이고 현자는 화가 나지만
그 화를 다스릴 줄 아는 사람이라고 한다. 우리 주변에는 분
노를 유발하는 다양한 요인들이 먹잇감을 덮치려는 맹수처
럼 기회를 엿보며 도사리고 있다. 화는 자신을 망칠 뿐만 아
니라 이웃에게 큰 상처를 입히고, 자신이 속한 공동체를 처
참하게 파괴하는 괴물이다. 사리사욕에 따른 추악한 화든
의를 위한 공분이나 의분이든 아울러 잘 다스려야 한다. 공
분이나 의분이라 할지라도 절제의 미를 보여야 한다.

화를 잘 다스리고 절제의 미를 보일 수 있는 것은 기술이
아니라 능력이다. 그 능력은 십자가의 예수 그리스도로부터
온다. 예수 그리스도는 오로지 나의 구원을 위해 흉악한 죄
인들로부터 뺨을 맞으시고, 침 뱉음을 당하시고, 주먹질과
온갖 희롱을 당하시면서도 끝까지 인내하셨다. 마침내 수치
와 저주의 극치인 십자가에 못 박혀 높이 달리시고 극한의

고통 가운데 물과 피를 다 쏟으셨다. 나를 위해 죽으신 예수 그리스도, 그분을 믿음의 눈으로 바라볼 때 십자가에 달리신 예수 그리스도로부터 모든 분노를 다스릴 힘을 공급받게 된다. 죄와 허물이 없으신 하나님이신 예수 그리스도께서 순전히 나의 모든 죄와 허물을 없애려고 나 대신 온갖 수모와 고통을 참아내시고, 십자가에서 죽으셨다는 은혜와 사랑을 깊이 깨달을때 모든 분노를 다스릴 수 있다.

그리스도인은 분노할 줄 모르는 목석 같은 바보로는 살아갈 수 없다. 하나님의 의도하심이 아니기 때문이다. 하나님의 의도하심은 분노를 느끼되 그 분노를 다스리고 절제할 줄 아는 현자로 살아가는 것이다. 예수 그리스도 안에서 하나님을 경외하는 그리스도인은 현자이다. 그리스도인은 현자의 삶으로 하나님을 영화롭게 해야 한다. 그리스도인은 바보가 아니다. 지금 내 모습은 바보인가 현자인가(약2:20, 잠16:32, 눅22:51).

73. 준비된 자라야 준비시킬 수 있다

이러므로 너희도 준비하고 있으라 생각하지 않은
때에 인자가 오리라(마24:44)

믿음의 결국은 영혼의 구원 곧 천국 입성이다. 천국 입성
은 천국 시민권자만이 가능하고, 천국 시민권은 예수님이
그리스도이심을 믿는 자에게 주어지는 증표이다. 천국 시민
권자라야 다시 오시는 재림 예수님을 영광 중에 맞이하게
되고 하나님 나라에 입성하게 된다. 마지막 주님 앞에 단독
자로 서게 될 때 반드시 거쳐야 할 과정이 있다. 참 시민권
자인지를 심사하는 면접이 있을 것이다. 그 면접에서 합격
하려면 반드시 준비해야 할 것이 있다. 준비해야 할 모든 정
보는 성경에 있다. 준비할 핵심은 화려한 경력의 이력서나
능란한 수사학적 언변이 아니다. 바로 예수님은 그리스도라
는 믿음이며, 그 믿음을 입증하는 마음 상태와 생활 내용이
다.

지금은 그 어느 때보다도 더 시급하게 자신이 먼저 준비
하고 이웃에게 준비할 사항을 바르게 알려야 할 때이다. 왜

냐하면 어느 순간 내가 하나님의 부르심을 받을지 알지 못하고, 또한 이 땅에서 나타나는 불길한 징조들이 예수님의 재림이 임박했음을 알리고 있기 때문이다. 오늘의 지구촌은 매우 심각한 상황이다. 예측불허의 기상 변화와 급속하게 황폐해져 가는 생태계에 대한 불안감, 혼란한 세계 질서를 정리할 수 있는 강력한 지도자를 대망하는 세계 각국의 민심 -- 종말에 있을 짐승 정치 출현의 전조 현상이다 -- 맘몬 숭배, 동물적 에로스에 대한 탐닉, 타인의 고통에 아무런 느낌이 없는 인정(人情)의 석고상화와 냉혈 인간화 등 지구촌 사람들의 심리 현상들은 심각 이상의 단말마적 현상이다.

예수님의 재림이 성큼 눈앞에 다가왔다. 주님을 맞이할 준비는 되었는가? 그리고 준비시키고 있는가? (롬13:11-14, 마24:44, 눅21:34-36, 벧4:7-11).

74. 필요로 하는 곳으로 흘러가게 하면 된다

누가 너를 남달리 구별하였느냐 네게 있는 것 중에
받지 아니한 것이 무엇이냐 네가 받았은즉 어찌하
여 받지 아니한 것 같이 자랑하느냐(고전4:7)

빈손으로 왔다가 빈손으로 가는 것이 인생이다. 본래 내
것이란 없다. 지금 내가 지닌 모든 것도 내 것이 아니기에
내려놓을 것도 없고, 비울 것도 없고, 버릴 것도 없다. 다만
하나님의 섭리하심에 따라 성령께서 인도하시는 대로 그동
안 내 것이라 여겼던 몸, 마음, 지식, 재능, 재물, 명예, 권
세, 혈육과 친지도 그저 막힘없이 필요한 곳으로 흘러가게
하면 된다. 그리하면 갈등하며 고뇌할 것도 없고, 힘들 것도
없고 ,아쉬워하거나 섭섭할 것도 없다. 원망할 것도 없고,
불평할 것도 없고, 미워하고 다툴 것도 없다. 마음 깊은 곳
에 평안과 고요가 깃들게 된다. 지금 마음에 평안과 고요가
없다고 하면 지금 내가 무엇에 집착하고 있는지 살펴보라.
그것이 어디로 흘러가려고 하든 막으려 하지 말고 붙잡으려
고도 하지 말라. 자연스럽게 흘러가도록 잠시 한 발짝 옆으
로 비켜서도록 하라.

　그러나 그리스도인이라고 하면 이보다 깊은 깨달음이 있

어야 한다. 모든 존재의 소유권자는 하나님이시고, 우리는 그분께서 맡겨 주신 것을 그분의 의지대로 사용하며 지혜롭게 관리해야 할 청지기임을 분명히 알아야 한다. 곧 주인 되신 하나님의 의지대로 필요한 곳으로 흘러가게 하고, 그것으로 끝내야 한다. 생색내고 공치사(功致辭)하면서 내 얼굴과 내 이름 석 자를 드러내려는 사심(邪心)을 품는다면 하나님 앞에 가증한 것이고, 마지막 결산할 때 하나님 앞에서 부끄러움을 당할 것이다. 자연스러운 흐름을 막고 내 것이라고 고집하면 하나님께서 얼마나 불편해하실까? 하나님을 사랑하노라고 고백하는 생각 깊은 그리스도인에게는 결코 있을 수 없는 일이다(고전4:7, 딤전6:7, 행4:32, 눅12:15).

75. 마음의 고요와 평안의 원천

믿음의 주요 또 온전하게 하시는 이인 예수를 바라
보자 그는 그 앞에 있는 기쁨을 위하여 십자가를 참
으사 부끄러움을 개의치 아니하시더니 하나님 보좌
우편에 앉으셨느니라(히12:2)

번민, 불안, 두려움, 좌절, 절망, 근심, 걱정, 불평, 불만,
탄식, 슬픔, 원망과 증오의 어둡고 어지러운 마음은 하나님
을 믿지 못하는 불신에서 온다. 그리고 하나님을 불신하는
것은 하나님을 사랑하지 않기 때문이다. 진정한 사랑에는
절대 신뢰가 따른다. 하나님을 절대 신뢰하지 못하는 것은
하나님을 사랑하지 않는다는 방증이다. 하나님을 사랑하지
않는 것은 나를 향한 하나님의 사랑과 은혜가 어떤지 모르
기 때문이다. 하나님의 사랑과 은혜를 안다고 하더라도 그
사랑과 은혜를 뜨겁게 체험하지 못하고 깊이 알지 못하기
때문이다. 나를 향한 하나님의 사랑과 은혜를 뜨겁게 느끼
고 깊이 알게 되면 하나님을 절대 신뢰하고, 어떠한 상황에
서도 마음은 흔들리지 않고 평안하고 고요하다.

나를 향한 하나님의 사랑과 은혜가 무엇인가? 어떠한 것
인가? 나를 향한 하나님의 사랑과 은혜는 바로 십자가의 예

수 그리스도이시다. 하나님의 진노로 죽어서 지옥 불 못의 형벌을 받을 수밖에 없는 죄인인 나를 대속하기 위해 온갖 수모와 고통을 다 겪고, 끝내는 십자가에 높이 달려 극한의 고통 속에 물과 피를 다 쏟고 죽은 예수 그리스도이시다. 십자가의 예수 그리스도는 나를 향한 하나님의 사랑과 은혜의 확증이다. 무시로 성령 안에서 십자가의 예수 그리스도를 바라볼 때 성난 풍랑같이 격하게 요동치던 온갖 번뇌와 고통은 아침 햇살에 안개 걷히듯 사라지고, 명경지수와 같은 평안과 고요가 마음 가득 깃들게 된다. 세속적인 어떠한 방법과 노력에도 진정한 마음의 평안과 고요를 얻을 수 없다. 오직 십자가의 예수 그리스도만이 유일한 평안과 고요의 원천이기 때문이다. 지금 무엇으로 마음이 어둡고 무거운가? 무엇 때문에 마음이 혼란하고 괴로운가? 지금 바로 십자가의 예수 그리스도를 바라보자. 그리하면 평안과 고요의 원천인 십자가의 예수 그리스도께서 세상이 줄 수 없는 평안을 넘치게 채워 주실 것이다(요14:27, 롬5:8, 히12:2).

76. 성육과 빙의

이와 같이 너희도 너희 자신을 죄에 대하여는 죽은
자요 그리스도 예수 안에서 하나님께 대하여는 살
아 있는 자로 여길지어다(롬6:11)

영원 세계에서는 어제와 오늘과 내일 그리고 지난해와 새
해라는 구분은 아무런 의미가 없다. 하지만 우리는 육신을
가지고 시간 세계에서 살아가기에 어제보다는 오늘, 오늘
보다는 내일이 더 낫고 성숙한 삶이 되기를 소망하고, 지난
해보다는 새해를 더 보람 있게 살기를 원한다. 하루의 첫 시
간, 한 주간의 첫째 날, 한 달의 첫날인 월삭과 새해 첫날 첫
시간을 구분해서 새롭게 결의를 다지는 이유이다. 실제로
새롭게 다진 결의는 더 나은 삶을 위한 신선하고 힘찬 도약
의 계기가 된다. 그래서 이렇게 기도하고 다짐해 본다.

먼저 이렇게 기도한다.

"더욱 근사하게 예수 그리스도로 빙의된 성육의 삶을 살
아가도록 긍휼의 은총을 더하여 주소서"

이어서 이렇게 다짐해 본다.

"예수 그리스도의 발자취를 따른다는 이유로 개밥에 도
토리가 될지언정 나를 위한 약방의 감초는 되지 않으리라."

새로운 도약을 위한 계기가 생기는 순간에 어떤 기도를 드리고, 어떻게 결의를 다짐할 것인가? (롬6:11, 갈2:20, 롬 14:7-8).

77. 부르심(召命)의 뜻을 좇아서

> 오직 너희를 부르신 거룩한 이처럼 너희도 모든 행
> 실에 거룩한 자가 되라(벧전1:15)

하나님께서 그리스도인을 부르신 뜻은 성도의 거룩한 삶에 있다. 거룩은 도덕적 성품의 온전함과 아울러 구별됨, 곧 다름을 의미한다. 거룩의 우선적 의미는 다름이다. 하나님은 거룩한 분이라고 할 때 도덕적 성품의 온전함에 앞서 하나님은 피조물이 아닌 창조주라는 의미가 우선한다. 인간의 성품이 아무리 도덕적으로 완벽에 가깝고, 고결하더라도 불완전한 하나의 피조물일 뿐 결코 완전한 창조주 하나님이 될 수 없다. 이처럼 거룩은 도덕성보다 다름의 의미가 더 강하다. 피조물로서 인간은 유한하고, 불완전하고, 무력하고, 무상하며 죄 가운데 태어난 부정한 존재이다. 반면에 창조주 하나님은 무한하고, 완전하고, 전능하고, 불변하며 전적으로 순결한 분이시다. 창조주 하나님과 피조물인 인간은 결코 같을 수 없고, 비교 자체가 어불성설이다. 하나님은 거룩하시다.

그리스도인을 가리켜 성도라고 한다. 거룩한 존재라는 뜻이다. 이는 그리스도인은 하나님 신앙이 없는 세인과는 다른 존재라는 의미이다. 무엇이 다른지 몇 가지만 살펴보자.

◢ 세인은 자기중심적인 인본주의 삶을 살아가지만, 그리스도인은 하나님 중심적인 신본주의 삶을 살아간다.

◢ 세인은 자기 유익을 우선으로 이해득실을 계산하지만, 그리스도인은 순수하게 이웃의 유익을 우선으로 계산한다.

◢ 세인은 자기가 좋은 대로 행하지만, 그리스도인은 하나님께서 좋아하시는 대로 행한다.

◢ 세인은 자신의 명리를 먼저 추구하지만, 그리스도인은 하나님의 영광을 먼저 추구한다.

◢ 세인은 자신의 행복만으로 만족하지만, 그리스도인은 이웃과 더불어 누리는 행복을 위해 노력한다.

◢ 세인은 세상 나라의 영화에 관심을 두지만, 그리스도인은 하나님 나라를 이루는 일에 관심을 둔다.

◢ 세인은 외모 단장에 마음을 기울이지만, 그리스도인은 속사람을 단장하는 데 마음을 기울인다.

⊿ 세인은 당하는 고난을 부끄러워하고 누리는 안락한 삶을 자랑하나, 그리스도인은 자신을 위한 안락한 삶을 부끄러워하고 예수 그리스도의 길을 걸으며 당하는 고난을 자랑스럽게 여긴다.

⊿ 세인은 자신의 공덕을 부풀려 자랑스럽게 내세우나, 그리스도인은 자신을 감추고 하나님의 은혜와 이웃의 공덕을 칭송한다.

⊿ 세인은 자신의 자존심과 명예를 우선하고 귀하게 여기나, 그리스도인은 하나님의 명예와 자존심을 우선하고 귀하게 여긴다.

⊿ 세인은 자신이 주인이 되어 소유 축적에 집착하지만, 그리스도인은 철두철미 청지기 의식을 가지고 주인 되신 하나님의 뜻을 따라 자신에게 맡겨 주신 모든 것들을 지혜롭게 관리한다.

⊿ 세인은 악을 악으로 대하지만, 그리스도인은 악을 선으로 대한다.

⊿ 세인은 자신의 몸을 자신의 것인 양 착각하고 돼지우리든 진흙탕이든 아랑곳하지 않고 함부로 굴리지만, 그리스도인은 자신의 몸이 성령 하나님께서 거하시는 성전임을 알고 반드시 있을 곳을 삼가고 마음에 담는 생각을 맑고 바르게 한다.

⊿ 세인은 대중들이 모여 있는 공간과 자신만의 공간에서 다른 모습을 보이지만, 그리스도인은 대중 가운데 있든 홀로 있

든 마음과 몸가짐에 변화가 없다.

⊿ 세인은 이웃과 사회의 공익을 위한다는 명분과는 달리 내용상 자기 이득을 챙기는 사심(邪心) 가득한 위선과 가증함을 보이지만, 그리스도인은 이해득실의 계산이 전혀 없는 진정 어린 순수한 섬김의 매력을 보인다.

⊿ 세인은 떠벌리는 공치사(功致辭)로 쌓은 공덕을 훼손하나, 그리스도인은 묵언과 겸양으로 소리 없이 공덕을 아름답게 쌓아간다.

⊿ 세인은 악감정을 두고두고 되새기며 적대시하지만, 그리스도인은 악감정을 모두 지워버리고 온유함으로 섬긴다.

⊿ 세인은 이웃의 경사를 시기 질투하고 깎아내리지만, 그리스도인은 이웃의 경사에 사심 없이 박수갈채를 보내며 함께 즐거워한다

⊿ 세인은 분노를 쉽게 폭발해서 다툼을 일으키지만, 그리스도인은 분노를 다스려 평화로운 분위기를 만든다.

⊿ 세인은 먼저 섬김받기를 좋아하지만, 그리스도인은 먼저 섬기기를 좋아한다.

하나님께서 그리스도인을 부르셔서 세상에 세우신 뜻은 그리스도인이 세인과는 다른 삶 곧 거룩한 삶을 살아감으로 하나님의 영광의 빛을 만방에 비추게 하기 위해서이다. 그렇게 해서 하나님 나라를 이루려 하심이 하나님의 의도이

다. 그리스도인들이 부르심에 합당한 거룩한 삶을 향해 더욱 정진해야 할 이유이다(벧전1:15-16, 살전4:3, 마5:16).

78. 순백의 원초적 사랑

> 아담과 그의 아내 두 사람이 벌거벗었으나 부끄러
> 워하지 아니하니라(창2:25)

사회구조의 기초단위는 가정이고 가정의 근간은 부부이다. 그리고 부부관계의 핵은 순백의 원초적 사랑이다. 순백의 원초적 사랑의 모델은 선악과를 먹기 이전의 아담과 하와의 관계이다. 그들은 벌거벗었으나 부끄러워하지 않았다. 있는 모습 그대로 아주 좋았고 사랑스러웠다. 순백의 원초적 사랑은 벌거벗은, 있는 그대로의 사랑이다. 미추나 이불리를 계산하지 않는다. 자존심이나 체면을 내세우지 않고 명분을 따지지 않는다. 있는 그대로를 보여 주고 있는 그대로를 받아준다. 화장하지 않는다. 민낯 그대로다. 색칠하지 않는다. 윤색하지 않고 편집하지 않는다. 서로가 허물없이 지내고 감추는 것도 없다. 어떤 상황에서도 스스럼없이 자유롭고 편안하다. 그래서 함께 있으면 그저 좋기만 하고 마냥 행복하다. 싫증 나지 않는다. 최초의 가정, 최초의 부부인 아담과 하와가 보여 준 순백의 원초적 사랑의 모습이다.

오늘날 인류 사회가 혼란한 것은 순백의 원초적 사랑이 변질되면서 가정이 파괴됐기 때문이다. 아담과 하와가 하나님께서 경계하며 말씀하신 금단의 열매인 선악과를 따 먹은 데서 문제가 시작됐다. 사탄이 놓은 미혹의 덫에 걸린 것이다. 두 사람은 사탄의 현란한 말재간에 농락당해 하나님의 말씀을 거역했고, 불순종의 죄를 범해 에덴동산에서 추방됐다. 그 결과 생존을 위해 고난을 겪다가 고생 끝에 죽음을 맞이했다. 사랑의 관계가 깨지면서 갈등, 증오, 다툼과 살육의 위협을 받는 경계의 관계, 대적의 관계가 되고 말았다. 오늘의 지구촌 현황을 보면 최악의 상태이다. 모든 면에서 총체적으로 종말을 향해 극단으로 치닫고 있다.

이렇게 끝나고 말 것인가? 순백의 원초적 사랑으로만 충만했던 에덴의 회복은 기대할 수 없는가? 이렇게 절망 가운데 넋을 놓고 탄식만 하고 있어야 하는가? 아니다. 희망이 있다. 에덴을 회복할 수 있는 하나의 방법이 있다. 그 하나의 방법은 갈보리 산상의 예수 그리스도의 십자가에 있다. 십자가에서 대속의 피를 흘리신 예수 그리스도가 답이다.

갈보리 산상의 십자가에서 한없이 솟구치는 예수 그리스도의 보혈이 원죄와 온갖 죄악으로 혼탁해진 지구촌을 정화하고 순백의 원초적 사랑으로 충만한 에덴을 회복할 수 있다.

기억하자. 선악과를 따먹기 이전의 아담과 하와와 같은 순백의 원초적 사랑으로 서로 사랑하며 건강하고 행복하게 살아가는 삶은 갈보리 산상에서 흘리신 예수 그리스도의 보혈로 정화되고 회복된 에덴에서만 가능하다. 회복된 에덴은 바로 복음화된 가정이고 복음화된 도성을 말한다. 복음화되어 순백의 원초적 사랑으로 서로 사랑하는 곳이 바로 회복된 에덴이요 하나님 나라이다. 그리스도인들이 어떤 운동보다도 복음화 운동에 힘써야 할 이유이다. 온 세상의 복음화를 위해서는 내가 소속된 공동체의 복음화가 먼저 이루어져야 하고, 이를 위해서 내가 먼저 성육의 삶을 살아야 한다. 성육의 삶은 아무리 강조해도 다함이 없다. 순백의 원초적 사랑으로 충만한 회복된 에덴의 행복을 위해서 지금 머물러 있는 그곳에서 내가 먼저 성육의 삶을 살아가려고 얼마나 애쓰고 힘쓰며 노력하고 있는지 살펴보라(창2:25, 고후5:17).

79. 입부리에 몽니를 부리는 발부리

내가 내 몸을 쳐 복종하게 함은 내가 남에게 전파한
후에 자신이 도리어 버림을 당할까 두려워함이로다
(고전9:27)

이단의 사전적 의미는 자기가 믿는 이외의 도 또는 전통
이나 권위에 반항하는 주장이나 이론을 말한다. 곧 정통 이
론에서 많이 벗어난 교리, 주의, 주장 등을 총칭한다. 기독
교에서의 이단이란 정통 교리에서 많이 벗어난 복음인 것
같으나 복음이 아닌 것을 말한다. 복음으로 포장한 포괄적
인본주의이다. 그런데 오늘날 교회에서의 더욱 심각한 문제
는 정통 교리의 탈을 쓴 생활 속의 이단들이다. 머리끝과 발
끝의 모습이 다른 곧 끝과 끝이 다른 이단적 그리스도인들
이 문제이다.

정상적인 그리스도인은 위쪽 끝부분인 머리의 생각을 표
현하는 입부리의 말과 아래쪽 끝부분인 발부리의 행동이 일
치한다. 정상적인 그리스도인이라고 하면 상단인 머리의 생
각이 입부리로 표현되고, 입부리로 표현된 말이 하단인 발
부리로 입증이 되어야 한다. 입술의 신앙고백과 일상생활의

행동이 일치해야 한다. 그러나 비정상적인 그리스도인은 입부리의 말과 발부리의 행동이 다르다. 그리스도인이라는 명패를 달고서 발부리의 움직임과 입부리의 고백이 다르니 생활 속의 이단이라고 하는 것이다. 정상적인 온전한 그리스도인은 심근(心根)과 입부리와 발부리가 하나로 움직인다. 심언행일치(心言行一致)다. 심언행일치의 그리스도인이라야 정상적이고 온전한 그리스도인이라고 할 수 있다. 경건생활이란 무엇인가? 입부리에 몽니를 부리는 발부리를 잘 다스려 발부리로 하여금 입부리를 온전히 좇도록 부단하게 애쓰는 것이다. 교회 안에는 입부리는 아름답지만 발부리의 움직임이 곱지 않은 사람들이 숱찮다. 그리스도인이라는 이름을 가지고 생활 속의 이단으로 살아가는 자들로 인해 교회는 부정적인 평가를 받고 있다. 교회가 빛과 소금의 역할을 못 하고 있다. 생활 속의 이단들의 실태를 보라.

◢ 입부리로는 사랑을 말하나, 발부리로는 그 사랑을 행하지 않는다.

◢ 입부리로는 겸손과 섬김과 나눔을 말하나, 발부리로는 겸손하지도 않고, 섬기지도 않고, 나누지도 않는다.

◢ 입부리로는 정직과 진실과 의로움을 말하지만, 발부리로는 그렇게 행하지 않는다.

⊿ 입부리로는 십자가를 사랑하노라고 고백하지만, 발부리로
는 십자가를 지려고 하지 않는다.

⊿ 입부리로는 성결과 거룩을 말하면서도 발부리로는 세상 열
락을 좋아한다.

생활 속의 이단들은 교리적 이단들이 발호하기 좋은 서식
지이다. 그래서 생활 속의 이단 문제가 교리적 이단 문제보
다 더 심각하다고 할 수 있다. 경계해야 한다. 진정으로 건
강하고 행복한 교회와 사회를 원한다면 누구를 탓하고 누구
에게 기대하기 전에 나 자신부터 입부리에 몽니 부리는 발
부리를 잘 다스려 나가는 경건 생활에 더욱더 정진해야 할
것이다(딛1:16, 고전9:27, 엡4:13, 15).

80. 목숨이 귀한 것은

때가 아직 낮이매 나를 보내신 이의 일을 우리가 하
여야 하리라 밤이 오리니 그 때는 아무도 일할 수
없느니라(요9:4)

목숨은 선악 간에 모든 것의 기회이기 때문에 귀하다. 숨
을 쉬고 있는 순간이 뉘우치고 회개할 기회, 새롭게 결단하
고 실천할 기회이다. 목숨을 선의 기회로 삼으면 그 결과는
영광과 평안과 영생이고, 목숨을 악의 기회로 삼으면 그 결
과는 치욕과 고통과 멸망이다.

지혜는 선악을 바로 분별해서 목숨을 선의 기회로 삼는
것이고, 능력은 끝까지 선을 좇는 의지이다. 그 지혜와 능력
은 내 노력으로 얻어지는 것이 아니라 성령께서 공급해 주
시는 전적으로 하나님의 은혜이다. 끊임없이 나의 어리석음
과 연약함을 주님께 고백하고 하나님의 긍휼의 은혜를 구해
야 한다.

목숨을 소중히 여기는 것은 세상의 낙을 누리기 위함이
아니다. 목숨은 선악 간에 모든 것의 기회임과 아울러 악을
좇는 육적인 자아를 죽이고 보다 성숙한 영성의 진아(眞我)

로 도약하는 터전이 되기 때문이다. 목숨을 잃으면 선악 간에 모든 기회와 터전을 잃게 된다. 매 순간 목숨을 소중하게 보전하고 아낄 뿐만 아니라 선한 터전과 기회로 삼아야한다. 기회를 사라고 했다. 순간의 기회를 포착하라는 뜻이다. 그래서 인생은 거룩한 긴장의 연속이다. 참삶을 위한 거룩한 긴장은 악성 스트레스가 아니다. 상쾌함을 촉발하는 비타민 같은 선한 스트레스이다. 목숨의 소중함을 바로 알아서 건강하게 보존하고 정성을 다해 아끼고 보살피자(마 16:26, 엡5:16, 전3:1, 요9:4).

81. 순종하는 곳에 이루어지는 하나님 나라

> 하나님의 나라는 먹는 것과 마시는 것이 아니요 오직 성령 안에 있는 의와 평강과 희락이라(롬14:17)

순종하는 곳에 희락과 평안이 있고, 그곳이 바로 천국이다. 희락과 평안의 동산인 에덴을 상실하게 된 것은 첫 아담의 불순종 때문이다. 불순종하도록 교만함을 부추긴 것은 바로 사탄이었다. 그러나 둘째 아담으로 오신 예수 그리스도는 교활한 사탄의 유혹을 물리치고 하나님의 뜻에 온전히 순종하셨다. 예수 그리스도의 순종으로 상실된 에덴의 기쁨과 평안이 회복됐다. 회복된 에덴에서 누리는 행복한 삶은 예수 그리스도 안에서 온전히 순종하는 자의 몫이다.

천국의 평안과 기쁨을 누리려면 하나님의 말씀, 성령님의 인도하심과 주어진 환경에 온전히 순종해야 한다. 주어진 환경에 순종하는 신앙은 범사에 감사함으로 표현된다. 예수 그리스도를 구주로 믿고 영접했음에도 여전히 마음이 어둡고 혼란하고 괴로운가? 돌이켜 살펴보아 자신 안에 불순종하고 있는 것이 있다면 즉시 회개하고 순종하라. 짙게 드리웠던 어둠의 먹구름은 말끔하게 걷히고, 기쁨과 평안의 청명한 하늘이 보이면서 혼탁한 마음은 청정해질 것이다. 회복된 에덴에서의 행복한 삶은 순종하는 자의 몫이다. 순종하는 곳에 하나님 나라는 이루어진다. 한 가지 기억할 것은 순종은 이론이 아니라 능력이다. 성령님의 능력이 함께 할 때 순종하게 된다. 성령의 능력은 기도하는 자에게 주어진다. 배우고 훈련해서 습득하는 것이 아니라 오직 기도로만 얻는 것이다. 그래서 사도 바울은 쉬지 말고 기도하라고 한 것이다. 쉬지 말고 기도하자. 끊임없이 성령의 능력을 힘입자. 주저 말고 순종하자. 하나님 나라의 기쁨과 평안을 줄기차게 누리게 될 것이다. 하나님 나라는 순종하는 곳에 이루어진다(요14:21, 27, 롬14:17, 빌4:13).

82. 탐욕에서 벗어난 자유

주는 영이시니 주의 영이 계신 곳에는 자유가 있느
니라(고후3:17)

사람은 누구나 무엇을 주인으로 섬긴다. 달리 말하면 사
람은 누구나 무엇의 노예로 살아간다. 그 무엇은 바로 탐욕
이다. 곧 탐욕을 주인으로 섬기며 탐욕의 노예로 살아간다.
탐욕이 행복한 인생을 보장해 줄 것이라 착각하고, 탐욕의
노예가 된 것을 부끄러워하기보다 오히려 탐욕의 충복이 된
다. 지극정성으로 탐욕에 헌신한다. 그러나 탐욕의 끝은 영
원한 죽음 곧 지옥 불 못이다. 성경의 가르침은 탐심은 우상
숭배라고 했다. 사람의 생명이 그 소유의 넉넉함에 있지 않
으니, 탐심을 물리치라고 말씀하고 있다. 사람이 가장 먼저
해결해야 할 문제는 탐욕의 노예 상태에서 벗어나는 것이
다.

탐욕의 노예 상태에서 벗어나는 자유는 인간의 힘으로 얻
을 수 없다. 학문 탐구, 명상과 수도, 인도주의 선행, 도덕규
범의 이행, 양심을 좇는 행위로 얻는 것이 아니다. 탐욕에서

벗어나 자유를 얻으려면 탐욕의 욕구가 무엇인지 알아야 한다. 나아가 탐욕에서 벗어날 힘, 진리가 무엇인지 깨달아야 한다. 탐욕의 욕구가 무엇인가? 탐욕의 욕구는 권력욕, 명예욕, 물욕과 정욕이다. 그리고 정욕은 식욕, 수면욕, 색욕을 내포하고 있다.

탐욕의 욕구는 만족을 모르기에 괴롭다. 탐욕의 욕구는 열린 무덤 같고, 열린 아궁이와 모래 동산 같다고 했다. 우주 만물보다 더 큰 것이라야 벌린 입을 막을 수 있다. 탐욕의 욕구를 만족시킬 우주 만물보다 더 큰 것이 무엇인가? 그것은 바로 우주 만물을 창조하신 진리인 성삼위 하나님이시다. 탐욕의 욕구를 알고 진리인 성삼위 하나님을 알면 탐욕의 욕구는 봄눈 녹듯 사라지게 된다. 그래서 진리를 알면 탐욕의 욕구로부터 자유롭게 되리라고 성경은 말한다. 힘써 진리인 성삼위 하나님을 알고, 나를 향한 하나님의 은혜와 사랑을 알고, 하나님의 은혜와 사랑이 예수 그리스도를 통해 어떻게 확증되었는지를 깊이 알아야 한다.

탐욕의 욕구로부터 자유롭게 하는 진리인 하나님에 대한 지식은 세속적인 수단이나 방법으로는 결코 알 수 없다. 오직 하나님의 자기 계시로만 알 수 있다. 하나님께서는 누구에게 자기 자신을 계시하실까? 하나님의 자기 계시는 겸손한 자에게 임한다. 자기 힘으로는 탐욕의 노예 상태에서 결코 자유로울 수 없는 전적인 무능력자요, 무지한 자임을 인정하고 하나님의 긍휼의 은총을 구하는 자에게 진리를 아는 계시의 문이 열린다. 하나님은 교만한 자는 물리치시고 겸손한 자에게 은혜를 주신다고 하셨으니, 모든 탐욕의 욕구에서 자유로운 행복한 인생을 살아가려면 언제나 하나님 앞과 사람 앞에서 겸손해야 한다. 아직도 탐욕의 욕구에 매여서 괴로워하고 있는가? 교만의 잔뿌리가 남아있기 때문이다. 성령님의 능력을 힘입어 좌우에 날 선 검 같은 말씀의 칼로 가차 없이 잘라버리라. 마음의 무릎을 꿇고 자비와 긍휼의 은혜를 구하라. 그리하면 진리인 성삼위 하나님께서 자유함의 확증으로 우리 안에서 이 세상이 줄 수 없는 기쁨과 평화가 샘솟듯 흘러넘치게 할 것이다(요8:32, 고후3:17, 눅12:15, 골3:5, 마11:28-30).

83. 밥상이 주는 교훈

그런즉 너희가 먹든지 마시든지 무엇을 하든지 다
하나님의 영광을 위하여 하라(고전10:31)

소찬이든 진수성찬이든 밥상에 올려진 밥과 반찬들은 수
많은 사람들이 흘린 수고의 결과이며, 나의 생명과 행복한
삶을 위해서 자신들의 생명 -그것이 동물이든 식물이든 -
을 희생한 사랑의 결정체들이다. 밥상을 대할 때마다 수고
한 손길에 고마워해야 하고, 그들의 희생이 헛되지 않도록
반듯하고 건강하게 살겠다고 결심해야 한다. 나도 누군가의
생명과 행복한 삶을 위한 희생 제물이 되겠다고 다짐해야
할 것이다.

일미칠근(一米七斤)이라고 했다. 쌀 한 톨을 얻기까지는
농부가 흘린 수고의 땀이 일곱 근이나 된다는 뜻이다. 밥알
하나라도 소홀하게 생각하지 말고, 소중하게 여기라는 교훈
일 것이다. 그러나 어디 농부의 수고뿐이겠는가. 밥상 위에
올려진 밥알 하나가 이루어지기까지 태양, 물, 공기, 토양과
유익한 미생물들의 도움이 있었다. 그뿐만 아니라 공정 과

정과 유통 과정을 거치면서 눈에 보이지 않는 수많은 손길과 주모(主母)의 맛깔나는 사랑의 손질 등이 있었기에 오늘의 내가 존재하며 행복한 삶을 만끽하는 것이 아닌가? 나를 위한 이 모든 희생과 움직임이 궁극적으로 절대 주권자이신 하나님의 사랑의 섭리임을 깨닫게 될 때 절로 일어나는 고마운 마음의 표시와 감사의 기도는 필연적이며 자연스럽고 아름다운 몸짓이 아니겠는가? 밥상머리에서 투정 부리는 이들은 얼마나 생각 없고 염치가 없는가? 꼴불견의 한심한 작태이다. 더욱이 지구촌 이웃에서는 극심한 기근과 기갈 때문에 고통당하는 이들이 부지기수이고, 굶주림에 시달리다 죽어가는 이들 또한 헤아릴 수 없이 많음을 조금이라도 생각한다면 어떻게 밥상머리에서 불평불만을 토해낼 수 있는가? 부끄러운 줄 알아야 한다. 깊이 반성하고 용서를 구해야 한다. 이런 마음으로 밥상을 대하면 삶의 무게를 더욱 중하게 느낄 것이다.

이제부터는 식사 시간에 빠른 동작으로, 밥상머리로 다가가서 감사하며 즐겁게 식사하도록 하자. 밥알 하나, 반찬 작은 찌꺼기라도 흘리지 말고 알뜰하게 먹도록 하자. 어쩌면 밥을 대하는 이런 태도가 가장 성실한 삶의 자세일 수도 있다. 지극히 작은 것에 충성하는 자가 큰 것에도 충성하고, 지극히 작은 것에 충성하지 못하는 자는 큰 것에도 충성하지 못한다고 예수 그리스도께서 말씀하셨다. 밥알 하나에 수많은 사람의 수고의 땀, 눈물, 피와 지극한 정성이 응축되어 있음을 머리가 아니라 뜨거운 마음으로 알 때 비로소 지극히 작은 것에 충성하는 것이 가능하다. 흘린 밥알 하나가 생각 없고 염치없는 냉혈 인간의 상징임을 잊지 말자(롬 6:13, 고전10:31).

84. 기도응답과 연목구어

> 그러므로 너희는 하나님이 택하사 거룩하고 사랑
> 받는 자처럼 긍휼과 자비와 겸손과 온유와 오래 참
> 음을 옷 입고(골3:12)

사람마다 소원이 있고 그 소원을 성취하려고 치성을 올린다. 그리스도인들도 많은 소원을 가지고 있고 그 소원의 성취를 위해서 하나님께 간절한 기도를 한다. 하나님께서 약속하셨다. 믿고 구하면 응답해 주시겠다고 했다. 예수 그리스도의 이름으로 구하면 들어주시겠다고 했다. 그러나 예수 그리스도의 이름으로 믿고 구한다고 해서 다 응답받는 것이 아니다. 하나님께서 가증하게 여기시는 기도는 응답이 없다. 하나님께서 가증스럽게 여기는 것이 무엇인가? 그것은 우상숭배이다. 하나님의 말씀을 멸시하는 것이다. 입으로는 하나님을 시인하나 행위로는 부인하는 것이다. 불평과 불만을 품는 것이다. 교만과 거짓이다. 탐욕과 음행이다. 분노와 증오이다. 시기와 질투, 원망과 시비이다. 험담과 정죄이다. 이러한 것들을 마음에 품고 입에 담아 올리면서 하는 기도는 가증한 것이고, 어떠한 형태의 기도를 한다 해도 응답하지 않으신다.

소원 성취 기도의 응답을 받으려면 하나님의 부르심에 합당한 삶을 살아가야 한다. 이는 부르심에 합당한 삶으로 기도 응답을 흥정하는 것이 아니다. 기억하자. 부르심에 합당한 삶은 하나님의 특별한 은총으로 택함 받고 부르심을 받은 그리스도인에게는 자연스럽게 나타나는 아름다운 열매이다. 그리스도인이라고 하지만 부르심에 합당한 삶이 보이지 않는 것은 그가 하나님을 알지 못하는 사람 곧 불신의 사람이라는 방증이다. 하나님의 자녀가 아니라는 말이다. 하나님의 자녀가 아닌 자가 하나님을 아버지라고 부르면서 아무리 울부짖어도 응답이 없는 것은 당연한 일이다. 이런 사람은 연목구어(緣木求魚)라는 말이 어울린다. 생각해 보라. 나무에 올라가서 아무리 애써봐도 생선을 구할 수는 없지 않겠는가? 생선을 구하려면 강으로 가든지 바다로 나가야 할 것이다. 부르심에 합당한 삶이 없이 구하는 기도는 연목 구어와 같은 어리석은 행위일 뿐이다. 기도하는 사람이 하나님의 자녀라면 응답 대신 사랑의 채찍과 징계가 있을 것이다. 하나님의 사랑의 채찍과 징계로 진정성 있는 회개를 한다면 하나님의 긍휼의 은총 안에서 용서와 함께 구하는 것 이상의 응답이 있을 것이다. 필요로 하는 것을 아시는 하나님 아버지께서 때를 따라 좋은 것으로 채워 주실 것이다.

소원 성취를 위해 기도하는 자는 구하기 전에 먼저 하나님의 자녀답게 부르심에 합당한 삶을 살아야 한다. 복음 안에서의 삶이 있는 기도라야 응답을 받게 된다. 부르심에 합당한 삶은 어떠한 삶을 말하는가? 그것은 아주 단순한 삶이다. 모든 염려는 다 하나님께 맡겨 버리고, 하나님의 의와 하나님 나라를 구하는 것이다. 나의 욕구 충족을 위한 기도가 아니라 하나님의 뜻이 이루어지기를 기도하는 것이다. 조금 난해한 표현을 빌리자면 표피적인 것이 아니라 본질적인 것을 앞세워 구하라는 말이다. 무속적인 기도를 하지 말고, 복음적인 기도를 하라는 뜻이다. 내 뜻의 관철이 아니라 하나님 뜻의 성취를 우선하라는 의미이다. 전적으로 하나님의 통치를 받는 백성으로 가득한 하나님 나라를 이루는 것이 하나님의 뜻이다. 하나님의 뜻에 초점을 맞춘 삶을 살아갈 때 구하지 않아도 마음의 소원과 필요로 하는 것을 가장 좋은 때에 가장 좋은 것으로 채워 주신다. 그러므로 자기 삶의 현장에서 하나님의 부르심에 합당한 삶을 살아가기를 더욱 힘쓰라. 부르심에 합당한 삶이 없는 기도는 하나님께 가증한 것이요, 응답이 없다. 연목구어의 어리석음인 것을 알아차리고 무익한 시행착오를 반복하지 말자. 변함없는 성육의 삶으로 부르심의 깊은 뜻을 이루어 가자(엡4:1-3, 골3:12-13, 요15:16).

85. 민낯의 삶

> 여호와여 주께서 나를 살펴 보셨으므로 나를 아시나이다(시139:1)

하나님의 눈을 피할 수 있는 완전히 밀폐된 공간은 온 우주 어디에서도 찾아볼 수 없다. 하나님은 편재하시고 전지하시기 때문이다. 하나님은 우리의 언행심사(言行心事) 및 일거수일투족을 다 보시고 들으시고 알고 계신다. 어느 곳에 있든지 그곳에 하나님은 계시고 우리의 모든 것을 살피신다. 그 무엇도 감출 수 없고 속일 수 없다. 무엇을 숨기고 속이고 꾸미려는 잔꾀는 하나님께서 가장 혐오하시는 가증스러운 몸짓이다.

스스로 의로운 자라 자처했던 서기관과 바리새인들이 예수 그리스도로부터 호되게 책망을 받은 것은 자신의 민낯을 보이지 않고 위선으로 화장했기 때문이다. 하나님은 흉한 몰골을 혐오하시는 것이 아니다. 흉한 몰골을 감추고 보다 잘 보이려고 덕지덕지 분칠하는 것을 혐오하신다. 그러나 아무리 몰골이 흉측해도 있는 그대로의 모습을 투명하게 보일 때 하나님은 그를 기쁘게 품에 안아 주시고 보듬어 주신다. 하나님은 화장기 없는 민낯의 사람을 기뻐하신다. 솔직 담백한 사람을 좋아하신다. 하나님께서 유독 다윗을 사랑하고 좋아하신 것은 그가 민낯의 투명한 사람이기 때문이다. 절대 주권자이시고 심판자이신 하나님은 있는 그대로의 투명한 사람, 솔직담백한 민낯의 사람을 기뻐하고 좋아하신다는 것을 기억하자.

모두가 이 한 가지 진리를 알고 언제 어디서나 민낯으로 살아간다면 민낯과 민낯이 만나 격의 없이 소통함으로 세상은 보다 밝아지고 정화될 것이다. 위선의 가면을 과감하게 벗어 던지고 우리 모두 민낯의 삶을 살아가자(마23:27-28, 삼하12:13, 행13:22-23, 시139:1-10).

86. 대자유인의 삶

> 그리스도 예수의 사람들은 육체와 함께 그 정욕과
> 탐심을 십자가에 못 박았느니라(갈5:24)

사회로부터 격리되어 밀폐된 공간에 갇혀 있기에 감옥 생활을 하는 것이 아니다. 욕심에 매여 있으면 그곳이 어느 곳이든 감옥이다. 극한 고통과 외로움에 짓눌린 감옥 생활을 하게 된다. 그리스도인이 어느 곳에서나 자유인으로 살아가는 것은 그리스도인은 육체와 더불어 정과 욕심을 예수 그리스도와 함께 십자가에 못 박은 사람이기 때문이다. 욕심으로부터 자유로운 사람은 비록 몸은 철창의 감옥에 갇혀 있어도 자유로운 삶을 살아가지만, 욕심에 매인 사람은 비록 몸은 저잣거리를 활보해도 마음은 창살 없는 감옥에 갇혀 번민, 불안과 두려움에 짓눌린 불행한 인생을 살아간다.

혹 지금 마음이 불안하고 두렵고 답답한가? 외롭고 괴로운가? 어둡고 무거운가? 그렇다면 자신이 지금 무엇에 매여 있는가 살펴보라. 욕심에 매여 있는지 아니면 십자가의 예수 그리스도에게 매여 있는지 점검해 보라. 여전히 마음이 어둡고 무겁다면 필시 욕심에 매여 있기 때문일 것이다. 속히 욕심의 포박을 풀어야 한다. 어떻게 욕심의 포박을 풀고 자유롭게 될 수 있는가? 방법은 단순하고 쉽다. 진리인 성령님을 좇으면 된다. 진리의 성령님께서 권고하시고 인도하시는 대로 순종하면 욕심을 내려놓는 수고도 할 필요가 없다. 진리의 성령님께 순종하는 순간 욕심의 결박은 절로 풀어지고 자유인으로 살아가게 된다. 어두운 공간에 빛을 비추면 그 즉시 어둠이 사라지는 것과 같은 원리이다. 성령 충만한 가운데 대자유인으로 살아가라. 욕심에 매이지 않는 자유로운 삶 가운데 평안이 있고, 만족과 기쁨이 있고, 감사의 찬양과 노래로 충만한 행복이 있다. 이렇게 성령 충만한 가운데 어떤 형태의 욕심에도 매이지 않는 대자유인으로 살아가는 삶이 하나님께서 보시기에 참 좋은 삶이요, 이웃에게도 유익을 주는 건강한 삶이다. 대자유인의 삶을 살아가라(요8:32, 갈5:16, 24).

87. 광대가 되어야 한다

내가 진실로 진실로 너희에게 이르노니 한 알의 밀
이 땅에 떨어져 죽지 아니하면 한 알 그대로 있고
죽으면 많은 열매를 맺느니라(요12:24)

그대가 진정
그리스도인이라면

이웃을 웃기기 위해
눈물을 삼켜야만 하는
광대가 되어야 한다.

이웃이 한껏 즐기도록
괴로움을 감춰야만 하는
광대가 되어야 한다.

이웃이 기뻐하도록
슬픔을 숨겨야만 하는
광대가 되어야 한다.

이웃이 평안을 누리도록
온갖 번뇌를 묻어야만 하는
광대가 되어야 한다.

이웃이 행복할 수만 있다면
더한 불행도 행복으로 숙성시키는
눈물겹도록 어여쁜
하늘의 광대가 되어야 한다.

이웃을 살릴 수만 있다면
죽음도 마다치 않고 십자가를 지고 가는
하늘의 광대가 되어야 한다.

진정 그대가
하늘의 뜻을 받들고픈 그리스도인이라면
기쁘고 즐겁게 광대가 되어야 한다.
하늘의 광대가 되어야 한다.

그대가 진정
그리스도인이라면

(요12:24).

88. 성숙한 문화 사회와 공부

이 모든 일에 전심 전력하여 너의 성숙함을 모든 사
람에게 나타나게 하라(딤전4:15)

공부는 평생 하는 것이로되 자신의 인격과 영성에 진보와
성숙이 없고, 이웃과 사회에 선한 영향과 유익을 주는 것이
없다면 그 공부는 논밭에 쭉정이를 뿌리는 것처럼 헛농사
를 짓는 것이다. 공부에서 중요한 것은 기간이나 단계가 아
니라, 참된 삶의 변화와 이를 통해 이웃과 사회에 미치는 유
익과 선한 영향의 여부이다. 공부는 끊임없는 자기 성찰, 절
제와 부단한 연단으로 숙성되어 감미로운 맛과 향기를 발한
다. 그래서 공부는 어려운 것이고 보다 진지함을 요구한다.
공부한다는 사람은 많으나 감미로운 공부의 맛과 향을 내
는 사람을 만나기는 쉽지 않기에 못내 아쉽기만 하다. 성숙
한 문화 사회란 감미로운 공부의 맛과 향을 내는 사람이 많
은 사회이다 (딤전4:15-16).

89. 으뜸 계명을 따르는 생활의 두 축

그리스도의 사랑이 우리를 강권하시는도다 우리가
생각하건대 한 사람이 모든 사람을 대신하여 죽었
은즉 모든 사람이 죽은 것이라(고후5:14)

하나님께서 인간에게 명하신 십계명 중 으뜸 계명은 위로
는 하나님 경외요, 아래로는 부모 공경이다. 하나님 경외는
헌신으로 나타나고 부모 공경은 효도로 표현된다. 소유가
많아 헌신하는 것이 아니라 믿음이 헌신하게 하고, 효도 또
한 많은 것을 지니고 있다고 효도하는 것이 아니라 마음이
있어야 효도하게 된다. 믿음과 마음, 이는 으뜸 계명을 따르
는 생활의 두 축이다. 그리고 그 두 축은 예수 그리스도의
십자가의 사랑을 근간으로 한다(고전16:14, 고후5:14).

90. 영성 생활에 가장 치명적인 질병

> 너희는 스스로 조심하라 그렇지 않으면 방탕함과
> 술취함과 생활의 염려로 마음이 둔하여지고 뜻밖에
> 그 날이 덫과 같이 너희에게 임하리라(눅21:34)

어느 시대에나 동일하지만, 특별히 종말 시대를 살아가는 오늘의 그리스도인들에게 있어서 가장 경계해야 할 치명적인 질병은 영적 비만에서 오는 심령 불감증이다. 곧 영적 한센병이다. 영적 한센병의 증상은 마음에 비곗살이 불어나 마음이 둔하여지고 감각이 무디어지는 것이다. 양심에 화인을 맞는 것이다. 양심에 화인을 맞아 마음이 둔하여지고 감각이 무디어지면 죄를 죄로써 느끼지를 못하고 은혜를 은혜로써 느끼지를 못하게 된다. 중증으로 발전하면 죄를 즐기면서 범하게 된다. 은혜에 대한 감사가 사라지고 불평과 불만이 늘어난다. 원망과 분 냄과 대적함으로 갈등하게 된다.

심령 불감증에 걸리면 치료하기가 쉽지 않다. 그러나 병의 원인을 알면 치료 방법이 보인다. 심령 불감증의 원인은 게으름이다. 경건 훈련을 게을리하면 심령 불감증이 발아하고 탐욕이 밑걸음되어 심령을 잠식한다. 끝내는 무기력 상태에 빠져 경건 생활에 대한 의욕을 상실하고 사탄의 주구 노릇을 하게 된다. 가정을 파괴하고, 교회를 어지럽게 하고, 사회에 골칫덩어리가 된다. 가히 가공할 질병이라고 할 수 있다. 정신 차려야 한다. 경계해야 한다. 흐르는 물은 썩지 않는다. 고인물이 썩는다고 했다. 간단없는 경건 생활이 있어야 함을 일깨워주는 교훈이다. 부지런해야 한다. 경건 생활에 더욱 박차를 가해야 한다. 끊임없이 규칙적으로 독경, 기도, 묵상과 섬김의 생활을 해야 한다.

영성 생활에 가장 치명적인 질병은 심령 불감증이고, 심령 불감증은 게으름에서 발호한다는 것을 명심하자. 게으름에서 발호하는 대표적인 바이러스는 탐욕, 나태, 교만과 무절제한 방탕이다. 하나님의 은혜와 죄악에 예민하게 반응할 수 있는 맑고 깨끗하고 건강한 영성을 위해서는 성령의 능력을 힘입어서 끊임없이 탐욕을 다스리고, 항상 가장 낮은 자리에서 겸손하게 섬기를 힘쓰며, 모든 일에 절제하고 더욱 부지런하게 경건 생활에 정진해야 한다(약5:5, 엡4:19, 딤전4:2, 눅21:34, 잠6:6-11, 롬12:11).

미망의 구름이 걷히면
진리의 태양을 보게 되리라

91. 타향살이의 고달픔과 귀향

여호와여 나의 기도를 들으시며 나의 부르짖음에
귀를 기울이소서 내가 눈물 흘릴 때에 잠잠하지 마
옵소서 나는 주와 함께 있는 나그네이며 나의 모든
조상들처럼 떠도나이다(시39:12)

인생은 본향을 떠나 객지에서 타향살이하는 나그네이다.
고향과 집을 떠난 객지에서의 타향살이는 고달프고 외롭고
서럽다. 그것이 정상이다. 정상을 정상으로 인정하고 받아
들이면 힘들지 않다. 평안하다. 정상을 이상하게 생각하니
까 갈등하게 되고 괴로운 것이다. 인생살이가 괴롭고 힘든
것은 정상을 정상으로 받아들이지 않고 이상하게 여기기 때
문이다. 인생살이에 괴롭고 힘든 것을 떨치려다 보면 어쩔
수 없이 세상 것에 집착하게 된다. 권문세도와 명리를 탐하
게 되고 말초적 쾌락에 탐닉하게 된다. 하지만 세상 것에 대
한 집착은 뜬구름과 바람을 잡는 것 같이 허망하여 끝내 더
크고 깊은 고통의 늪에서 허우적이게 된다. 더 크고 깊은 고
통에서 벗어나려고 그보다 더 큰 자극을 갈구하며 안간힘을
써 보지만, 또다시 더 크고 깊은 허망의 늪에 빠지게 되는

악순환이 반복된다. 반복되는 고통의 악순환의 고리를 끊고 영원한 평안을 얻는 오직 한 길은 십자가의 예수 그리스도를 바라보는 것이다. 예수 그리스도는 고통의 근원인 죄의 문제를 십자가의 대속의 죽음과 부활로 해결해 주셨다.

이 세상은 우리의 본향이 아닌 객지이다. 우리가 영원히 안식할 우리의 본향은 하늘나라이다. 본향으로의 귀향까지는 고달프고 피곤하며 외롭다. 그것이 정상이다. 정상을 이상하게 생각하지 말고, 정상으로 받아들이면 평안해진다. 그러나 간과해서는 안 되는 일이 있다. 그것은 본향을 떠나 객지에서의 고달픈 타향살이를 하게 된 근인이 하나님의 명을 거역한 불순종의 죄 때문임을 인식하는 것이고, 그 죄의 문제를 해결하고 본향에로의 귀향길을 열어 주신 십자가의 예수 그리스도를 믿음의 눈으로 바라보는 것이다.

십자가의 예수 그리스도를 믿음으로 바라본다는 것은 예수님은 그리스도이심을 고백하고 자신의 주로 왕으로 섬기겠노라는 신앙고백이다. 이 같은 신앙고백이 있어야 객지에서의 타향살이를 이상한 것이 아닌 정상인 것으로 받아들인다. 본향으로 가는 귀향길이 고달프고 외로운 길이 아니라 사랑하는 주님과 함께하는 즐겁고 행복한 길이 된다. 이제는 주님과 함께 본향으로 가는 나그넷길을 즐기며 나아가라 (시39:12, 마28:20, 창5:24).

92. 복 있는 사람

너희 안에 이 마음을 품으라 곧 그리스도 예수의 마음이니(빌2:5)

내 이웃 중 누구이든 내 자존심을 건드리고, 내 마음을 상하게 하고, 내 마음을 아프게 하며, 나를 괴롭고 힘들게 할 때 평상심을 잃지 않고 마음에 아무런 파문이 일지 않는다면, 변함없는 애정으로 그 사람을 보듬고 품어줄 수 있다면 그는 참으로 복 있는 사람이다. 진실로 예수 그리스도의 마음을 품은 주님의 참 제자이기 때문이다(빌2:5, 눅14:27).

93. 하나님의 사랑의 선물인 고난

> 그리스도를 위하여 너희에게 은혜를 주신 것은 다
> 만 그를 믿을 뿐 아니라 또한 그를 위하여 고난도
> 받게 하려 하심이라(빌1:29)

고난이 유익하고 복된 것이 되게 하려면 무엇보다도 먼저 고난을 긍정적으로 받아들여야 한다. 고난은 재앙이 아니라 나를 더욱 복되고 유익하게 하시려는 하나님의 사랑의 섭리이기 때문이다. 고난이 나를 위한 하나님의 사랑의 섭리임이 믿어질 때 고난을 긍정적으로 받아들이게 된다. 고난을 긍정적으로 받아들이게 되면 고난을 통해 더 나은 세계를 향한 비전을 갖게 된다. 비전은 의욕을 일으킨다. 의욕이 있어야 열심을 낸다. 근면과 절제와 인내하게 한다. 또 고난은 깊은 자기 성찰을 하게 한다. 깊은 자기 성찰을 통해 보다 성숙한 인격자로 다듬어진다. 성숙한 인격만이 온유와 겸손으로 모두를 섬기게 되고, 섬김으로 존귀함을 얻는다. 이렇듯 고난의 비밀을 아는 이는 고난을 통해 감사의 참맛을 알게 된다. 맛있는 감사 생활 가운데 행복이 깃든다. 그러므로 고난을 당할 때 소망을 잃지 말라. 절망은 파멸에 이르는 지름길임을 명심해야 한다. 신실하신 하나님의 사랑의 섭리를 믿고 고난을 긍정적으로 받아들일 때 내적 성숙의 유익과 형통의 복을 누리게 된다.

고난은 하나님의 사랑의 선물이다(시119:71, 빌1:29, 갈6:9, 롬8:28).

94. 좋은 친구

사람이 친구를 위하여 자기 목숨을 버리면 이보다
더 큰 사랑이 없나니(요15;13)

내가 괴로울 때 함께 괴로워하고 내가 슬퍼할 때 함께 슬퍼하는 친구, 내가 어렵고 힘들어할 때 내 무거운 짐을 함께 나누어 짊어지는 친구, 그는 참 좋은 친구이다.

그러나 그보다 더 좋은 친구는 내게 좋은 일이 있을 때 배 아파하지 않고 사심 없는 진정성으로 함께 기뻐하는 친구, 내게 잘못과 허물이 있을 때 사랑의 눈물로 질책하며 일깨워주는 친구, 이해타산 없이 언제나 곁에 머무는 진국 같은 친구, 그가 참으로 진실한 좋은 친구이다.

친구라는 명분으로 교제하는 많은 이들이 있겠지만 그중에 이러한 좋은 친구가 한 사람이라도 있다면 그는 참으로 복 있는 사람이다. 그러나 보다 성숙한 삶의 모습은 내 이웃이 나에게 좋은 친구가 되어 주기를 기대하기 전에 내가 먼저 내 이웃에게 좋은 친구가 되어주는 것이다. 한 사람의 좋은 친구가 있는가? 누군가에게 한 사람의 좋은 친구가 되고 있는가? 그리스도인이 복 있는 사람인 것은 만유의 주가 되시는 예수 그리스도께서 나의 심한 변덕에도 아랑곳하지 않고 영원토록 변함없는 좋은 친구로 언제나 내 곁에 계셔서 사랑으로 보살펴 주시기 때문이다. 예수 그리스도를 닮은 친구가 좋은 친구이다(눅12:4, 요15:13-15).

95. 작은 일 큰 행복

지극히 작은 것에 충성된 자는 큰 것에도 충성되고
지극히 작은 것에 불의한 자는 큰 것에도 불의하니
라(눅16:10)

아무리 작은 실수와 허물이라도 솔직하게 인정하고 겸손
하게 용서를 구할 때 참 평안이 있다. 맡겨진 일이 아무리
작더라도 이를 소홀히 여기지 않고 묵묵히 성실하게 감당할
때 참 만족이 있다. 심하게 자존심을 상하게 하는 큰 모욕을
당해도 이를 작은 일로 여기고 분한 마음이 일어나지 않을
때 참 기쁨이 있다. 빈부귀천, 유·무식, 남녀노소, 미추를 불
문하고 아주 작은 갈등도 없이 모두를 편하게 아우를 때 참
즐거움이 있다. 큰 공덕을 쌓았지만 이를 작은 일로 여겨 감
추고, 베푼 선행에 아무런 반응과 보답이 없어도 조금도 서
운한 마음이 일어나지 않을 때 참 감사가 있다. 이처럼 작은
일에 마음을 두는 사람이라야 참된 평안, 만족, 기쁨, 즐거
움과 감사가 넘치는 큰 행복을 누리게 된다. 큰 행복을 누리
려면 작은 일에 마음을 두어야 한다. 작은 일, 큰 행복. 잊지
말고 기억하자(마6:2, 25:21, 40, 눅16:10).

96. 승패의 관건

여호와께서 너희를 위하여 싸우시리니 너희는 가만
히 있을지니라(출14:14)

사건을 대하는 자세가 승패를 가른다. 사건을 육신의 눈
으로 바라보면 사건만 크게 확대되어 보이고 나는 더 없이
작아 보이기 때문에 반드시 패한다. 그러나 사건을 영의 눈
으로 바라보면 반드시 승리한다. 사건은 점점 작아지고 나
와 함께 하시는 주님만 크게 확대되어 보이기 때문이다.

승리의 삶을 살아가려면 영의 눈 곧 예수 그리스도의 눈
을 가져야 한다. 예수 그리스도를 마음 중심에 왕으로 모시
고 왕의 눈으로 사건을 보라. 반드시 승리한다. 승패의 관건
은 사건을 대하는 자세 곧 관점에 있다. 사건을 사람의 관
점으로 대하면 사건이 문제가 되어 괴롭힘을 당하고 끝내
는 문제 앞에 무릎을 꿇게 되지만, 사건을 하나님의 관점으
로 대하면 사건이 은혜의 바람이 된다. 행복한 나래를 마음
껏 펼쳐서 승리의 개가를 힘차게 부르며 더 높은 진리의 세
계로 높이높이 더 높이 비상하게 한다.

승패의 관건은 사건을 대하는 자세에 있다. 육신의 눈으로만 보면 패할 수밖에 없지만 영의 눈으로 보면 승리한다. 영의 눈은 성령님께서 도우시는 은혜로만 열린다. 무시로 성령 안에서 기도해야 할 이유이다. 언제나 겸손하게 성령님의 은혜를 구하고, 섣불리 내 육신의 눈으로만 보고 성급하게 판단해서 결정하면 천번 만번 다 실패할 수밖에 없다는 것을 명심하자(출14:13-14, 왕하6:14-19, 엡1:17-19).

97. 비운의 나르시시스트

그런즉 선 줄로 생각하는 자는 넘어질까 조심하라
(고전10:12)

자신은 지금 모든 일을 잘하고 있고 자신이 하는 일은 모두가 옳다고 생각하는 사람, 자신에게는 실수가 조금도 없고 모두가 자신과 자신이 하는 일을 좋아하고 있다는 환상에 젖어 있는 사람, 그래서 자신이 제일이라는 자기도취에 함몰된 나르시시스트들이 있다. 그들의 특징은 시각장애와

청각장애가 있다는 것이다. 자신 때문에 힘들어하는 사람들이 보이지 않고, 보여도 외면하고 무시한다. 자신을 위한 고언이 들리지 않고 고언하는 사람을 멀리한다. 심하게는 고언하는 사람을 자신에게 도전하는 것으로 간주하고 분노하며 증오까지 한다. 이러한 사람은 더 이상 성장하거나 성숙해질 수 없다. 더 이상의 진보나 발전을 기대할 수 없다. 끝내는 그를 진심으로 아끼고 사랑하기에 고언을 서슴지 않던 현자들은 모두 그의 곁을 떠나간다. 그는 자신에게 아첨하는 오합지졸들이 남은 졸개 왕국에서 허장성세로 저만의 피에로 놀음을 즐기다가 몰락하는 비운의 나르시시스트가 될 것이다. 그러므로 망부석 같은 독불장군, 비운의 나르시시스트가 되지 않도록 자신의 한계성을 인정하고 늘 겸손해야한다. 끊임없이 자기 성찰을 하면서 자신의 성장과 성숙을 위한 경건 생활에 부단히 정진하고 또 정진해야 한다. 그리스도인이라면 당연히 나르시시즘을 위한 독야청청이 아니라 오직 복음만을 위한 독야청청이어야 한다(빌3:12-14, 롬12:3, 고전10:12, 고후10:17-18).

98. 꿈이 삶이다

> 빛의 열매는 모든 착함과 의로움과 진실함에 있느
> 니라(엡5:9)

사람이 짐승과 다른 것 가운데 하나는 사람에게는 꿈이 있지만 짐승에게는 꿈이 없다는 것이다. 삶이란 꿈을 이루기 위해 한 걸음씩 내딛는 발걸음이다. 꿈이 없으면 내딛는 발걸음도 없다. 발걸음이 없는 멈춤은 삶이 아니다. 꿈이 삶이다. 호흡은 하고 있으나 발걸음이 없는 멈춤은 죽음과 다름이 없다.

호흡하고 있다고 다 사람이 아니다. 짐승도 식물도 호흡한다. 꿈이 있기에 사람이다. 행복한 삶은 꿈에서 온다. 꿈은 거창한 것만이 꿈이 아니다. 거창한 꿈은 바람을 잡으려는 것과 같아서 오히려 삶을 피곤하게 할 뿐이다. 거창한 꿈은 사람을 전투적인 투사로 만들고 이웃의 피를 흘리게 하기 십상이다. 꿈은 소박하고 담백해야 한다. 사심이 없는 순수하고 단순한 것이어야 한다. 지극히 미미한 부분이라 할지라도 내 이웃에게 도움이 되는 삶, 내 이웃에게 유익을 주는 플러스(+) 인생을 살아가겠노라는 거룩한 욕망이 바로 소박하고 담백한 꿈, 순수하고 단순한 꿈이다. 이를테면 맑고 밝은 미소와 다사로운 눈길로 이웃의 마음을 편안하게 해주고픈 꿈, 밝고 맑은 솔(sol) 톤의 음성으로 이웃을 즐겁게 해주고픈 꿈, 인내심을 가지고 이웃의 울분, 탄식, 번민과 괴로움의 토로를 조용히 들어줌으로 단단하게 뭉쳐 있는 응어리를 풀어주고픈 꿈, 낙심과 좌절과 슬픔을 안고 힘들어하는 이에게 조용히 다가가서 깊은 정을 담아 두 손을 꼭 잡아 줌으로 위로가 되고 용기를 북돋아 주고픈 꿈, 따뜻하고 은근한 포옹으로 모든 허물을 받아줌으로 안심케 하고 화목한 교제를 회복하고픈 꿈 등등.

이 같은 일상의 사소한 일에서부터 이웃의 유익과 행복을 우선으로 하는 소박하고 담백한 삶에 대한 꿈, 순수하고 단순한 삶에 대한 꿈이 사람을 사람 되게 한다. 이러한 꿈을 소중하게 가꾸고 키워가는 사람이 큰 사람 곧 덕 있는 사람이다. 덕 있는 큰 사람이 정치를 하면 정치꾼이 아닌 정치가가 된다. 장사를 하면 장사꾼이 아닌 사업가가 된다. 기억하자. 가정 공동체든, 사회 공동체든, 신앙 공동체든 덕 있는 큰 사람이 많을수록 건강하고 행복한 공동체가 된다.

그리스도인은 당연히 덕 있는 큰 사람이어야 한다. 그가 중심에 모시고 있는 예수 그리스도께서 완덕의 큰 사람으로 사셨고, 지금도 그리스도인이 완덕의 큰 사람으로 살기를 원하시기 때문이다. 소박하고 담백한 그리고 순수하고 단순한 꿈을 가지고 살아가는 덕 있는 큰 사람들로만 가득한 세상, 그곳이 바로 하나님 나라이다. 그러므로 소박한 꿈을 키우고 가꿔서 마침내 하나님 나라를 이루려는 덕 있는 큰 사람이 되기를 힘쓰라. 덕 있는 큰 사람이 품은 소박한 꿈이 큰 꿈이다. 큰 꿈의 사람이 되자. 하나님은 이러한 큰 꿈을 꾸는 큰 사람을 목마르게 찾고 계신다. 누가 목말라하시는 주님의 마음을 시원하게 해드릴 것인가? 바로 나와 당신이다. 꿈은 삶이다. 꿈이 없는 삶은 삶이 아니라 죽음과 같은 것이다. 꿈의 사람이 돼라, 큰 꿈의 덕이 있는 큰 사람이 돼라. 꿈이 삶이라는 것을 명심하자(마5:16, 엡5:9-10).

99. 믿음 좋은 복음적 그리스도인

이에 예수께서 제자들에게 이르시되 누구든지 나를
따라오려거든 자기를 부인하고 자기 십자가를 지고
나를 따를 것이니라(마16:24)

예수 그리스도를 구주로 믿고 따르는 자를 그리스도인이
라고 한다. 예수 그리스도를 구주로 믿고 따르는 그리스도
인은 자기를 부정하고 자기의 모든 것을 포기한 자이다. 예
수 그리스도를 절대 신뢰하고 예수 그리스도께 자신을 전적
으로 의탁한 자이다. 자기 삶이 아니라 예수 그리스도의 삶
을 살아가는 자이다. 세상을 향한 모든 탐심을 내려놓고, 오
직 예수 그리스도 한 분만으로 만족하고, 오매불망 예수 그
리스도만을 생각하고, 애오라지 예수 그리스도만을 바라보
고, 일편단심 예수 그리스도만을 섬기며 따르는 자이다. 말
씀이신 예수 그리스도께서 죄와 허물로 죽은 인생들을 살리
시려고 성육하시고, 성육의 삶을 사셨던 것처럼 예수 그리
스도를 모신 그리스도인은 내주하여 계신 예수 그리스도의
뜻을 따라 세속 속에서 성육의 삶을 살아간다. 믿음 좋은 복
음적 그리스도인의 성숙하고 아름다운 모습이다.

그리스도인의 의무를 다하고 있다고 자부하는 그리스도인 중에는 표면적으로는 예수 그리스도를 따른다는 명분을 내세우고 있지만, 실제로는 예수 그리스도를 따르는 것이 아니라 세상을 향한 육적인 욕망의 노예로 살아가는 이들이 있다. 이들은 주일 성수도 하고 철저한 십일조 생활도 한다. 새벽기도도 하고 봉사도 헌신도 열심히 한다. 믿음 좋은 사람으로 보인다. 그들이 내심 의도한 대로 칭찬도 받고 존경도 받는다. 그러나 삶의 현장에서는 세속적인 권세, 명예, 재물과 말초적 쾌락에 탐닉한다. 하나님의 영광을 노래 부르듯 되뇌고 있지만, 실제로는 하나님의 영광을 우선으로 하지 않고 자신의 체면과 자존심을 우선으로 한다. 이들은 본질적인 것보다 표피적인 것을 더 중요시한다. 하나님의 뜻을 이루는 것보다 자기주장 관철에 연연하고, 자신의 입신양명을 위해 명분과 체면을 앞세운다. 내용보다 포장에 더 많은 관심을 둔다. 하나님의 영광을 앞세우나 실제로는 자신의 실리만을 챙기는 자들이다. 하나님께서 보시기에 양두구육의 가증스럽고 사악하기 짝이 없는 자들이다. 이러한 무리가 하나님의 교회를 병약하게 하고, 교회를 사회의 조롱거리로 만들고 있다.

기억하자. 그리스도인으로서 표피적인 의무를 다하는 자가 믿음 좋은 그리스도인이 아니다. 본질적으로 목숨과 함께 세상을 향한 모든 탐심을 포기하고, 오직 예수 그리스도로 만족하고, 성육하신 예수 그리스도와 함께 성육의 삶을 살면서 예수 그리스도만을 따르는 이가 믿음 좋은 복음적 그리스도인이다.

표피적 의무는 다하나 온전한 자기 포기가 없이 세속적 명리에 매이는 자는 율법적 그리스도인이요, 하나님 나라와는 거리가 먼 사람이다. 율법적 그리스도인이 머무는 곳에는 증오, 저주, 다툼과 분열이 일어나지만, 복음적 그리스도인이 머무는 곳에는 사랑, 축복, 평화와 조화의 하나님 나라가 이루어진다. 완성된 하나님 나라는 오직 복음적 그리스도인만으로 충만한 나라이다. 지금 어느 대열에 서 있다고 생각하는가? 율법적 그리스도인의 대열인가? 복음적 그리스도인의 대열인가? 선택이 생사를 가른다(마16:23-24, 막10:17-22, 눅14:26-27, 33).

100. 하나 됨의 미학

아버지여, 아버지께서 내 안에, 내가 아버지 안에
있는 것 같이 그들도 다 하나가 되어 우리 안에 있
게 하사 세상으로 아버지께서 나를 보내신 것을 믿
게 하옵소서(요17:21)

성령의 역사는 하나 되게 하는 것이다. 조화의 역사, 화평
의 역사다. 그러나 사탄의 역사는 분리하는 것이다. 갈등과
분쟁의 역사다. 가정이 혼란하고, 사회가 분열해 다투고, 교
회가 사분오열되어 어지러운 것은 사탄의 간교한 술수에 속
아 사탄의 손끝에서 놀아나기 때문이다. 어떻게 하면 분열
과 다툼이 없이 하나 되어 화목하게 지낼 수 있을까? 방법
은 단순하고 간단하다. 성령 받아 영의 사람이 되는 것이
다. 성령 받아 영의 사람이 되면 어떤 변화가 일어나는가?

⊿ 예수 그리스도의 마음을 품게 된다.
⊿ 예수 그리스도의 뜻을 갖게 된다.
⊿ 예수 그리스도의 편에 서게 된다.

생각해 보라.

⊿ 예수 그리스도의 마음과 예수 그리스도의 마음이 만나는데 거기 무슨 갈등이 있겠는가?

⊿ 예수 그리스도의 뜻과 예수 그리스도의 뜻이 만나서 같은 방향으로 나아가는데 거기 무슨 이견이 있겠는가?

⊿ 너도나도 다 같이 예수 그리스도의 편인데 거기 어떻게 분열과 분쟁이 일어나겠는가?

그래서 예수 그리스도께서는 사망 권세를 이기시고 부활하셔서 제자들을 만났을 때 성령을 받으라고 하셨고, 승천하시기 바로 직전에도 성령이 임할 때까지 예루살렘을 떠나지 말고 기도하라고 말씀하신 것이다. 성령 받으면 성령께서 하나 되게 하신다.

하나 됨의 아름다움은 아무리 칭송해도 다함이 없다. 기억하자. 예수 그리스도께서 성육하시고, 성육의 삶을 사시고, 마침내 십자가에서 물과 피를 다 쏟으시고 죽으셨다. 바로 하나 됨을 위해서이다. 화목 제물이 되어 원수 되었던 하나님과 인간, 인간과 인간 사이를 하나 되게 하셨다. 긴장과 갈등을 조성해서 화목을 깨고, 분열하고 분쟁하는 것은 화목을 위해 흘리신 예수 그리스도의 보혈을 욕되게 한다. 십자가를 짓밟는 큰 죄를 범하는 것이다(요17:21-23, 고전 12:13, 25-27, 요일4:10-11).

101. 금송아지

그러므로 땅에 있는 지체를 죽이라 곧 음란과 부정
과 사욕과 악한 정욕과 탐심이니 탐심은 우상 숭배
니라(골3:5)

출애굽 때에 이스라엘 백성은 애굽인으로부터 금은보석
을 받아서 나왔다. 생각지도 못한 일이었지만 전적으로 하
나님의 사랑의 섭리와 은혜로 이루어진 일이다. 하나님은
그것으로 성막을 짓기 원하셨지만, 우매한 이스라엘 백성
들은 하나님의 의도하심과는 달리 금송아지를 만들어 섬겼
다.

그리스도인으로 하여금 세상에서 복을 받게 하심은 하나
님의 뜻인 하나님 나라를 이루는 일에 사용하기 위해서이
다. 그러나 우매한 그리스도인은 하나님의 의도하심과는 달
리 세상에서 받은 복을 하나님 나라를 이루는 일에 사용하
는 것이 아니라 자신의 세속적 욕구 충족을 위해서만 사용
하고 있다. 탐심은 금송아지요 우상 숭배다. 이스라엘 백성
은 우상숭배로 인해 고난을 겪었고 끝내는 멸망했다.

지난날의 사건은 종말을 살아가는 그리스도인들에게 교

훈과 거울로 삼아 기록한 것이라고 했다. 반면교사로 삼아
야 한다. 받은 복을 잃지 않고 지속적으로 누리려면 먼저
는 항상 하나님의 구속의 은혜와 때를 따라 도우시는 은혜
를 잊지 말고, 범사에 감사하고 겸손하게 섬겨야 한다. 받
은 복으로 하나님께서 의도하신 대로 하나님 나라를 이루는
일을 위해서 기쁨으로 헌신해야 한다. 자신의 삶을 돌이켜
보고 혹시라도 금송아지를 섬기고 있지는 않은지 경계해야
한다. 탐심은 우상 숭배요 금송아지임을 명심하자(출11:2,
12:36, 25:1-26:37, 32:1-6, 골3:5).

102. 나는 키다리일까? 난쟁이일까?

> 오히려 너희가 그리스도의 고난에 참여하는 것으로
> 즐거워하라 이는 그의 영광을 나타내실 때에 너희
> 로 즐거워하고 기뻐하게 하려 함이라(벧전4:13)

난쟁이의 나라에서는 키다리가 기형으로 보이고 조롱거
리가 되어 손가락질을 당한다. 반대로 키다리의 나라에서는
난쟁이가 기형으로 보이고 조롱거리가 되어 손가락질을 당

한다. 오늘의 현실을 보면 하나님의 말씀을 따라 바르게 살아가려고 몸부림하는 신실한 그리스도인이 기형으로 보이고 조롱거리가 되어 손가락질을 당하고 있다. 이러한 사회 현상을 정상이라고 한다면 오늘의 세상 풍속이 어떠한지를 미루어 짐작할 수 있지 않겠는가? 하나님의 말씀을 무시하고 하나님을 부정하는 세상은 부패할 수밖에 없다. 무릇 하나님의 말씀대로 경건하게 살려고 하면 핍박과 조롱을 당하는 것은 자연스러운 현상이다. 명심하자. 하나님의 은혜의 선물로 구원과 함께 고난도 주셨다. 주님과 함께 고난을 받으면 주님과 함께 영광을 누리게 된다는 것을 잊지 말자. 세상 사람들이 환영한다고 해서 편하게 보이는 넓은 길, 넓은 문에 유혹되어 끌려가는 어리석음을 범하지 말자. 이제 나는 어느 편으로부터 조롱거리가 되어 손가락질을 당하고 있는지 한번 생각해 보라. 오늘의 세상을 난쟁이라고 한다면 나는 어느 편에 속할까? 나는 키다리일까? 난쟁이일까? (딤후3:12, 빌1:29, 벧전4:1-5, 12-13, 마7:13-14).

103. 가장 크고 좋은 복, 복중의 복

> 내가 사망의 음침한 골짜기로 다닐지라도 해를 두
> 려워하지 않을 것은 주께서 나와 함께 하심이라 주
> 의 지팡이와 막대기가 나를 안위하시나이다 (시
> 23:4)

가장 크고 좋은 복, 복중의 복은 임마누엘의 복이다. 곧 하나님이 나와 함께 하시는 복이다. 하나님은 만유의 주가 되시고 만유의 주재자이시다. 하나님은 모든 것의 모든 것이 되신 분이시다. 창조자이시고 섭리자이시며, 구원자이시고 심판자이시다. 만주의 주요 만왕의 왕이시다. 하나님은 전지전능하시고 무소부재하시며, 선하고 신실하신 분이시다. 의롭고 거룩하시며, 사랑과 자비가 무한하신 분이시다. 영원토록 변함없이 살아서 역사하시는 분이시다. 하나님은 오직 홀로 위대하신 분이시다.

무엇보다도 감격스럽고 가슴 벅찬 것은 이렇게 위대하신 분이 나를 자녀 삼아 주시고 나의 아버지가 되어 주셨다는 사실이다. 내가 누구인가? 나는 죄인 중의 괴수요 죄인의 괴수 중의 괴수이다. 그런데도 아무것도 묻지 않으시고, 아무런 조건도 없이 나를 받아 주시고, 나를 품으시고 항상 나와 함께 하신다. 졸지도 주무시지도 않고 나를 지켜 주신다. 언제나 선하고 복되게 인도해 주신다. 필요에 따라 가장 좋은 때에 가장 좋은 것으로 채워 주신다. 언제 어디서 무엇을 하든지 변함없이 내 곁에 계셔서 권고해 주신다. 이에서 더 크고 좋은 복이 어디 있는가? 얼씨구 좋을시고 임마누엘! 하나님이 항상 나와 함께 하신다. 하나님이 함께하시면 모자람이나 부족함이 없다. 불안해하고 두려워할 것이 없다. 근심, 걱정, 염려할 것이 없다. 탄식하고 슬퍼할 일이 없다. 번민하며 괴로워할 일이 없다. 미움, 다툼, 시기, 질투할 일이 없다. 그저 항상 기뻐하고 범사에 감사하며 찬양할 일밖에 없다.

항상 함께 하시는 아버지 하나님을 믿음의 피부로 느끼고 의식하면서 어떠한 상황에서도 더할 수 없이 크고 좋은 임마누엘의 복을 마음껏 누리자. 복 받은 사람답게 즐겁고 건강한 삶, 행복한 삶을 살아가자. 가장 크고 좋은 복은 임마누엘의 복이다(마1:23, 시23:1-6, 히13:6, 신11:12, 마28:20).

104. 유신론적 무신론자인 무신론적 그리스도인

> 너는 범사에 그를 인정하라 그리하면 네 길을 지도
> 하시리라(잠3:6)

그리스도인이라고 하면서도 사람 앞에서 예수 그리스도를 부끄러워하거나 부인한다면 그를 참 그리스도인이라고 할 수 있을까? 성경에 말씀하기를 사람 앞에서 예수 그리스도를 부끄러워하거나 부인하면 나중에 하나님 앞에서 예수 그리스도로부터 부인당하고 부끄러움을 당할 것이라고 했다. 언제 어디서 어떤 상황에 놓이든지 예수 그리스도를 주로 시인하고 고백해야 할 이유이다. 그런데 더 심각한 문제는 사람 앞에서 예수 그리스도를 주로 시인하고 자신을 당당하게 그리스도인이라고 고백하지만, 막상 일상의 삶 속에서는 전혀 예수 그리스도와는 관계없는 사람처럼 생각하고, 말하고, 행동하는 사람이다. 이들을 가리켜 유신론적 무신론자인 무신론적 그리스도인이라고 한다. 성경에는 이러한 사람을 하나님께서 보시기에 가증한 자라고 했다.

예수 그리스도를 부인한다는 것이 무엇인가? 회중 앞에

서만 부인하는 것뿐만 아니라 일상의 삶 속에서 범사에 주권자이신 그분을 인정하지 않는 것을 말한다. 자기 마음대로 생각하고 결정한다. 제멋대로 말하고, 행동한다. 이는 그분을 완전히 무시하고, 부정하고, 부인하는 것이다. 입술로는 하나님을 시인하나 행위로는 부인하는 유신론적 무신론자인 무신론적 그리스도인이다

그가 진정 예수 그리스도를 주로 시인하고 경외하는 그리스도인이라고 하면 크든지 작든지, 보이는 것이나 보이지 않는 것이나 범사에 그분이 주권자이심을 인정하고, 다윗이 그리했던 것처럼 먼저 하나님께 여쭈어 보고 그분의 결재를 받은 후에 행해야 한다. 나중에 주님 앞에서 부인당하거나 부끄러움을 당하지 않으려면 무시로 자기 점검을 해야 한다. 혹시라도 자신이 일상의 삶 속에서 유신론적 무신론자인 무신론적 그리스도인의 모습을 보이고 있지는 않은지 엄중하게 살펴보아야 한다. 그리고 성령님의 인도하심을 따라 끊임없이 주님과 동행하는 삶, 주님과 연합된 삶을 살아가야 한다. 언제 어디서나 만왕의 왕 되신 하나님 앞이라는 것을 의식한 코람데오의 삶을 살아가야 한다(딛1:6, 잠3:6, 살전5:21).

105. 침범해서는 아니될 영역과 몫

> 너희를 인도하는 자들에게 순종하고 복종하라 그들
> 은 너희 영혼을 위하여 경성하기를 자신들이 청산
> 할 자인 것 같이 하느니라 그들로 하여금 즐거움으
> 로 이것을 하게 하고 근심으로 하게 하지 말라 그렇
> 지 않으면 너희에게 유익이 없느니라(히13:17)

그리스도인으로서 절대로 침범해서는 아니 될 영역이 있
고 몫이 있다. 첫째는 이웃에 대한 비판과 정죄다. 비판과
정죄는 오직 하나님만이 하실 수 있는 영역이고 몫이다. 비
판과 정죄는 하나님의 주권에 도전하는 것이고, 자신이 하
나님 자리에 앉아서 하나님 행세를 하는 반역 행위이다. 결
코 하나님의 영역을 침범해서는 안 된다. 하나님의 영역을
침범했던 미리암은 한센병의 징계를 받았고, 고라 일당 이
백오십 명은 땅이 갈라져 그곳에 묻히는 심판을 받았다. 남
을 비판하고 정죄하는 것은 사람의 영역과 몫이 아니라 하
나님의 영역이고 하나님의 몫이다. 사람의 영역과 몫은 서
로 비판하고 정죄하는 것이 아니라 서로를 위해 사랑으로
기도하는 것이다. 하나님께서 우리를 조건 없이 받아 주심
같이 우리도 서로를 조건 없이 받아주고 보듬어 주는 것이

다. 공동체에 균열이 생기고 파열음이 나는 것은 지켜야 할 영역과 몫을 구분하지 못하고 판단하고 정죄하는 선생과 재판관 같은 우매한 사람들 때문이다. 어느 공동체에서나 서로에 대해 선생이나 재판관으로 존재하면 그곳은 지옥이다. 그러나 서로에게 다사로운 정으로 보듬는 어버이로 존재하면 그곳은 천국이다. 어떤 분위기를 연출하고 싶은가? 지옥인가? 천국인가?

둘째로 의식주 문제다. 먹고 마시고 입고 잠자는 문제는 내가 근심하고 염려할 영역도 아니고 감당해야 할 몫도 아니다. 의식주 문제는 전적으로 하나님 영역이고 하나님 몫이다. 우리는 다만 모든 의식주 문제는 하나님께 맡겨버리고, 하나님의 나라와 하나님의 의를 구하기만 하면 된다. 그리하면 염려하는 것을 해결해 주시고 생각지도 못했던 큰 복을 덤으로 더하여 주신다. 요셉을 보라. 의식주 문제뿐만이 아니라 생사의 기로에 처했어도 모든 염려를 하나님께 맡기고, 하나님의 나라를 구하면서 주어진 삶에 성실하게 임할 때 상상도 할 수 없었던 애굽 제국의 총리 자리에 앉게 되었다. 의식주 문제는 내 영역이 아니다. 전적으로 하나님의 영역이고 하나님의 몫이다. 지금 관심과 시선이 어느 쪽을 향하고 있는가? 의식주 문제인가? 하나님 나라인가?

셋째 보복하고 원수 갚는 일이다. 아무리 억울하고 분한 일을 당한다 해도 보복하거나 원수 갚으려 하지 말라. 보복하고 원수 갚는 일은 하나님의 영역이고 하나님 몫이다. 사랑의 인내로 참고 기다리면서 분하고 억울하게 한 원수의 받을 복을 위해서 기도하는 것이 우리의 몫이고 영역이다. 하나님께서 반드시 신원해 주신다. 하나님 영역이고 하나님의 몫이기 때문이다. 하나님은 신실하신 분이시다. 인생이 아니시기에 변개(變改)함이 없으시다. 하신 말씀은 반드시 이루신다. 약속의 말씀을 믿고 잠잠히 참아 기다려라. 다윗은 사울로부터 견디기 힘든 고통을 당했지만, 원수를 갚을 절호의 기회도 있었지만, 원수 갚는 것이 자신의 영역과 자신의 몫이 아니라 하나님의 영역이고 하나님의 몫임을 알았기에 사울의 문제는 하나님께 맡겨 버리고 순수한 사랑의 마음으로 원수인 사울을 위해 기도만 했다. 결국 사울은 다윗의 손에 의해서가 아니라 전장에서 적군에 의해 전사했다. 누군가에게 억울하게 괴롭힘을 당하고 있는가? 하나님께 맡겨버리라. 진심으로 그를 위해서 기도하라. 하나님의 영역, 하나님의 몫이기에 하나님의 방법으로 처리해 주실 것이다.

넷째 영적 권위자에 대한 문제다. 하나님께서는 크고 작은 공동체에 영적 권위자로 한 사람의 대표자를 세우셨다. 가정의 호주, 사회 각 기관의 장, 국가의 원수, 교회의 담임자, 교회 각 기관의 장 등등. 하나님께서 세우신 권위자가 나보다 많이 부족하고, 허물이 크다 하더라도 하나님께서 세우신 권위자이기 때문에 그를 존중하고, 실수는 덮어주고, 모자란 것은 채워주고, 그가 주어진 직임을 잘 감당하도록 협력하며 도와야 한다. 권위자를 무시하거나 비판하고, 권위자에게 도전하는 것은 그를 세우신 하나님을 무시하고, 하나님을 비판하고, 하나님께 도전하는 것이다. 이는 하나님의 영역을 침범하는 것이다. 유익할 수가 없다. 하나님의 영광과 교회의 덕과 이웃의 유익을 위해서 분수 이상의 것을 생각하지 말고 영적 권위자에게 도전하지 말자.

하나님의 영역과 몫을 침범하지 않고 존중하며 자신의 영역과 몫을 성실하게 지키는 자에게 상상 이상의 크고 좋은 것으로 갚아 주실 것이다(마7:1-2, 약4:11-12, 롬12:17-21, 마6:31-33, 히13:17, 롬14:4).

106. 창기의 낯인가 예수 그리스도의 낯인가?

그러므로 단비가 그쳤고 늦은 비가 없어졌느니라
그럴지라도 네가 창녀의 낯을 가졌으므로 수치를
알지 못하느니라(렘3:3)

사람이 짐승과 다른 점이 많다. 그중에 한 가지를 든다면 사람에게는 염치가 있지만 짐승에게는 염치가 없다. 사람은 도리에 어긋난 마음을 품거나 도리에 어긋난 생각을 할 때, 말이나 행동이 도리에서 벗어났을 때 부끄러움을 느끼고 즉시 뉘우치고 잘못된 부분을 개선하려고 노력하지만, 짐승에게서는 이러한 염치를 찾아볼 수 없다. 이처럼 염치를 모르는 후안무치의 사람을 창기의 낯을 가진 자라고 성경은 말씀하고 있다. 사람은 열 길 물속은 알아도 한 치의 마음은 알지 못하지만, 하나님은 인간의 언행심사(言行心事)와 일거수일투족을 다 아신다. 하나님 앞에서는 그 어떠한 것도 감출 수 없고 숨길 수 없다. 하나님은 모든 것을 다 보시고 들으시고 아신다. 그러므로 사람이 있든지 없든지 하나님 앞에서 투명한 삶을 살기를 힘써야 한다.

인간은 한계성을 지닌 연약한 존재이다. 시시때때로 고의

이든, 본의가 아니든 도리에서 벗어나 실수를 범하게 된다. 이때 자기의 허물을 솔직하게 인정하고 주님의 긍휼과 자비를 구한다면 주님의 은혜를 덧입게 되겠지만, 이에 반하는 모습을 보인다면 그는 염치없는 창기의 낯을 가진 자로서 주님의 진노와 심판을 받게 될 것이다. 염치를 알고 자신과 하나님 앞에 투명하게 살려는 자가 많으면 많을수록 세상은 밝아지고 건강하고 행복한 사회가 될 것이고, 염치를 모르는 창기의 낯을 가진 짐승 같은 자가 많으면 많을수록 세상은 어둡고 병약해진 불행한 사회로 변하다가 끝내는 멸망하게 될 것이다. 세상이 날로 어두워지고 혼란해지는 것을 보면 창기의 낯을 가진 짐승 같은 사람들이 더욱더 많아지고 있는 것 같아 우려스럽기만 하다. 염치를 아는 사람들로 가득한 세상을 위해 더욱 기도해야 할 이유이다.

염치를 모르고 지내고 있는 것 가운데 비중은 크지만 사람들이 간과하는 바가 있다. 그것은 미안해하고 감사할 줄 모르는 것이다. 인생은 거미줄이나 그물처럼 돕고 도움을 받는 은혜의 줄에 연결되어 살아간다. 서로 고마워하며 살아가는 것이 정상적인 모습이다. 이웃에게 본의 아니게 아픔을 주는 경우가 있을 때 미안해하는 것이 정상적인 모습이 아니겠는가? 그러나 이웃에게 큰 아픔을 안기면서도 도무지 미안해하지 않는다. 크고 작은 도움과 은혜를 받으며 살아가면서도 도무지 감사할 줄 모른다. 그래서 세상은 더욱 삭막하고 살벌해지고 있다.

몰염치의 극치는 하나님의 은혜와 사랑 가운데 살아가면서도 그 은혜와 사랑을 느끼지도 못하고, 인정하려고조차 하지 않으며 오히려 하나님을 원망하고 대적하는 것이다. 일반적인 은혜와 사랑에도 부정적 반응을 보이는데 하물며 예수 그리스도의 대속의 은혜와 사랑에 대한 부정적 반응은 더 말해 무엇하랴. 종말 시대의 사회심리학적 현상이 어떠할 것인가를 성경은 이렇게 말씀하고 있다. 몇 가지만 소개하면 이렇다. 극단의 개인주의자가 된다. 맘몬을 사랑하고 숭배한다. 자기선전에 혈안이 된다. 교만의 바벨탑을 높이 높이 쌓는다. 서로 비판하고 정죄한다. 패륜을 일삼는다. 감사가 없다. 무정하고 사납다. 원통함을 풀지 않는다. 모함한다. 절제하지 않는다. 거짓과 배신을 손바닥 뒤집듯 한다. 참지를 못한다. 자신을 높인다. 쾌락을 하나님보다 더 사랑하고 좋아한다. 겉모습은 그럴듯하게 꾸미나 하나님의 말씀과는 거리가 먼 위선적 삶을 살아간다. 폭력이 난무하고 인명을 천시한다. 하나같이 염치와는 거리가 먼 현상들이다. 이러한 사악한 문화에 동참하지 말라고 했다. 삭막하고 살벌한 세상이지만, 그럴수록 더욱 미안해하고 감사하며 살아가기를 힘쓰자. 지금은 그 어느 때보다도 더욱 정신 차리고

근신하며 깨어 기도할 때이다. 그리스도인은 예수 그리스도
의 마음을 품은 자이다. 마음은 표정으로 나타난다. 예수 그
리스도의 마음을 품은 그리스도인이라면 그 낯이 결코 창
기의 낯일 수가 없다. 마땅히 예수 그리스도의 낯을 보여야
함은 당연한 일이다. 자기 모습을 찬찬히 들여다보라. 어떠
한 모습이 보이는가? 창기의 낯인가? 예수 그리스도의 낯인
가? (시49:12, 렘3:3, 시139:1-12, 빌2:5, 딤후3:1-5, 눅21:34-36).

107. 유일한 해답

> 하나님은 한 분이시요 또 하나님과 사람 사이에 중
> 보자도 한 분이시니 곧 사람이신 그리스도 예수라
> (딤전2:5)

크고 작은 사건이 생기면 문제 해결을 위한 다양한 해법
을 제시한다. 나름대로 최상의 해결 방법을 내놓았다고 자
못 흐뭇해한다. 자신의 해법이 정답이요, 명답이고, 현답이
고, 쾌답이라고 내놓지만, 오답과 우답 그리고 위답일 경우
도 있다. 인생의 근본 문제인 생사화복에 이르면 아예 유구

무언일 수밖에 없다. 해법을 찾을 수 없기 때문이다. 해답은 말과 이론에 있지 않다. 해답은 사건과 문제를 근본적으로 해결해 주는 실제적인 것이다. 지금 눈앞에서 심한 갈증으로 고통을 겪고 있는 사람에게 "물을 마시면 되잖아, 물을 마셔봐"라고 하는 것은 정답은 되어도 해답은 아니다. 해답은 실제로 물을 가져다가 마시게 하는 것이다.

인생의 근본 문제는 죽음의 문제이다. 신분의 귀천을 막론하고 모든 인생은 죽음에 직면한다. 누구도 피해 갈 수 없다. 죽음 앞에서는 지금까지 지니고 있던 모든 것을 내려놓아야 한다. 가져갈 수 있는 것은 아무것도 없다. 허무하다. 두렵다. 어찌할 바를 몰라 몸부림치기도 한다. 그러나 속수무책이다. 현자나 종교가들은 있는 그대로 받아들이라고 한다. 만유가 성주괴공(成住壞空)하는 것이니 찰나의 생명에 집착하지 말고, 성주괴공의 원리에 순응하라고 한다. 이를 위해서 명상하고 수행하기도 한다. 그렇다고 죽음의 문제가 해결될까? 어떠한 원리를 만들어내고 그 원리를 따라 명상하고 수행해도 죽음은 여전히 감당할 수 없는 큰 몸집으로 버티고 있다.

그렇다면 과연 죽음의 해법은 전혀 없는 것일까? 그렇지 않다. 해법이 있다. 죽음의 원인을 알면 죽음의 해법이 보인다. 죽음은 어떻게 비롯되었는가? 성경의 가르침은 죽음은 죄에서 비롯되었고, 죄는 하나님의 말씀에 불순종하는 것이라 했다. 해법은 죽음의 원인인 죄의 문제를 해결하면 된다. 죄의 문제를 어떻게 해결할 수 있는가? 죄의 대가를 치르면 된다. 죄의 대가를 어떻게 치르는가? 죄의 삯이 죽음이기에 죽음으로 대가를 치러야 한다. 그러나 모든 인생은 하나같이 죄인이기 때문에 누구를 위해 대속할 수가 없다. 자기 죗값으로 죽을 수밖에 없는 존재다. 누군가 죄 없는 자가 죄인을 대신해서 자신의 생명을 희생하여 죽음으로 대속하지 않으면 인생은 죄와 사망에서 영원토록 벗어날 수 없는 절망적인 존재이다. 그래서 사랑의 하나님께서는 인생들이 죗값으로 죽는 것을 원치 않으시고 모두를 구원하기 위해 죄 없으신 독생자 예수 그리스도를 이 세상에 보내셨고, 십자가에서 대속물로 죽게 하셨다. 예수 그리스도의 대속의 죽음으로 인생들은 죄와 사망의 굴레와 속박에서 벗어나 해방됐다. 죄인들로 하여금 하나님 앞에 의로운 자로 서게 하고, 영원한 생명을 주기 위해서 예수 그리스도께서는 사망 권세를 이기시고 부활하셨다. 곧 예수 그리스도는 십자가에서 죽음으로 인생들의 죄를 대속하셨고, 죽음에서 부활하심으로 영원한 생명을 얻게 하셨다.

십자가의 대속의 사건과 부활의 사건을 인정하고 받아들이는 것이 믿음이고, 이 믿음으로 인하여 구원을 얻게 된다. 누구든지 믿음으로 예수 그리스도 안에 있으면 정죄 받지 아니하고 영생을 누리게 된다. 다른 방법으로는 인생 최대의 문제인 죄와 죽음의 문제를 해결하지 못한다. 동서고금의 현자들이 나름대로 죽음에 대한 해법을 제시하기는 했어도 실제로 죄의 대가를 치르기 위해서 내가 대신 죽겠노라고 나선 자는 없다. 나선 자가 없으니 당연히 대신 죽은 자도 없다. 오직 한 분 예수 그리스도께서만이 죄인들의 구원을 위해서 대속물로 죽겠노라고 말씀하신 그대로 십자가에서 죽으셨고, 우리는 비로소 죄와 사망으로부터 구원받게 되었다. 죄와 사망으로부터 해방되었다. 예수 그리스도의 이름을 힘입어 하나님 앞에 의로운 자로 서게 되었다. 영생을 누리게 되었다. 다른 어떠한 방법으로든, 또 누구이든 죄와 사망의 문제를 해결하지 못한다. 할 수 없다. 오직 우리 죄를 대속하기 위하여 십자가에서 자기 몸을 주시고 부활하신 예수 그리스도 한 분만이 유일한 해답이다. 지금 여기서 예수 그리스도를 나의 구주, 나의 왕으로 믿고 영접하면 대자유인이 된다. 지금, 여기서, 즉시(롬6:23, 딤전2:4-6, 막10:45, 요일2:2, 히9:12, 10:9-14, 롬5:8, 8:1-2, 요14:6, 행4:12, 마11:28).

108. 인물값을 해야 한다

> 오직 너희는 그리스도의 복음에 합당하게 생활하라
> 이는 내가 너희에게 가 보나 떠나 있으나 너희가 한
> 마음으로 서서 한 뜻으로 복음의 신앙을 위하여 협
> 력하는 것과(빌1:27)

나이 사십이면 자기 얼굴에 책임을 져야 한다고 한다. 얼굴에 그 사람의 삶의 경륜이 묻어나기 때문이다. 망나니로 살았다면 그 모습이 천박해 보일 것이고, 반듯하게 살았다면 그 모습이 고결하게 보일 것이다. 그리스도인은 어떤 모습을 보여야 할까? 그리스도인은 반드시 그 인물값을 해야 한다. 그리스도인은 새로운 피조물이다. 하나님의 습작품이 아니라 완성된 최상의 걸작품이다. 하나님께서는 그리스도인 한 사람 한 사람을 온 천하보다도 더욱 값지고 존귀한 보배로 여기신다. 바라보시면서 기쁨을 감추지 못하고 어쩔 줄 몰라 하신다. 그러므로 그리스도인은 결코 개나 돼지 앞에 진주 같은 자신을 던지는 어리석음을 범해서는 안 된다. 근묵자흑이라고 했다. 먹을 가까이하면 먹물이 튀고 검은 물이 들게 된다. 지혜자를 가까이하면 지혜로워지고, 어리석은 자를 가까이하면 우매자가 된다. 잠언의 가르침이다.

그리스도인은 복음에 합당한 삶을 살아야 한다. 인물값을 하라는 말이다. 얼굴에 책임을 지라는 뜻이다. 그리스도인은 만왕의 왕이신 하나님의 자녀이고 천국 시민권자이다. 어둠에 속한 어둠의 자녀가 아니라 빛에 속한 빛의 자녀다. 빛의 자녀다운 모습을 보여야 한다. 하나님 앞에 진실해야 하고 사람 앞에 겸손해야 한다. 재물 앞에는 의롭고 깨끗해야 한다. 그리스도인으로서 인물값을 못하면 세인들로부터 꼴불견이라는 조롱을 받게 된다. 하나님의 존귀하신 이름은 훼손되고 하나님 나라를 이루는 일이 지연된다. 하나님께서는 매우 근심하시고, 심히 슬퍼하시고, 아주 노여워하신다. 이는 언필칭(言必稱) 하나님의 기쁨이 되기를 원하노라는 신앙고백과는 너무나 거리가 먼 추하고 역겨운 모습이다. 진정 주님의 기쁨이 되기를 원한다면 세인들에게 꼴불견이라는 조롱을 받지 않도록 그리스도인의 꼴값을 해야 한다. 인물값을 해야 한다. 예수 그리스도에게 속한 그리스도인의 얼굴값을 해야 한다. 그리스도인으로서 자신의 얼굴에 책임을 져야 한다.

예수 그리스도를 닮은 자, 예수 그리스도의 분신. 그의 이름은 그리스도인이다. 그 이름대로 살아가기를 몸부림하며 경건 생활에 더욱 정진하라(고후5:17, 시100:3, 엡2:10, 사43:4, 엡5:8-9, 습3:17, 마7:6, 빌1:27, 요1:12, 빌3:20).

109. 사람의 본분

일의 결국을 다 들었으니 하나님을 경외하고 그의
명령들을 지킬지어다 이것이 모든 사람의 본분이니
라(전12:13)

본분이란 자신에게 주어진 이름과 자리를 지키고 맡겨진
역할에 충실한 것을 말한다. 한마디로 말하면 반드시 지켜
야 할 자기 자리를 말한다. 그러면 사람이 반드시 지켜야 할
자기 자리는 무엇인가? 반드시 지켜야 할 사람의 본분은 하
나님을 경외하고 하나님의 말씀에 순종하는 삶, 자신에게
주어진 역할에 충실한 삶을 말한다. 달리 표현하면 경천애
인, 곧 위로 하나님을 아래로 사람을 사랑하는 것이다. 이
본분에서 벗어남이 죄이다. 반드시 지켜야 할 자기 자리를
떠나는 것이 죄이고 주어진 역할에 태만한 것이 죄이다. 이
에 따라 하나님의 진노와 심판이 임한다. 사람이 그 본분과
역할을 다하면 생명의 풍요를 누리면서 행복한 삶을 살아가
게 되지만, 그 본분에서 벗어나고 역할에 태만하면 메마르
고 불행한 삶을 살아가게 된다. 돌이켜 회개하지 않으면 종
국에는 파멸에 이르게 된다. 생명의 풍요를 누리며 행복한

삶을 살아가기를 원하는가? 그렇다면 하나님 경외의 최상의 표현인 예배 생활에 충실하고, 받은 은사와 달란트를 따라 겸손한 섬김의 삶으로 이웃 사랑을 입증해 보여라.

하나님께 받은 은사와 달란트는 사람마다 각기 다르다. 따라서 감당해야 할 역할도 다르다. 다양한 섬김의 형태가 있다는 말이다. 여기에 다른 사람과 비교할 여지는 없다. 각기 감당해야 할 자기만의 역할이 있기 때문이다. 그러나 분별력이 없는 우매한 자들은 남과 비교하기를 좋아한다. 크게 경계하고 피해야 할 일이다. 남과 비교하면 우월감이나 열등감에 매이게 된다. 우월감이나 열등감에 매이면 교만해지거나 비열해지기 십상이다. 볼썽사납게 우쭐거리며 오만방자한 모습을 보이거나, 시기 질투하며 증오심을 일으켜 자신을 번뇌의 불로 불태우면서 괴로워한다. 우매한 사람의 전형적인 모습이다. 그러므로 영에 속한 성숙한 그리스도인이라면 언제나 예배 우선의 삶을 살아가기를 힘써야 한다. 결코 남과 비교하지 말고, 하나님께 받은 은사와 달란트를 서로 존중하며 자신의 본분에 충실하면 끝 날에 다 같이 주님께 칭찬과 존귀와 영광을 얻게 될 것이다.

사람의 본분은 경천애인의 삶에 있다. 하나님을 경외하고 그분의 말씀에 순종하며 받은 은사와 달란트를 따라 맡겨진 역할에 충실한 삶을 살아가는 것이다. 우리 모두 사람의 본분을 다하자. 그분의 이름을 더욱 존귀하게 하고 그분의 영광이 더욱 크고 높이 드러나도록 하자(전12:13, 요17:4, 고전 10:31, 벧전1:7, 13).

110. 무사심(無邪心)의 순백의 사랑과 순수한 믿음

> 이와 같이 너희도 명령 받은 것을 다 행한 후에 이
> 르기를 우리는 무익한 종이라 우리가 하여야 할 일
> 을 한 것뿐이라 할지니라(눅17:10)

오늘날 교회가 혼란하고 사회에서 심각한 수준으로 공신력을 잃어가고 있는 것은 교회의 사악한 위선 때문이다. 명분상으로는 하나님의 영광을 표방하지만, 내용적으로는 자신의 사욕을 채우는 교활한 사람들이 교회를 피폐하게 하고 교회의 위상을 추락시키고 있다. 교회가 교회 구실을 못 하니까 사회를 더욱 깊은 흑암의 늪으로 빠져들게 한다. 사심을 품은 교활하고 위선적이며 가증한 모습은 유명하다는 지도급의 사람들에게서 더욱 두드러지게 나타나고 있기에 문제는 더욱 심각하다.

하나님을 기쁘게 하는 참된 하나님의 일꾼은 무사심의 순백의 사랑과 순수한 믿음의 사람이다. 하나님은 이러한 사람을 목마르게 찾고 계시다. 무사심의 순백의 사랑과 순수한 믿음의 사람은 하나님의 영광과 하나님의 뜻이 이루어지는 일이라면 주저 없이 자신의 모든 기득권을 기쁘게 내려놓는다. 마치 아브라함이 조카 롯에게 풍요로운 삶을 위한 선택의 우선권을 내어주었듯이, 갈렙이 기름진 땅을 차지할 수 있는 호조건의 기득권을 포기하고 다른 족속이 가기를 꺼리는 강대하고 완악한 아낙 자손이 살고 있는 험악한 지역을 선택해 가듯이, 세례 요한이 자신에게 집중되는 대중의 관심과 시선을 예수 그리스도에게 향하게 하고 자신을 예수 그리스도의 이름 뒤에 숨기듯이, 바나바가 바울과 함께 일하게 되면 바울의 그늘에 가려서 빛을 보지 못할 것을 알면서도 오직 하나님의 뜻인 하나님 나라를 이루는 일을 위해서 자신의 명예나 자존심을 포기하고 다소에 거주하고 있는 바울을 안디옥으로 초청해서 동역했듯이, 하나님의 일꾼은 이해득실의 계산 없이 순백의 사랑과 순수한 믿음으로 섬긴다.

하나님께서는 오직 하나님의 뜻인 하나님 나라가 이루어지고 하나님께만 영광이 된다고 하면, 자신의 모든 기득권을 포기하고 기쁜 마음으로 묵묵히 섬기는 사람을 지금도 목마르게 찾고 계시다. 신실하신 하나님께서는 약속하신 대로 섬기는 만큼 이 땅의 복과 하늘의 상을 주실 것이다. 그러나 그것까지도 계산하지 않고, 어떠한 보상도 기대하지 않는 헌신으로 기쁘고 즐겁게 섬기자. 무사심의 순백의 사랑과 순수한 믿음의 섬김으로 하나님을 영화롭게 하고 하나님을 기쁘게 하는 삶을 살아가자(눅17:10).

111. 승리의 삶을 살게 하는 능력의 근원

> 내 안에 거하라 나도 너희 안에 거하리라 가지가 포도나무에 붙어 있지 아니하면 스스로 열매를 맺을 수 없음 같이 너희도 내 안에 있지 아니하면 그러하리라(요15:4)

이 땅의 교회를 전투 교회라고 한다. 끊임없이 도전해 오는 사탄의 세력과 싸워야 하기 때문이다. 전투에서는 반드시 승리해야 한다. 포로가 되어서도 안 되고 더더욱 패하면 안 된다. 승리하려면 적을 제압할 힘, 승리의 삶을 살게 하는 능력이 있어야 한다. 그 능력은 사람이나 세상 것에 있지 않다. 오직 하나님에게서만 온다. 어떻게 하나님의 능력이 내게 오는가? 믿음, 소망, 사랑을 통해서 온다. 곧 성육하신 하나님, 임마누엘의 예수 그리스도를 믿는 믿음을 통해서 온다. 십자가로 확증된 나를 사랑하시는 하나님, 예수 그리스도를 통해서 온다. 다시 오시는 재림하시는 예수 그리스도에 대한 소망에서 온다. 예수 그리스도가 승리의 삶을 살게 하는 능력의 근원이다.

예수 그리스도는 성도들이 무장해야 할 하나님의 무기이다. 믿음과 소망과 사랑의 주체가 예수 그리스도이시기 때문이다. 사탄의 권세와 싸워서 승리하려면 하나님의 무기 곧 예수 그리스도로 철저하게 무장해야 한다. 구원의 철모를 써야 한다. 구원의 철모, 예수 그리스도이시다. 믿음의 방패를 가져야 한다. 믿음의 방패, 예수 그리스도이시다. 성령의 검 곧 말씀의 검을 가져야 한다. 말씀의 검, 예수 그리스도이시다. 진리의 띠를 매야 한다. 진리의 띠, 예수 그리스도이시다. 의의 호심경(방탄조끼)을 붙여야 한다. 의의 호심경, 예수 그리스도이시다. 복음의 신(군화)을 신어야 한다. 복음의 신, 예수 그리스도이시다. 머리끝부터 발끝까지 철두철미하게 예수 그리스도로 무장해야 한다. 무장을 무장되게 하는 성령 안에서의 간단없는 기도가 있어야 한다.

예수 그리스도가 승리의 삶을 살아가게 하는 능력의 근원이다. 승리의 삶을 살려면 매일 매 순간 예수 그리스도로 호흡하고, 예수 그리스도와 호흡을 맞춰서 예수 그리스도와 동행하는 삶을 살아가야 한다. 사탄과의 영적 전투에서는 기필코 승리해야 한다. 그래야 하나님 나라가 확장된다. 하나님께는 영광이요 자신에게는 복이 된다(요일5:4, 롬5:8, 8:37, 살전1:3, 요일3:3, 엡6:10-18, 요15:4-5, 계2:7).

112. 가치 척도와 시비 판단의 기준

주의 말씀은 내 발에 등이요 내 길에 빛이니이다(시 119:105)

범사에 가치 척도와 시비 판단의 기준은 언제나 하나님의 말씀인 성경이어야 한다. 하나님은 절대자이시고, 절대자이신 하나님의 말씀은 절대 진리이기 때문이다. 아담이 하나님의 말씀에 불순종하여 에덴에서 쫓겨난 이후 인류사는 오류와 혼돈의 불행한 역사였다. 이유는 가치 척도와 시비 판단의 기준을 하나님의 말씀이 아니라, 변화무쌍하고 상대적인 사람의 철학과 사상에 두기 때문이다. 상대적인 양심,

이해득실에 민감한 감정 변화에 따라 판단하기 때문이다. 그러므로 불의하고 부정한 죄악으로 가득한 절망적인 흑암의 세상에서 오직 하나님의 말씀만이 소망의 빛이고 등불임을 알고, 범사에 빛이요 절대 진리가 되시는 예수 그리스도만을 바라보고 따를 때 비로소 이 세상은 흑암과 혼돈에서 벗어나 밝고 질서 있는 세상을 이루게 된다. 모두가 더불어 행복한 삶을 살아가게 된다. 모든 인간의 생사화복 흥망성쇠는 전적으로 가치 척도와 시비 판단의 기준을 어디에 두느냐에 달려있다. 절대자 하나님의 말씀만이 가치 척도와 시비 판단의 절대 유일의 기준임을 명심하자(시119:105, 잠6:23, 요8:12, 잠3:1-7).

113. 건강하고 성숙한 영성의 삶

사람의 모양으로 나타나사 자기를 낮추시고 죽기까지 복종하셨으니 곧 십자가에 죽으심이라(빌2:8)

건강하고 성숙한 영성의 삶을 한마디로 표현한다면 성육

의 신앙으로 살아가는 삶을 말한다. 성육의 신앙으로 살아가는 삶이란 인류 구원과 하나님 나라를 이루기 위해서 이 땅에 성육하셔서 생활하셨던 예수 그리스도를 구주로 믿고, 그분을 마음 중심에 왕으로 모시고, 그분의 삶을 살아가는 것이다. 곧 예수 그리스도와 함께 성육의 삶을 살아가는 것이다.

성육의 삶이란 하나님의 뜻을 이루기 위해서 내 뜻을 접고, 모든 기득권을 포기하고 내려놓는 것이다. 하나님의 뜻인 온 천하보다 귀한 한 영혼의 구원을 위해서, 미숙한 믿음의 사람을 성숙한 믿음의 사람으로 세워주기 위해서, 하나님의 나라를 이루는 일을 위해서 성육의 삶을 살아야 한다. 구체적인 성육의 삶이란 무엇인가?

첫째, '내가 먼저'의 신앙으로 선행적 섬김의 삶을 살아가는 것이다.

둘째, '조건 없이 내줌'의 신앙으로 무사심(無邪心)의 순수한 섬김의 삶을 살아가는 것이다.

셋째, '모두를 받아 줌'의 신앙으로 차별 없는 보편적 사랑의 삶을 살아가는 것이다.

넷째, '모든 것을 받아 줌'의 신앙으로 포괄적 관용의 삶을 살아가는 것이다.

다섯째, '모든 것 드림'의 신앙으로 전적인 헌신의 삶을 살아가는 것이다.

여섯째, '온전한 인내'의 신앙으로 모든 것을 끝까지 참고 견디고 기다리는 삶을 살아가는 것이다.

일곱째, '온전한 사랑'의 신앙으로 모든 것을 관용하고 받아줄 뿐만 아니라 조건 없이 친절하게 섬기는 삶을 살아가는 것이다.

여덟째, '하나님 나라 우선'의 신앙으로 언제나, 그리고 범사에 하나님의 뜻 실현을 최우선으로 하는 삶을 살아가는 것이다.

아홉째, '죽는 밀알'의 신앙으로 이웃의 생명과 풍요를 위해서 전적으로 자신의 모든 유익을 포기하고 온전한 희생제물로 살아가는 것이다.

열째, '이름도 없이 빛도 없이'의 신앙으로 묵묵히 모든 섬김의 삶을 살아가는 것이다.

건강하고 성숙한 영성의 삶은 성육의 삶을 말한다. 느려도 황소걸음이라고 했다. 그리스도인 한 사람 한 사람이 멈추지 않고 꾸준히 성육의 신앙으로 성육의 삶을 정진해 가노라면, 하나님의 뜻이 하늘에서 이루어진 것 같이 이 땅에서도 이루어질 것이다. 문제투성이의 세상을 정화하고 화합하는 길은 그리스도인들의 건강하고 성숙한 영성의 삶, 곧 성육의 삶에 있다(마26:47-54, 빌2:5-8, 요일2:6).

114. 멋진 도인(道人)으로 살아가라

너의 하나님 여호와가 너의 가운데에 계시니 그는
구원을 베푸실 전능자이시라 그가 너로 말미암아
기쁨을 이기지 못하시며 너를 잠잠히 사랑하시며
너로 말미암아 즐거이 부르며 기뻐하시리라 하리라
(습3:17)

도인이란 도를 알고, 도를 따라 살아가는 자를 말한다. 예
수 그리스도는 도이다. 도인 예수 그리스도를 알고, 그분을
따라 살아가는 자를 그리스도인이라고 한다면 도인은 곧 그
리스도인을 말한다. 도인은 하나님의 눈으로 볼 줄 안다. 하
나님의 은혜와 사랑이 어느 만큼인지를 헤아릴 줄 안다.

우주에서 바라본 지구의 모습은 흰 종이에 바늘 끝으로
찍은 점처럼 잘 보이지 않는다. 미세 먼지보다 더 작은 존
재다. 그런데 그 광활한 우주를 지으시고 품고 계신 하나님
의 눈으로 볼 때에야 얼마나 더하겠는가? 어리석은 인생들
은 그 미세 먼지보다 더 작은 공간에 살아가면서 저마다 자
존심을 내세우며 사생결단으로 쟁투하고 있으니 이 얼마나
한심한 일인가? 더욱이 그 작고 좁은 공간에서 찰나 인생을
살아감에도 자기 이름 석 자 남겨보려고 안간힘을 쓰고, 순

간의 영화와 향락을 즐기려고 몸부림하는 모습을 보면 안쓰럽기 그지없다. 이처럼 하나님의 눈으로 볼 때 미세 먼지보다 못한 존재요, 하는 짓거리가 가소롭기 이를 데 없고, 그위에 죄악으로 얼룩진 추하기 이를 데 없는 존재이지만, 하나님께서는 그러한 나를 택해 품어 주셨다. 그리고 너는 우주보다 더 크고 존귀한 자라고, 내가 너를 사랑하노라고 하시면서 기뻐 어쩔 줄 몰라 하시니 이에서 더 큰 은혜와 사랑이 어디 있으며, 이에서 더 큰 복이 어디 있겠는가?

하나님의 눈으로 자신을 볼 줄 알고, 나를 향한 하나님의 은혜와 사랑이 어떤지를 아는 도인이라야 도 안에서 자유를 만끽하며 행복하게 살아간다. 가장 낮은 자리에서 겸손과 온유로 모두를 섬기고, 원수까지도 보듬는 사랑의 삶을 살아간다. 이로써 하나님께는 큰 영광이 된다. 도인으로서 그리스도인이 누리는 차원 높은 복이다. 여기서 기억할것은 하나님의 눈으로 볼 수 있는 눈은 계시의 영 곧 성령을받아야 떠진다는 점이다. 무엇보다도 먼저 성령을 받아 성령의 사람이 되어야 한다. 이 시대는 그 어느 때보다도 더욱성령의 사람이 되어 도인으로 살아가는 멋진 모습의 그리스도인이 절실한 시대이다. 그 멋진 도인이 바로 나와 당신이기를 기도한다. 더욱 힘써 멋진 도인으로 살아가자(창18:27, 시90:4, 사43:4, 습3:17, 요8:32, 요1:1-5, 엡2:17-18, 롬8:9).

115. 은혜의 마중물

충성된 사자는 그를 보낸 이에게 마치 추수하는 날
에 얼음 냉수 같아서 능히 그 주인의 마음을 시원하
게 하느니라(잠25:13)

하나님은 말씀이고 말씀으로 우주 만물을 지으셨다. 말씀
으로 우주 만물과 인생을 섭리하신다. 조금만 관심을 기울
이고 겸손하게 배우려는 자세를 갖는다면 모든 존재와 사건
을 통해서 말씀을 만나게 되고, 보여 주시고 들려주시는 말
씀을 통해서 큰 교훈과 깨달음을 얻게 된다. 이에 따라 더욱
성숙한 영성으로 숙성되어 하나님의 기쁨이 되고, 이웃에게
는 선한 영향을 주는 플러스 인생, 곧 하나님께서 보시기에
참 좋은 모습으로 살아가게 된다.

그리스도인들은 항상 이웃의 건강하고 아름다운 삶의 모
습을 보면서 겸손하게 배우고 자신의 영성과 덕성을 키워가
야 한다. 이는 바람직하고 칭찬받을 만한 좋은 일이나 그것
으로 만족할 것이 아니다. 기왕이면 내가 먼저 아름다운 신
앙과 생활의 유행을 창조하고, 이웃에게 선한 도전과 자극
을 주면서 은혜의 마중물로 살아간다면, 더욱 하나님의 부

르심에 부응하는 삶이 될 것이다. 하나님은 지금도 은혜의 마중물이 되는 그리스도인을 목마르게 찾고 계시다. 추수밭의 얼음냉수와 같이 주님의 마음을 시원케 하는 충성스러운 주님의 일꾼으로 살아가야 하지 않겠는가? (롬11:36, 마5:13-16, 사6:8, 요19:28, 잠25:13).

116. 흙덩이 속의 보석을 찾아내는 지혜

> 너희 중에 누구든지 지혜가 부족하거든 모든 사람에게 후히 주시고 꾸짖지 아니하시는 하나님께 구하라 그리하면 주시리라(약1:5)

홍수 때가 가뭄 때보다도 더욱 마실 물이 없어서 고통을 당한다고 한다. 홍수 때에는 물은 넘쳐흐르지만, 마실 수 있는 생수가 없기 때문이다. 대중 매체의 시대를 살고 있는 오늘의 그리스도인들은 말씀의 홍수 속에서 살아가고 있다고 해도 과언이 아니다. 그러나 말씀의 홍수로 인해 말씀의 강수는 넘쳐나지만, 생수 같은 말씀을 찾지 못해 이리저리 말씀의 생수를 찾으러 헐떡이며 방황하고 있다. 대중 매체의 발달로 말씀의 강물이 홍수처럼 넘쳐흐르지만 정작 마실 수 있는 생수 같은 말씀을 바르게 분별해서 마시기란 그렇게 쉽지가 않다. 사탄이 생수 같은 말씀을 마시지 못하도록 악랄하고 교활한 방법으로 방해하고 있기 때문이다. 시원하다고 생각되어 마시고 보면 생수가 아니라 소금물이다. 더 심한 갈증에 고통스러워한다. 종말 시대를 살아가고 있는 오늘의 그리스도인들에게 흙덩이에 섞여 있는 보석을 분별해서 고르는 지혜가 필요한 이유이다. 그래서 무엇보다도 먼저 지혜를 구해야 한다. 지혜는 선포되는 말씀에 순수한 복음이 있는가를 분별하는 것이다. 복음이 없다면, 복음이 아니라면 아무리 논리적이고 화려한 수사로 웅변을 토한다 해도 가차 없이 단호하게 배격해야 한다. 목마르다고 해서 황토물을 마시면 죽을 위험이 있다. 복음은 예수 그리스도의 십자가의 대속의 죽음과 부활로 확증된 우리를 향한 변함없는 하나님의 사랑이다. 흙덩이 속의 보석을 분별하는 지혜를 구하라(고후4:4, 골2:8, 약1:5, 요3:16, 롬5:8, 암8:11).

117. 아는 만큼 겸손해진다

미쁘다 모든 사람이 받을 만한 이 말이여 그리스도
예수께서 죄인을 구원하려고 세상에 임하셨다 하
였도다 죄인 중에 내가 괴수니라(딤전1:15)

하나님은 교만한 자는 물리치시고 겸손한 자에게 은혜를
더하신다. 겸손은 앎에 정비례한다. 곧 하나님과 자기 자신
을 아는 만큼 겸손해진다. 은혜란 하나님과 자기 자신을 알
게 되는 것이다. 인간의 어떠한 노력으로도 하나님과 자기
자신을 바로 알 수 없다. 하나님께서 알게 해 주셔야 한다.
그래서 은혜이다.

하나님의 은혜로 하나님과 자기 자신을 알아갈수록 하나
님은 점점 더 크게 보이고 자기 자신은 점점 더 작아지는 것
을 깨닫게 된다. 앎의 깊이를 더해갈수록 종국에는 크신 하
나님만 보이고 자기 자신은 보이지도 않게 된다. 하나님은
너무 크고 반대로 자기 자신은 너무 작기 때문이다. 결코 교
만할 수 없고 지극히 겸손할 수밖에 없는 이유이다.

교만한 사람은 하나님도 모르고 자기 자신도 모르고 무지
한 자임을 스스로 선전하는 어리석은 자이다. 바로 이 무지

하고 어리석은 교만한 자들이 교회를 어지럽게 하고 어두운 세상을 더욱 어둡게 한다. 그러므로 하나님을 보다 깊이 알고, 자기 자신을 더욱 바로 알아갈 수 있도록 끊임없이 하나님의 긍휼의 은혜를 구해야 한다. 기억하라. 하나님과 자기 자신을 아는 만큼 겸손해질 뿐만 아니라, 아는 만큼 자신의 자리를 바르게 지킬 수 있다. 아는 만큼 사랑의 지배를 받는다. 아는 만큼 낮은 자리를 찾고 모두를 섬기게 된다. 아는 만큼 감사하고 봉사하고 헌신하게 된다. 아는 만큼 침묵하게 되고 자유로운 삶을 살아가게 된다.

가장 큰 은혜와 복은 하나님과 자기 자신을 아는 만큼 겸손해지는 것이다. 하나님은 교만한 자는 물리치시고 겸손한 자에게 은혜를 더하시기 때문이다(약4:6, 딤전1:12-16).

118. 배타적 복음과 넓어지는 멸망의 문

다른 이로써는 구원을 받을 수 없나니 천하 사람 중
에 구원을 받을 만한 다른 이름을 우리에게 주신 일
이 없음이라 하였더라(행4:12)

복음은 절대 진리이기에 배타적일 수밖에 없다. 어떠한
경우라도 복음에는 타협이나 양보란 있을 수 없다. 구원에
이르는 길은 오직 하나 예수 그리스도밖에 없다. 그가 어느
종교의 창시자이든, 덕망 높은 현자이든 그가 누구든지 간
에 아담의 죄의 인자(因子)를 지니고 죄인으로 태어난 피조
물이다. 죄인은 죄인을 구원할 수 없다. 자신의 죄 때문에
형벌을 받아야 하고 자신의 죄 때문에 죽어야 한다. 그러나
예수 그리스도는 죄와는 상관이 없는 거룩한 창조주 하나님
이시다. 죄 없으신 하나님이신 예수 그리스도만이 피조물인
인간의 죄를 대속하고 사망과 지옥 불 못의 형벌에서 구원
하실 수 있다.

종말의 극점을 향해 치닫고 있는 오늘의 실상을 보면 인
본주의 철학 사상이 간교한 속임수로 인간의 마음을 마구
잡이로 노략하고 있다. 정신 차리고 조심해야 한다. 생각해

보라. 구원에 이르는 길이 예수 그리스도 외에도 다른 길이 있다고 하면 왜 굳이 죽음도 불사하고 복음을 지키고 복음을 전하겠는가? 인권, 화목, 평화, 사랑, 자유도 중하고 귀하지만 하나님 나라에서의 영원한 생명을 잃어버리고 지옥불 못에서 영원한 고통을 당하게 된다면 그 중하다고 하는 것들이 무슨 의미가 있겠는가? 그래서 복음은 배타적일 수밖에 없다. 복음만이 유일한 구원의 길이기 때문이다. 종말의 끝자락에 살아가고 있는 오늘의 그리스도인들은 세인들의 배타적 복음에 대한 비난, 조롱, 위협과 핍박을 두려워해서는 안 된다. 어떠한 회유와 미혹에도 흔들리지 말고, 굳건하게 배타적 복음을 지켜야 한다. 소외당함으로 인한 고독이 감당하기에 벅차다고 해서 타협하거나 양보해서는 안 된다. 끝까지 견디어 내야 한다.

예수 그리스도의 재림이 가까울수록 복음의 문은 점점 더 좁아져서 찾는 이가 더욱 적어지고, 인본주의 철학 사상의 문은 점점 더 넓어져서 찾는 이가 더욱 많아지고 있다. 지극히 정상적인 종말 현상이다. 명심하자. 복음은 절대 진리이다. 그래서 배타적이다. 배타적 복음이 진리이다. 구원의 길은 절대 진리, 절대 복음인 예수 그리스도밖에 없다(갈1:6-10, 요14:6, 행4:12, 딤전2:5, 롬6:23, 골2:8, 마10:22, 24:13).

119. 하나님의 영광을 위한 호흡

호흡이 있는 자마다 여호와를 찬양할지어다 할렐루
야(시150:6)

호흡은 숨을 쉼, 살아 있음, 곧 생존을 말한다. 하나님께
서는 천지를 지으시고 생명체를 지으신 후에 보시기에 좋았
다고 했다. 하나님의 형상을 따라 사람을 지으신 후에는 보
시기에 심히 좋았더라고 했다. 호흡의 의의를 말해주는 대
목이다. 곧 생명이 있는 모든 존재는 하나같이 하나님의 영
광을 위해 생존하는 것이다. 이는 하나님께서 의도하신 바
이다. 무슨 말인가? 하나님의 기쁨이 되지 못하면, 하나님
의 영광을 드러내지 못하면 생존의 의의가 없다는 뜻이다.
생존할 가치가 없다는 말이다. 특히 하나님의 특별한 은총
으로 택함을 받은 그리스도인은 먹든지 마시든지 무엇을 하
든지 다 하나님의 영광을 위해서만 호흡해야 하는 특별한
존재이다. 그리스도인은 오직 하나님의 영광을 위해서만 생
존하고 살아가야 한다.

하나님의 영광을 위한 삶이란 무엇인가? 하나님의 기쁨

으로 살아가는 것이다. 그러나 그리스도인의 일반적인 삶의 모습을 보면 하나님의 특별한 사랑을 받고 있음에 감격해서 감사하고 즐거워하며 열광적으로 찬양하고 있지만, 자신들의 삶이 하나님께 기쁨이 되고 있는지에 대해서는 별로 관심을 두지 않는다. 일상의 삶에서는 난잡한 모습을 보이다가 찬양과 경배 시간에는 천연덕스럽게 경건의 분위기를 연출한다. 이는 경건의 모양은 있으나 경건의 능력은 부인하는, 하나님 보시기에 역겨운 작태가 아닐 수 없다. 이 같은 모습은 종말 시대의 현상이라고 했다.

경계해야 한다. 감사와 찬양과 함께 하나님의 기쁨이 되는 삶에 힘써야 한다. 그리스도인은 언제, 어디서, 무엇을 하든지 무엇보다도 먼저 범사에 하나님의 기쁨이 되는가를 분별하고 시험해 보아야 한다. 하나님의 기쁨이 되는 기준은 오직 하나님의 말씀이다. 하나님의 말씀에 초점을 맞춘 삶은 하나님께서 기뻐하시나, 하나님의 말씀에서 벗어난 삶은 하나님께 근심이 된다. 노여워하신다. 그리스도인은 온 천하의 온갖 영화를 안겨준다 해도 하나님의 말씀이 아니면 움직여서는 안 된다. '아니오'라고 단호하게 거절해야 한다. 그러나 목숨을 위협하는 아무리 절박한 상황에 처한다 해도 하나님의 말씀이라면 담대하게 말씀 따라 나아가야 한다.

하나님께서는 그리스도인들로 하여금 오직 하나님의 말씀에 매여서 하나님의 기쁨이 되는 삶을 살아가도록 이 땅에 머물러 호흡하게 하셨다. 그리스도인의 생존 의의이다. 하나님의 기쁨이 아닌 삶은 생물학적 본능에 의한 움직임만 있을 뿐 호흡할 가치도 호흡하는 의미도 없는 것이다. 살았다 하는 이름은 있으나 실상은 죽은 자이다. 그러므로 그리스도인은 매일 매 순간이 하나님의 영광을 위한 호흡이 되도록 끊임없는 자기 점검과 함께 경건 생활에 더욱 정진해야 한다. 다시 한번 다짐하자. 내가 호흡하며 생존하는 것은 하나님의 영광을 드러낼 때, 곧 하나님의 기쁨이 될 때 비로소 의의와 가치가 있다는 것을 명심하자. 오직 하나님의 기쁨, 하나님의 영광을 위해, 오직 하나님의 말씀에 매여서 살아가도록 무시로 성령 안에서 기도하는 가운데 최선을 다해 정진하자(고전10:31, 롬12:2, 엡5:10, 시150:6).

120. 하나님의 궁극적 관심

이 세상이나 세상에 있는 것들을 사랑하지 말라 누
구든지 세상을 사랑하면 아버지의 사랑이 그 안에
있지 아니하니(요일2:15)

성도를 향한 하나님의 우선적이고 궁극적인 관심은 세속
적인 홍복(洪福)이 아니다. 곧 재물, 권세, 명예, 건강, 성공
과 풍요를 누리며 즐기는 것이 아니다. 봉사나 헌신 등 다양
한 형태의 선한 활동도 아니다. 성도를 향한 하나님의 우선
적이고 궁극적인 관심은 하나님 앞에서의 성결이다. 성도
는 주님의 신부이기 때문이다. 신랑이 되신 주님께서 신부
인 성도에게 바라시는 것은 신부의 정절이다. 그래서 신랑
이 되신 주님의 오심을 사모하고 기다리는 성도라면 무엇보
다도 먼저 주님처럼 자신을 깨끗하게 해야 한다. 거룩하지
않으면 그 누구도 다시 오시는 주님을 뵐 수가 없다. 주님은
거룩하신 분이기 때문이다. 그러므로 신랑이 되신 주님께서
거룩하신 것처럼 주님의 신부 된 성도도 거룩해야 한다.

하나님 앞에서의 성결, 곧 거룩은 한마음을 갖는 것이다.
두 마음을 품지 않는 것이다. 오직 한마음으로 모든 생각을

주님께만 집중하는 것이다. 성도는 외적인 화려한 이력이나 겉 사람을 꾸미는 일에 관심을 가질 것이 아니라 내적인 속 사람, 곧 심령을 아름답게 가꾸고 단장하는 일에 관심을 가져야 한다. 우리 주변에는 아담과 하와를 미혹해서 넘어트린 사탄의 간교한 술책의 덫이 즐비하다. 먹음직하고, 보암직하고, 탐스럽게 보이는 것들이 고혹적으로 늘어서서 갖은 교태를 부리며 현란한 몸짓으로 미혹하고 있다. 그러나 이에 현혹되면 안 된다. 아담과 하와와 같은 실수를 두 번 다시 범해서는 안 된다. 사탄의 미혹을 단호하게 물리치고 승리하신 예수 그리스도를 본받아야 한다. 사탄의 미혹에서 승리하려면 끊임없이 십자가의 예수 그리스도를 바라보라. 끊임없이 십자가의 예수 그리스도를 생각하라. 끊임없이 예수 그리스도의 발자취를 따르라. 끊임없이 말씀을 묵상하라. 끊임없이 내주하여 계신 성령님의 인도하심을 좇아 행하라. 그리하면 성령께서, 신랑이 되신 주님께서 다시 오실 때까지 영(靈), 혼(魂), 몸(身)을 거룩하게 지켜주실 것이다.

성도를 향한 하나님의 우선적이고 궁극적인 관심은 하나님 앞에서의 성결임을 명심하자(요일3:3, 히12:14, 벧전1:15-16, 약4:8, 고후10:5, 벧전3:3-4, 요일2:15, 히12:12, 히3:1, 갈5:16, 시119:9-11, 살전5:23-24).

온 맘 다해 신묘막측한
창조의 하나님을 찬양하라

121. 현명한 바보

> 우리 가운데서 역사하시는 능력대로 우리가 구하거
> 나 생각하는 모든 것에 더 넘치도록 능히 하실 이에
> 게(엡3:20)

아무리 동기가 하나님을 사랑하는 자리에서 출발하고, 목적이 하나님의 영광을 위한 선한 것이라 할지라도 방법이 하나님의 방법이 아니면 그 일은 실패할 수밖에 없다. 하나님께서 그 일을 막으시기 때문이다. 그러나 사람의 판단 기준으로는 그 결과가 만족스럽지 못하더라도, 하나님을 사랑하는 동기에서 출발하고, 하나님의 영광을 목적으로 해서 하나님의 방법을 따른다고 하면, 하나님은 그 결과의 대소(大小), 성패(成敗)는 묻지 않으신다. 그저 기뻐하시고 만족해하신다. 마침내 생각지도 못한 좋은 것으로 채워 주신다. 그리스도인은 세인과는 달리 동기와 목적이 선하면 방법도 선해야 한다. 목적 성취를 위해서 수단과 방법을 가리지 않고 동원하는 것은 사탄의 방법이다. 하나님께서 기뻐하시는 하나님의 방법은 무엇인가? 진리인 성령의 지도와 인도하심을 따르는 것이다. 진리인 하나님의 말씀을 따르는 것이

다. 하나님의 방법인 진리를 따라 행하면 범사에 형통하고 선한 결실을 얻게 된다. 하나님께서 약속하신 말씀을 보장해 주시기 때문이다.

왕왕 목격되는 안타까운 일은 하나님을 사랑하고 하나님의 영광을 위한 일이라는 명분으로 나름대로 열심히 일해서 크게 성공한 듯하다가도, 그 결말이 아름답지 못한 모습으로 추락하는 이들이 있다는 것이다. 내용을 들여다보면 하나님의 방법을 따르지 않고, 자신의 탐욕을 따라 세속적 방법을 의존하거나, 가증한 사심(邪心)을 품었기 때문임을 알 수 있다.

세속적 방법이 지혜롭게 보이고 성공의 지름길 같으나 종말은 파멸이고, 하나님의 방법이 어리석게 보이고 성공에 이르기에는 먼 길 같아 보여도 마침내 영광을 얻게 된다는 것을 잊지 말아야 한다. 성공의 지름길은 우매하게 보여도 하나님의 방법을 따르는 것이다(대상13:7-11, 엡3:20, 요16:13, 17:17, 시119:1-2, 수1:1-2, 요15:7, 갈6:7-9).

122. 누가 선한 자이고 누가 악한 자인가

> 나더러 주여 주여 하는 자마다 다 천국에 들어갈 것
> 이 아니요 다만 하늘에 계신 내 아버지의 뜻대로 행
> 하는 자라야 들어가리라(마7:21)

하나님께서 보시는 선과 악은 윤리적 개념 이전에 영적인 개념이다. 하나님께서 선하다고 하실 때에는 하나님의 의도대로 움직이는 것을 말하고, 하나님께서 악하다고 말씀하실 때는 하나님의 의도대로 움직이지 않는 것을 말한다. 비유하자면 시계가 선하다고 하는 것은 시계를 제작한 사람이나 시계를 산 사람의 의도대로 시계가 시간을 잘 맞춰 움직이는 것을 말한다. 반대로 시계가 악하다고 하는 것은 시계가 제작한 사람이나 산 사람의 의도대로 움직이지 않고 시간이 계속 틀리게 움직이는 것을 말한다. 곧 거액의 화려한 시계라 할지라도 시간을 잘 맞추지 못하면 그 시계는 악한 것이요, 비록 값싸고 초라한 시계라 할지라도 시간을 잘 맞추면 그 시계는 선한 것이란 뜻이다.

그리스도인은 하나님의 의도대로 선한 삶을 살아가도록 부름을 받았다. 하나님께서 그리스도인에게 기대하시는 선

한 삶은 사탄이 훼손한 에덴동산, 곧 하나님 나라를 재건하는 성육의 삶을 살아가는 것이다. 하나님 나라 재건을 위해 하나님께서 친히 성육하시고 성육의 삶을 사셨다. 성육하시고 성육의 삶을 사신 예수 그리스도께서 자신과 함께 성육의 삶을 살아가도록 그리스도인을 부르셨다. 성육의 삶이란 하나님 나라 재건을 위해서 자기 뜻을 하나님의 뜻에 복종시키는 삶을 말한다.

하나님께 부름을 받은 그리스도인이 하나님께서 부르신 의도대로 하나님 나라 재건을 위해 성육의 삶을 살아간다면 그는 하나님 앞에 선한 존재이다. 그러나 성육의 삶이 아닌 자신의 주의, 주장과 정욕을 따라 살아간다면 그는 하나님 앞에 악한 존재이다. 하나님께서 부르신 의도대로 선한 삶, 곧 성육의 삶을 살아가는 그리스도인이라야 그날에 주님께 칭찬과 존귀와 영광을 얻게 될 것이다. 하나님께서 부르신 의도대로 성육의 삶을 살아가는 자, 그는 선한 자요, 하나님께서 부르신 의도대로 성육의 삶을 살아가지 않는 자, 그는 악한 자이다(딛2:11-14, 벧전2:20-21, 눅9:23, 14:27, 마7:21-23, 25:14-30).

123. 관계 회복이 우선이다

> 여호와는 마음이 상한 자를 가까이 하시고 충심으
> 로 통회하는 자를 구원하시는도다(시34:18)

하나님은 온 우주에 편재하신다. 인간의 모든 언행심사
(言行心事)와 일거수일투족을 보고, 듣고, 알고 계시다. 만
유의 대주재자(大主宰者)이신 하나님의 통치권이 미치지 않
는 곳이 없다. 그러나 하나님의 도우시는 손길이 미치는 곳
이 있고, 미치지 않는 곳이 있다. 하나님의 도우시는 손길이
미치는 곳에는 겸손과 진실, 의와 정직, 사랑과 순결, 청빈
과 순종, 감사와 순수함이 있다. 하나님과의 관계가 건강하
기 때문이다. 물론 이 관계는 예수 그리스도의 십자가 보혈
의 공로 안에서의 관계를 전제하고 있음은 말할 것도 없다.
한편, 하나님의 도우시는 손길이 미치지 않는 곳이 있다. 교
만과 거짓, 증오와 부정, 탐욕과 불의, 불평과 비방, 불순종
과 불순함이 있는 곳이다. 하나님과의 관계가 건강하지 못
하기 때문이다. 하나님과의 관계가 건강하지 못하면 아무리
부르짖어 간구해도 하나님은 얼굴을 가리시고 침묵하신다.
문제가 풀리지 않으며 상황은 더욱 급박해진다. 불안하고,

두렵고, 절망적이다. 괴롭고 답답하다.

문제가 아무리 크게 느껴지더라도 포기하지 말라. 해결 방법이 있다. 그 해결 방법은 하나님과의 관계 회복에 있다. 어긋난 관계를 건강한 관계로 회복하면 된다. 하나님과의 건강한 관계 회복이 우선이다. 어떻게 하면 관계 회복을 이룰 수 있는가? 방법은 단순하고 간단하다. 회개하면 된다. 하나님의 얼굴을 뵐 수 있고 침묵을 깨고 도우시는 손길이 미치게 하는 길은 회개 외에 다른 방법이 없다. 하나님을 근심케 하고, 노엽게 했던 죄와 허물을 통회(痛悔)하고 자백하면 된다. 하나님께서는 상하고 통회하는 심령을 멸시하지 않으신다고 했다. 긍휼히 여기시고 뜻을 돌이키신다고 했다. 선하고 복되게 권고해 주신다고 했다. 막힌 장벽을 무너트려 주시고, 단단히 묶인 결박을 풀어주시고, 잠긴 문을 열어 주신다고 했다. 멍에를 벗겨주신다고 했다. 그러므로 아무리 상황이 절박하고 급박하더라도 절망하고 포기해서는 안 된다. 어디서부터 관계가 어긋났는지를 살펴서 낱낱이 자복(自服)하고, 진정으로 통회해야 한다.

회개는 복음적이어야 한다. 율법적인 회개는 관계 회복에 아무런 도움이 되지 않는다. 복음적 회개는 자신의 어긋난 삶의 모습으로 인해 하나님께서 얼마나 마음 아파하시고, 근심하시고, 슬퍼하셨을까를 생각하면서 마음을 찢는 것이다. 하나님의 아픔으로 아파하고, 하나님의 슬픔으로 슬퍼하고, 하나님의 괴로움으로 괴로워하고, 하나님의 분노로 죄에 대해 분노하면서 통회하고, 하나님의 기쁨으로 살아갈 것을 다짐하는 것이다. 하나님의 입장을 우선으로 하는 회개가 복음적 회개이다. 그러나 율법적 회개는 자신의 죄와 허물로 상해 있는 하나님의 마음은 전혀 생각하지 않고, 자신이 받을 심판과 형벌만을 두려워하면서 형식적인 자백을 하는 것이다. 자기 입장을 우선으로 하는 회개가 율법적인 회개다. 명심하자. 율법적인 회개는 물리침을 당하나 복음적인 회개는 열납되어 건강한 관계 회복이 이루어지고 문제는 해결된다. 문제 해결은 관계 회복이 우선이고, 관계 회복은 진정성 있는 복음적 회개에 있음을 잊지 말자(시34:18, 51:17, 요15:7).

124. 공기 청정기 같은 사람

세리는 멀리 서서 감히 눈을 들어 하늘을 쳐다보지
도 못하고 다만 가슴을 치며 이르되 하나님이여 불
쌍히 여기소서 나는 죄인이로소이다 하였느니라(눅
18:13)

내가 소속된 공동체에서 사람들이 일반적으로 생각하는
선하고 좋은 일들을 많이 했는데도 아무도 관심을 보이지
않고, 많은 선행과 눈에 띄는 업적에도 불구하고 아무도 나
를 기억하지 않는다. 내 이름 석 자와 행적이 기록으로도 남
지 않는다. 아무런 보상도 칭찬도 없다. 이러할 때 조금도
서운하거나 불만의 마음이 일어나지 않고, 그저 섬기는 기
쁨만이 충만하다면, 그는 복 받은 사람이다. 아무도 자신
의 선행이나 공덕을 알아주지 않음에도 마음에 아무런 파문
이 일지 않고, 명경지수와 같이 그 마음이 고요하고 평안하
다면, 그의 섬김은 참으로 하나님을 기쁘게 하고 흡족하시
게 하는 복 받은 섬김이다. 이 같은 섬김이 영성 깊은 섬김
이다. 하나님은 진실하고 순수한 섬김, 맑고 깨끗한 섬김,
계산 없는 무사심의 섬김을 기뻐하신다. 계산 없는 무사심

의 섬김의 사람이 많은 공동체가 건강하고 행복한 공동체이다. 복 받은 공동체이다. 그러나 미꾸라지 한 마리가 개천의 물을 흐려놓듯 내 얼굴 나타내기를 좋아하는 사람이 있다. 자신이 기대한 대로 내 이름 석 자가 나타나지 않으면 마음속의 섭섭함, 불만, 분노를 표출함으로 공동체의 분위기를 어둡게 한다. 천박하고 미숙한 영성의 사람이다. 이러한 사람들 때문에 그 공동체의 기상도는 미세먼지 매우 나쁨 수준의 위기 상황에 처하게 된다.

사람들은 대체로 자신은 공치사(功致辭)를 예사롭게 하면서도 남이 공치사를 하면 아주 싫어한다. 전형적 내로남불의 추한 모습이다. 그런데 하나님은 공치사하시지도 않을 뿐더러 공치사하는 자를 매우 싫어하신다. 하나님은 묵묵히 즐겁게 섬기는 사람을 기뻐하신다. 오늘날 교회는 사회적으로 공신력을 잃어 그 위상이 나락으로 곤두박질하고 있다. 그러므로 지금은 그 어느 때보다도 계산 없는 무사심의 섬김이 절실한 때이다. 모든 영광은 오직 하나님께만 올려드리고, 모든 공로는 오직 이웃에게 돌리고, 모든 책임은 오직 내가 안고 가는 사람, 곧 아무리 큰 업적을 세웠다 할지라도 이름도 없이, 빛도 없이 그저 기쁨으로 섬기는 순수한 그리스도인이 교회 안팎으로 요청되는 때이다. 여기저기 얼굴 내밀지 말고, 시끄럽게 나팔 불지 말고, 조용히 섬기자.

은밀하게 보시는 하나님께서 은밀하게 보상해 주신다. 나중에 주님 앞에서 큰 상을 받게 될 것이다. 그러나 그것마저도 계산하지 말고 섬기자. 주님의 마음과 공동체를 시원하게 하는 공기 청정기 같은 사람이 되자(마6:2, 눅18:9-14, 눅17:1, 고전10:31, 잠25:13).

125. 함께 머물러 더불어서 지내고 싶은 곳

다시 천 척을 측량하시니 물이 내가 건너지 못할 강
이 된지라 그 물이 가득하여 헤엄칠 만한 물이요 사
람이 능히 건너지 못할 강이더라(겔47:50)

이 세상은 사생결단으로 치열하게 승부를 겨루는 불안과 공포에 휩싸인 전장(戰場)이다. 서로 밀당을 하면서 눈치 보기에 지친 신경 과민증 환자들로 북적대는 정신신경과 병동과 같다. 이 세상에서는 어디를 가든 서로서로 불신하며 경계한다. 온 신경을 곤두세워 이해득실을 계산한다. 함께 머물러 더불어서 지내고 싶은 곳을 찾기가 쉽지 않다. 서로 계산하며 눈치 주지 않는 곳, 온전한 신뢰가 있는 행복한 만남의 장소는 없는 것일까? 교회가 그 답이다. 교회는 천국의 모형이다. 미움과 다툼이 없는 오직 사랑만으로 가득한 평화로운 곳이다. 교회는 예수 그리스도의 마음을 품은 사람들의 모임이다. 예수 그리스도의 마음, 사랑과 사랑의 마음이 만나는 곳이 교회이다. 교회는 천국의 모형이다.

문제는 간교한 사탄이 심어놓은 가라지들이다. 오늘의 교회는 알곡과 가라지가 혼재한다. 간교한 사탄이 심어놓은 가라지들, 곧 마귀의 자녀들은 그들의 아비인 마귀의 성품을 닮아서 교만하기 그지없고 거짓을 일삼는다. 겉으로는 천사의 모습으로 가장하고 다가온다. 고혹스러운 미소로 접근해서 사악한 마음을 주입한다. 그래서 시기, 질투, 불평, 불만, 원망, 증오를 유발하고 싸움을 일으켜 분열하게 한다. 교회를 교회 밖 사회보다 더 치열한 전장으로 만든다. 교회마다 크고 작은 분쟁으로 아수라장이 되고 있다. 마귀가 심어 놓은 가라지들 때문에 천국의 모형인 교회가 사회 앞에 목불인견(目不忍見)의 추한 모습으로 비치고, 사회에서 모질게 부정적인 손가락질을 받고 있다. 사회는 복음을 혐오하고 복음을 거부한다. 교회가 사탄의 교활한 전술 전략에 말려들고 있다. 그러나 교회는 결코 실패하지 않는다. 사탄의 권세가 아무리 강하고, 전술과 전략이 간교하더라도 교회를 이길 수 없다. 하나님의 교회이고, 하나님께서 교회를 지키시기 때문이다.

하나님은 교회를 교회 되게 하는 남은 자를 세워 두셨다. 그는 복음의 생수를 뿜어내는 참 그리스도인이다. 바늘구멍만 한 한 줄기 생수의 샘물 구멍이 하나라도 있다면 솟구쳐 흘러나오는 생수로 말미암아 흐려진 웅덩이 물이 맑아진다. 교회를 교회 되게 하는 일이 감당하기에 벅차고 시간이 걸리더라도, 오직 하나님 나라에 초점을 맞춰 성육의 삶을 살아가는 사람, 바늘구멍만 한 한 줄기 생수의 샘물 구멍 같은 참 그리스도인이 있는 한 교회는 교회다움을 잃지 않는다. 교회다운 교회로 인하여 죄악으로 흐려진 세상은 마침내 맑아진다. 그러므로 누구에게 기대하기 전에 내가 먼저 바늘구멍만 한 한 줄기 생수의 샘물 구멍으로 살아가기를 힘쓰라. 성령님께서 함께하시고 도우실 것이다. 교회를 향한 부정적 비난이 아무리 드세더라도 함께 머물러 더불어서 지내고 싶은 곳은 역시 교회뿐임을 알고 그리스도인의 자긍심과 자부심을 가지라. 교회를 교회 되게 하는 일, 곧 교회가 영혼의 안식처, 영혼의 쉼터가 되도록 더욱 정진하자(왕상19:9-18, 마16:18, 사60:1, 겔47:1-5, 롬11:1-5).

126. 내 모습 이대로

폐하시고 다윗을 왕으로 세우시고 증언하여 이르시
되 내가 이새의 아들 다윗을 만나니 내 마음에 맞는
사람이라 내 뜻을 다 이루리라 하시더니(행13:22)

하나님께서 기뻐하시는 사람은 민낯 종결자이다. 무슨 말
인가? 하나님께서 기뻐하시는 사람은 꾸밈이 없는 사람, 있
는 그대로의 자연인, 곧 순박하고 진솔한 사람이란 말이다.
하나님께서 매우 가증하게 보시면서 분노하시는 사람은 자
기를 꾸미는 위선자이다. 하나님은 실수와 허물, 부족함이
나 모자람, 범한 죄악을 탓하지 않으신다. 하나님이 탓하고
진노하시는 것은 자기 잘못을 인정하지 않고, 자신을 변명
하며 책임을 전가하고, 자신을 옳게 보이려고 꾸미기 때문
이다. 아담과 하와가 에덴동산에서 쫓겨난 것은 선악과를
따 먹어서가 아니라, 자기 잘못을 은폐하려고 했기 때문이
다. 하나님 앞에 진솔하지 못하고, 끝까지 자기 합리화에만
급급했기 때문이다. 더 나아가 무화과나무잎을 엮어 자신의
치부를 가리면서 자신을 옳게 보이려고 꾸미는 가증함 때
문이다. 그러나 하나님 마음에 들었던 다윗을 보라. 다윗은

우리아의 아내 밧세바를 범했다. 이를 은폐하기 위해 교활한 방법으로 밧세바의 남편을 죽이는 큰 죄를 범했지만, 하나님은 다윗을 정죄하지 않으시고 오히려 다윗을 가리켜 내 마음에 맞는 자라고 칭찬하면서 다윗을 기뻐하셨다. 자신의 죄와 허물을 진솔하게 인정하고 하나님의 긍휼의 은혜를 구했기 때문이다. 다윗은 자신이 범한 죄와 허물을 나단 선지자로부터 지적을 받았을 때 즉시 인정하고 자백했다. 진정성 있는 회개를 했다. 변명하거나 합리화하지 않았다. 책임을 전가하지도 않았고, 자신을 옳게 보이려고 꾸미지도 않았다. 진정한 회개의 눈물을 흘리면서 철저하게 통회(痛悔)하며 자백했다. 하나님 마음에 들고 하나님을 기쁘게 한 다윗이 바로 민낯의 종결자이다.

하나님은 죄인을 혐오하고 분노하시는 것이 아니라, 죄를 은폐하고 선한 모습으로 꾸미는 위선자를 혐오하시고 분노하신다. 그러므로 우리의 모든 언행심사(言行心事)와 일거수일투족을 보시고, 들으시고, 아시는 하나님 앞에 늘 진솔하자. 다윗같이 하나님 앞에 민낯의 종결자로 하나님을 기쁘게 하는 삶을 살아가자. 물론 하나님의 선하심을 악용해서 습관적으로 죄를 범한다면 그는 결코 용서받지 못할 것이다. 하나님 앞에 내 모습 이대로 민낯의 종결자로 살아가자(마23:13-36, 삼하12:7-13, 시51:1-19, 행13:22).

127. 언제나 '내가 먼저' 라는 삶의 의식

> 그러므로 예물을 제단에 드리려다가 거기서 네 형
> 제에게 원망들을 만한 일이 있는 것이 생각나거든
> 예물을 제단 앞에 두고 먼저 가서 형제와 화목하고
> 그 후에 와서 예물을 드리라(마5:23)

하나님은 언제나 먼저 인간을 찾으시고, 먼저 사랑하시고, 먼저 자신의 모든 것을 내주셨다. 범죄 한 아담과 하와를 먼저 찾아오셨다. 동생을 죽인 가인을 먼저 찾아오셨다. 노아에게 먼저 찾아오셨다. 아브라함에게 먼저 찾아오셨다. 선지자들을 통해 먼저 찾아오셨다. 마침내 하나님께서는 인류 구원을 위해서 사람의 모습으로 먼저 찾아오셨다. 인간을 향한 하나님의 은혜와 사랑은 항상 먼저였다. 예수 그리스도는 먼저 찾아 주시는 하나님의 사랑을 확증한 임마누엘의 실체이시다. 그리스도인은 예수 그리스도 안에서 하나님의 형상을 회복한 사람, 곧 하나님의 성품으로 살아가는 사람이다. 그러므로 그리스도인은 누구도 예외 없이 자연스럽게 하나님의 성품을 따라 '내가 먼저'의 의식을 가지고 살아가야 한다.

내가 먼저 찾아가서 용서하고, 용서를 구해야 한다. 내가 먼저 섬기고 나누며, 내가 먼저 이해하고 배려해야 한다. 내가 먼저 양보하고 협력하며, 내가 먼저 세워 주고 칭찬해 주는 삶을 살아가야 한다. 힘들고 어려운 일, 모두가 꺼리고 기피하는 일과 책임져야 할 일에는 내가 먼저 앞장서서 감당하는 삶을 살아가야 한다. 이유는 하나님 나라를 이루기 위해서이다. 이 같은 삶이 바로 성육의 삶이고, 성육의 삶만이 부조화의 세계를 조화의 세계로 변화시킬 수 있다. 그러나 기억할 것은 변화시키는 역사는 내 힘, 내 재능으로는 할 수 없다는 것이다. 하나님의 나라는 말에 있지 아니하고 오직 성령의 능력에 있다. 겸손하게 자신의 연약함과 우매함을 인정하며 성령의 도우시는 긍휼의 은혜를 구해야 한다.

하나님께서는 부조화의 세계를 조화의 세계로 변화시키려고 그리스도인을 불러 세우셨다. 그리스도인들은 내 뜻을 하나님의 뜻에 굴복시키는 '내가 먼저'의 성육신 신앙 의식으로, 하나님의 통치를 온전히 받는 하나님 나라를 이룩하는 일에 참여해야 한다. 이 같은 삶은 무보상, 무대가의 계산 없는 순수한 십자가의 사랑에 근거함은 물론이다. 언제나 '내가 먼저'라는 삶의 의식을 가지고 살아가자(요3:16, 롬5:8, 출3:7-8, 벧후1:4, 마5:23-24, 7:12, 눅6:38, 히2:18, 행11:24-26, 몬1:21, 빌2:21-22, 29-30).

128. 왜 예수 그리스도를 믿는가

그는 우리 죄를 위한 화목제물이니 우리만 위할 뿐
아니요 온 세상의 죄를 위하심이라(요일2:2)

예수 그리스도를 믿으면 건강해지고 풍요의 복을 받는다.

맞는 말이다.

예수 그리스도를 믿으면 좋은 일이 생긴다.

맞는 말이다.

예수 그리스도를 믿으면 천국에 들어간다.

맞는 말이다.

예수 그리스도를 믿으면 구원받는다.

맞는 말이다.

예수 그리스도를 믿으면 만사가 형통한다.

맞는 말이다.

그러나 정답은 아니다. 다른 종교에도 그러한 것들은 다
있다. 하나님께서 예수 그리스도를 믿게 하시고, 우리가 예
수 그리스도를 믿는 데는 다른 이유가 있다. 그 이유는 하나

님과의 관계 회복을 위해서이다. 하나님과의 관계 회복이 없이는 다른 종교에서도 말하고 있는 일반적인 복은 아무런 의미가 없다. 그것들은 모두가 실체가 없는 허상이요, 생명이 없는 조형물과 같다.

아담의 범죄로 아담 안에 있는 모든 인생은 생명의 원천이고 복의 근원이 되시는 하나님과의 관계가 단절되었다. 이 땅은 사망과 고통이 지배하는 불행한 세상이 되었다. 그러므로 생명의 원천이고 복의 근원이 되시는 하나님과의 관계 회복이 이루어지지 않고는 사망의 문제를 비롯한 천만의 모든 문제는 결코 해결될 수 없다. 어떻게 하나님과의 관계를 회복할 수 있는가? 그 방법은 오직 하나 예수 그리스도를 구주로 믿고 영접하는 것이다. 예수 그리스도만이 하나님과의 관계를 회복할 수 있는 유일한 통로이다. 예수 그리스도가 인류가 하나님과 관계를 회복할 수 있는 유일한 길인 이유는 예수 그리스도만이 인간의 죄를 대속할 수 있는 무죄한 분이기 때문이다. 인간은 죄로 말미암아 하나님과 원수가 되었다. 무죄하신 예수 그리스도는 인간과 하나님의 관계를 회복하려고, 대속의 화목제물이 되어 십자가에서 죽으셨다. 마침내 예수 그리스도의 대속의 죽음으로 죄의 문제가 해결되었다. 예수를 믿어 하나님과의 관계가 회복되면 모든 관계가 정상적으로 회복된다. 이웃과의 관계, 물질과의 관계, 자연과의 관계 및 자신과의 관계가 회복되어 예수 그리스도의 생명 안에서 참된 행복을 누리게 된다. 그러므로 인생에 있어서 가장 중요하고 그래서 가장 시급하게 최우선으로 해야 할 일은 바로 예수 그리스도를 구주로 믿고 영접해서 하나님과의 관계를 회복하는 것이다. 만일 아직도 예수 그리스도를 구주로 믿지 않고 있다면 더 이상 망설이거나 미루지 말고, 지금 예수 그리스도를 구주로 믿고 영접하라. 지금, 이 순간이 일생일대 최적의 기회이다. 기회를 잡아라. 내일은 보장된 기회가 아니다. 내일에 속으면 안 된다. 다음 기회에 속으면 안 된다. 내일과 다음 기회는 보장된 것이 아니다. 오늘, 바로 지금이 하나님과의 관계 회복을 이룰 수 있는 최적의 기회이다.

왜 예수 그리스도를 믿는가? 하나님과의 관계 회복을 위해서 믿는 것이다. 하나님과의 관계가 회복되면 모든 문제는 자연스럽게 해결된다(요14:6, 딤전2:5, 행4:12, 롬3:25, 요일 2:2, 삼상2:6-10, 엡5:16, 잠27:1, 눅12:20, 약4:14).

129. 끊임없이 들어야 할 응축된 하나님의 음성

여호와 하나님이 아담을 부르시며 그에게 이르시되
네가 어디 있느냐(창3:9)

그리스도인이라고 하면 공통된 소망이 있다. 이 세상에
머물러 사는 동안 축복의 통로로써 자기의 사명을 감당하면
서 건강하고 행복한 삶을 살아가다가 나중에 주님 앞에 서
게 될 때 주님으로부터 칭찬과 존귀와 영광을 얻는 것이다.
그 같은 소망을 이루려면 무엇보다도 먼저 끊임없이 들어야
할 응축된 하나님의 음성이 있으니, 바로 하나님의 말씀을
거역하고 선악과를 따 먹은 아담을 부르시는 하나님의 음성
이다.

'아담아, 네가 어디 있느냐?

하나님께서 정말 아담이 어디에 있는지 몰라서 물으셨겠
는가? 아니다. 아담을 부르시는 하나님의 음성에는 몇 가지
함축된 중요한 메시지가 담겨 있다. 그래서 응축된 하나님
의 음성이라고 하는 것이다. 그것이 무엇인가?

첫째, 지금 네가 머물러 있는 곳이 선한 곳인지, 아니면 악한 곳인지 확인시키시려는 장소적 질문이다.

둘째, 지금 그곳에 누구와 함께 함께 있느냐는 인간관계를 묻는 말이다. 선한 사람인지, 아니면 악한 사람인지를 물으시는 것이다.

셋째, 그곳에서 그 사람과 하는 일이 무엇인지, 삶의 내용을 묻는 말이다.

넷째, 그곳에서 그 사람과 그 일을 해서 얻은 것이 무엇인지, 삶의 결과를 묻는 말이다. 선하고 아름다운 열매인가, 아니면 악하고 추한 열매인가를 물으시는 것이다.

다섯째, 너는 하나님 나라와 세상 나라 중 어디에 속하느냐는 질문이다. 자신의 현주소와 현재 자신의 소속을 묻는 말이다. 빛의 세계인가 아니면 어둠의 세계인가, 하나님인가 아니면 사탄인가, 색깔을 분명히 하라는 뜻이다.

여섯째, 지금까지 지내오면서 부족한 것이 있었더냐, 그것이 무엇이냐는 삶의 만족도를 묻는 말이다.

일곱째, 이제 어떻게 할 것이냐는 새로운 삶의 결단을 촉구하시는 질문이다.

경건 생활에 승리하고, 더욱 성숙한 영성의 사람으로 범사에 하나님을 영화롭게 하며, 이웃에게 선한 영향을 주는 플러스 인생을 살아가려면 끊임없이 나에게 물으시는 응축된 하나님의 음성을 듣고 분명하게 응답해야 한다. 그리고 보다 깊은 자기 성찰의 시간을 가져야 한다. 하나님은 지금도 나에게 묻고 계시다.

"ㅇㅇ아, 너는 지금 어디에 있느냐?"

언제, 어디서, 누구와 무엇을 하든지 끊임없이 들어야 할 응축된 하나님의 음성이다. 혼자 있을 때도 마찬가지이다. 어느 곳이든 하나님 앞에 머물러 있기 때문이다. 어전(御前) 의식, 코람데오 의식이 철두철미해야 할 이유이다. 응축된 하나님의 음성을 들을 귀가 있는 자는 참으로 복된 사람이다(창3:9, 시1:1, 잠13:20, 고후6:14-18, 암3:3, 고전10:31, 갈6:7-8, 빌3:20, 수24:15, 삼하12:7-9, 시23:1, 살전5:21-22, 시139:1-10).

130. 날 선 손가락, 넓고 따뜻한 가슴

그러므로 그리스도께서 우리를 받아 하나님께 영광
을 돌리심과 같이 너희도 서로 받으라(롬15:7)

예수 그리스도는 정죄가 아닌 구원을 위해서 이 세상에
오셨다. 하나님의 의도는 정죄와 심판이 아니다. 하나님의
의도는 긍휼과 용서와 구원이다. 하나님의 의도는 악인을
지옥으로 보내는 것이 아니다. 하나님의 의도는 악인이 돌
이켜 회개하고 구원받는 것이다. 천국으로 가는 것이다. 일
반적으로 사람들이 생각하는 것처럼 심판주가 되시는 예수
그리스도의 재림이 더딘 것이 아니다. 죄인들이 돌아와 회
개하고 구원받도록 길이 참고 기다리시는 것이다. 길이 참
고 기다리시는 하나님의 사랑을 악용하며 끝내 돌이키지 않
는다면 그의 지옥행은 자신이 책임져야 할 것이다. 하나님
은 사랑이시고, 하나님의 의도는 정죄와 심판이 아니라 용
서와 구원임을 기억하자.

그리스도인은 누구인가? 그리스도인은 예수 그리스도를
구주로 믿고 영접해서 주를 왕으로 모시고, 내주하여 계신

주님의 뜻을 따라 예수 그리스도의 삶을 살아가는 사람이다. 이웃의 허물을 용서하고, 긍휼지심(矜恤之心)으로 이웃을 받아주고 섬기는 것은 지극히 당연하고 자연스러운 일이다. 지옥 형벌을 면할 수 없는 죄인이었던 자신이 하나님의 긍휼의 은총과 자비로 예수 그리스도를 믿게 되고, 죄와 사망에서 구원받고 해방되어 자유인이 되었음을 체험적으로 알게 되었기 때문이다. 그러나 그리스도인이라는 명패를 달고 있음에도 불구하고, 날 선 손가락으로 이웃을 비판하고 정죄하는 사람들이 우리 주변에 너무나 많다. 정죄의 날 선 손가락을 가진 사람은 많으나, 용서와 긍휼의 넓고 따뜻한 가슴을 가진 사람은 찾아보기가 힘들다. 예수 그리스도께서는 현장에서 간음한 여인에게 모두가 정죄의 날 선 손가락질을 하면서 죽일 듯이 달려들었을 때 그 여인을 먼저 긍휼히 여기셨다. 다만 가서 다시는 죄를 범하지 말라고 경계하시면서 나도 너를 정죄하지 않노라고 말씀하셨다. 그리스도인은 이 뜻을 바로 헤아려야 한다. 예수 그리스도께서 그렇게 말씀하신 의도는 내가 너를 정죄하기 위해서 세상에 온 것이 아니라, 오히려 네 죄를 내가 대신 지고 대속의 제물이 되기 위해서 왔노라고 말씀하신 것이다.

용서받은 자가 용서하게 되고, 긍휼의 은혜를 받은 자가 긍휼히 여기게 된다. 곧 수동적인 능동의 사랑을 하게 된다. 비판과 정죄는 주님만이 하실 수 있는 신성불가침의 영역이다. 그 영역을 침범해서는 안 된다. 명심하자. 용서와 긍휼을 행하지 않는 자는 용서와 긍휼이 없는 심판을 받게 될 것이다. 자신을 어떠한 사람이라고 생각하는가? 정죄의 날 선 손가락의 사람인가? 아니면 용서와 긍휼의 넓고 따뜻한 가슴의 사람인가? (요3:7, 8:11, 12:47, 마9:13, 골2:6, 요일 2:6, 롬15:7, 골3:13, 약2:13).

131. 나의 쉴 곳은 오직 내 집뿐

나의 힘이신 여호와여 내가 주를 사랑하나이다(시18:1)

절경의 세계 관광 명소를 두루 유람한다. 최고급의 숙박 시설에 머물면서 여행의 즐거움을 만끽한다. 흡족해서 돌아온다. 그리고 여장을 풀면서 하는 공통된 말이 있다. '그래도 내 집이 제일이야, 아이고 좋다' 하면서 큰대자로 벌렁 드러눕는다. 절경을 감상하고 낯선 이국의 풍물에 매혹을 느끼며 심취되어 즐기기도 했지만, 여전히 몸과 마음은 불

편하고 피곤하기 때문이고, 비록 내 집은 보잘것없고 초라
하더라도 자유롭고 마음이 평안하기 때문이다.

고달픈 나그네 인생 여정에서 자유를 만끽하며 마음 놓
고 뒹굴 수 있는 편안하고 아늑한 내 집, 그래서 너무 좋은
내 집은 어느 곳에 있을까? 대도시의 초호화 대형 아파트일
까? 아니다. 풍광 좋은 숲속의 대형 저택일까? 아니다. 내
집, 최상의 안식처는 예수 그리스도이시다. 그 누구의 해함
도 없고, 부족함이나 불편함이 조금도 없다. 가장 안전하
고, 자유롭고, 풍요와 평안으로 충만한 최고의 안락한 처소
이다. 예수 그리스도 안에 거할 때 영원토록 풍성한 복락을
향유하게 된다. 지금도 예수 그리스도께서는 고달픈 나그네
인생 여정에서 지치고 피곤한 인생들에게 대문을 활짝 열어
놓고, 내게 와서 편히 쉬라고 간절하게 부르고 계시다.

나의 쉴 곳은 오직 내 집뿐이다. 영원한 안식처 예수 그리
스도의 품, 그곳이 내 집이다. 지금 곧 고달픈 나그네 인생
여정의 무거운 여장을 풀고, 예수 그리스도의 품 안에서 더
할 수 없는 평안과 자유를 마음껏 누리며 행복한 삶을 살아
가라(마11:28-30, 요14:27, 롬14:17, 시18:1-2).

132. 그 눈을 보고 그 눈으로 이웃을 보라

> 주께서 돌이켜 베드로를 보시니 베드로가 주의 말
> 씀 곧 오늘 닭 울기 전에 네가 세 번 나를 부인하리
> 라 하심이 생각나서(눅22:61)

　예수 그리스도의 수제자인 베드로는 예수님을 심문하는
대제사장의 뜰에 숨죽이고 있었다. 한 여종이 다가와 너도
나사렛 예수와 한 패거리가 아니냐고 다그치자, 자신은 예
수 그리스도를 전혀 모른다고 세 번이나 부인했다. 그 순간
예수님께서 말씀하신 대로 닭이 울었다. 그때 예수님은 고
개를 돌려 그윽한 눈으로 베드로를 바라보셨다. 베드로도
닭이 우는 순간 자신에게 하신 예수님의 말씀이 생각나서
흠칫 놀라며 반사적으로 예수님을 바라보았다. 예수님과 베
드로의 눈이 마주쳤다. 그 순간 베드로는 더 이상 그곳에 머
물러 있을 수가 없었다. 베드로는 북받쳐 오르는 회오(悔悟)
의 감정을 주체할 수 없어 밖으로 뛰쳐나왔다. 심한 통곡과
눈물로 자책하며 회개했다.

　베드로를 통회(痛悔)하게 한 예수님의 눈길은 어떠한 눈
길이었을까? 한마디로 말한다면 자비와 엄위(嚴威)를 아우

른 다사로운 사랑의 눈길이었다. 불만이나 원망, 분노와 증오 그리고 경멸의 눈길이 아니었다. 이해와 관용의 눈길이었다. 측은히 여기는 눈길이었다. 진정성 있는 순수한 연민의 눈길이었다. 사랑이 가득 담긴 부드러운 눈길이었다. 차가운 눈길이 아니었다. 기억하라. 증오, 불만, 원망, 분노, 저주, 경멸의 가시 돋친 눈길은 결코 사람의 마음을 울릴 수 없다. 이해와 관용의 눈길, 순수하고 진정성 있는 연민의 눈길, 따뜻하며 정이 듬뿍 담긴 자비와 사랑의 눈길만이 사람의 마음을 선하게 움직인다.

예수 그리스도의 자비와 사랑의 눈길을 받아 본 자라야 예수님의 자비와 사랑의 눈길로 이웃을 바라볼 수 있다. 예수 그리스도의 자비와 사랑의 눈길과 눈길이 마주치고 어우러지는 곳에 참다운 평안이 깃든다. 살맛 나고 신바람 나는 행복한 세상을 원하는가? 그렇다면 먼저 끊임없이 나를 향한 예수 그리스도의 자비와 사랑의 눈길을 의식하며 바라보아야 한다. 그때 비로소 예수 그리스도의 자비와 사랑의 눈길로 이웃을 바라보게 된다. 예수님의 그 눈을 보고, 그 눈으로 이웃을 볼 때 그곳에 행복의 웃음꽃이 흐드러질 것이다(눅22:60-62).

133. 날마다 신선한 삶

내가 문이니 누구든지 나로 말미암아 들어가면 구
원을 받고 또는 들어가며 나오며 꼴을 얻으리라(요
10:9)

삶이 권태롭고 무료한 것은 삶의 가치를 상실하고 삶에
보람을 느끼지 못하기 때문이다. 권태와 무료의 무게를 감
당하기에 버거워 그것에서 벗어나려고 안간힘을 다하며 나
름 다양한 방법을 동원해 보지만, 대체로 관능적 쾌락에 탐
닉하게 된다. 그것으로 욕구 충족이 이루어지지 않기에 더
자극적인 것에 빠져들다가 끝내는 파멸에 이르게 된다. 인
류 문명사에서 공통적인 세기말적 현상이 엽기적인 음란 문
화였음이 이를 뒷받침해 준다.

어떻게 하면 권태와 무료를 모르는 날마다 신선한 삶을
살아갈 수 있을까? 몇 가지 방법을 제시해 본다.

첫째는 끊임없는 자기성찰이 있어야 한다. 현미경적인 눈
으로 자신을 살펴서 시비를 점검해야 한다. 모자라고 부족
한 것은 반성하고 보완해야 한다. 과감한 혁신을 다짐하고
결단해야 한다.

둘째는 끊임없이 도전해야 한다. 목표 성취에 취하고 안주해 있으면 권태와 무료의 쓰나미가 덮치게 된다. 꿈이 없으면 의욕을 잃게 된다. 의욕 상실은 삶을 무기력하게 하고 무료와 권태에 빠지게 한다. 새로운 목표에 도전해야 한다. 끊임없이 도전하고, 또 도전해야 한다. 그래야 의욕이 솟구치고 삶이 활력을 받아 신선해진다.

셋째는 끊임없이 정진해야 한다. 흐르는 물은 썩지 않는다. 고인 물이 썩는다. 안주는 죽음과 같은 것이다. 새로운 목표 성취를 위해 애쓰며 계속 나아가야 한다. 페달을 계속 밟지 않으면 자전거가 넘어지듯이 정진이 없는 삶은 넘어질 수밖에 없다.

날마다 신선한 삶을 살려면 끊임없는 자기 성찰, 도전, 정진이 있어야 한다. 그러나 더 중요한 것은 매 순간 예수 그리스도로 호흡하고, 예수 그리스도와 호흡을 맞춰 살아가는 삶이다. 신선한 삶의 요체는 생명을 주시고, 그 생명을 더욱 풍요롭게 만드는 예수 그리스도와 연합하여 살아가는 것이다. 날마다 신선한 삶의 동인(動因)과 동력(動力)은 바로 예수 그리스도이시다(요10:9-10, 빌3:12-14).

134. 항상 깊이 생각할 것은

> 그러므로 함께 하늘의 부르심을 받은 거룩한 형제
> 들아 우리가 믿는 도리의 사도이시며 대제사장이신
> 예수를 깊이 생각하라(히3:1)

그리스도인으로서 승리의 삶, 즐겁고 행복한 삶을 살려면 항상 깊이 생각할 것이 있다. 그것은 나를 위해 하나님께서 행하신 크고 위대한 일이다. 나를 위해 행하신 크고 위대한 일이란 바로 예수 그리스도의 십자가의 대속의 죽음과 부활 사건이다. 예수 그리스도께서는 우리가 아직 죄인 되었을 때 우리를 위해 십자가에서 대속의 죽음을 죽으심으로 우리를 향한 하나님의 사랑을 확증했다. 우리를 하나님 앞에 의로운 자로 세우시기 위해 사망 권세를 이기고 부활하셨다. 바로 나를 위해 죽고 부활하신 예수 그리스도를 깊이 생각할 때 언제나 승리의 삶과 즐겁고 행복한 삶을 살아간다. 범사에 감사하고 항상 기뻐한다. 끊임없는 찬미의 제사를 드리고 어떠한 상황에서도 불안과 두려움 없이 담대하게 살아간다. 슬픔과 근심도 사라지고 좌절과 절망을 모르는 용기와 소망을 얻는다. 각양의 유혹을 물리치고 최악의 고난도

극복한다. 무엇보다도 귀하고 복된 것은 나를 힘들게 한 모든 이들을 관용하며 기쁨으로 섬기게 된다. 사심 없이 즐겁게 헌신과 봉사를 한다. 십자가로 확증된 하나님의 은혜와 사랑이 만사를 형통케 하고, 어떠한 형태의 도전에도 타협과 굴함이 없이 승리할 능력을 준다.

그러나 십자가의 예수 그리스도께 집중하지 않고 세속의 잡다한 일로 생각의 초점이 흐려지면 고난의 깊고 거친 풍랑에 시달리며 불행한 삶을 살아갈 수밖에 없다. 미혹의 손길에 이끌려 방황하게 된다. 그러므로 그리스도인으로서 늘 승리하며 행복하게 살아가기를 원한다면 하나님께서 나를 위해서 행하신 크고 위대한 일, 곧 예수 그리스도의 십자가로 확증된 하나님의 은혜와 사랑을 끊임없이 깊이 생각해야 한다. 십자가의 은혜와 사랑을 항상 깊이 생각할 뿐만 아니라, 그 은혜와 사랑을 더욱더 뜨겁게 느끼고, 더 깊이 알아가기를 갈망해야 한다. 예수 그리스도의 십자가의 은혜와 사랑이 행복한 삶의 근간(根幹)이다(요3:16, 롬5:8, 고후10:5, 히3:1, 삼상12:24).

135. 살맛나는 세상을 위한 마중물

> 너희는 세상의 소금이니 소금이 만일 그 맛을 잃으
> 면 무엇으로 짜게 하리요 후에는 아무 쓸 데 없어
> 다만 밖에 버려져 사람에게 밟힐 뿐이니라(마5:13)

예수 그리스도께서는 따르는 제자들에게 말씀하셨다. 너희는 세상의 빛이요 소금이다. 마땅히 세상에서 빛으로 그리고 소금으로 존재해야 한다고 명하심으로 제자들의 정체성과 함께 감당해야 할 직능이 무엇인지 분명하게 밝히셨다.

밀폐된 공간의 어둠을 없애는 방법은 오직 하나, 등불을 밝히는 것이다. 아무리 빗자루로 쓸어내고 몽둥이질을 해봐야 소용없다. 어둠은 그래도 있다. 그러나 등에 불을 댕기든지 전원을 연결하면 순식간에 어둠은 사라지고 환하게 밝아진다. 오직 빛만이 어둠을 사라지게 한다. 음식에 맛을 내려면 소금을 넣어야 한다. 넣은 소금이 골고루 섞여 녹아져야 한다. 소금을 넣어도 골고루 섞이지 않고 녹지 않으면 아무런 맛을 낼 수 없다.

오늘의 세상은 날로 발전하는 화려한 문화와 최고도로 발달한 과학 문명의 이기(利器)로 생활하기에 더 없이 편리해졌다. 그런데도 행복 지수는 오히려 떨어지고 있다. 정체를 알 수 없는 근심과 걱정, 불안과 두려움에 쫓긴다. 문화와 문명의 이기를 마음껏 누리면서 밝고 살맛 나는 삶, 행복한 삶이 아니라 어둡고 살맛 없는 삶, 불행한 삶을 살아간다.

왜 그럴까? 이유는 단순하다. 인생들이 빛과 소금의 근본이신 하나님과 단절됐기 때문이다. 빛과 소금이신 하나님과의 단절된 세상은 어둠의 세상일 수밖에 없다. 맛깔나는 즐거운 삶이 아니라, 살맛 없는 괴로움의 세상이다. 사람들의 마음은 날로 사악해지고, 세상은 더욱더 삭막하고 살벌해지고 있다. 그러나 절망하거나 포기해서는 안 된다. 해법이 있기 때문이다. 그 해법은 무엇인가? 이유가 단순한 것처럼 해법 또한 단순하다. 빛과 소금의 근본이신 하나님과 단절된 관계를 회복하면 된다. 하나님께 등 돌린 삶에서 백팔십도 방향 전환을 해서 오직 하나님만 바라보는 삶을 살아가면 된다. 백팔십도 방향 전환하는 유턴 지점이 바로 예수 그리스도를 인격적으로 만나 구주로 영접하는 자리이다. 물과 성령으로 거듭나는 자리이다. 죄인이 의인 되는 자리이고, 자연인이 그리스도인이 되는 자리이다.

그리스도인이 누구인가? 빛과 소금의 근본인 하나님이신 예수 그리스도를 구주로 영접하고 새로운 삶, 밝고 살맛 나는 삶을 살아가는 사람이다. 즐겁게 행복한 삶을 살아가는 사람이다. 그리스도인은 이처럼 빛과 소금의 근본인 하나님이신 예수 그리스도와 함께 빛과 소금으로 살아가는 삶이 얼마나 행복한 것인지를 세인들에게 보여 주도록 먼저 선택받은 사람이다. 그리스도인은 마땅히 세인들 앞에 자신이 얼마나 살맛 나는 행복한 삶을 살아가고 있는지를 자신의 구체적인 삶 속에서 보여 줘야 한다. 그런데 문제는 그리스도인이라고 하면서도 밝고 살맛 나는 행복한 삶의 모습을 보여 주지 못하고 있기 때문에 세인들이 하나님께로 쉽게 돌아서지 않고 있다는 것이다. 그리스도인이 자신이 소속된 공동체에서 빛과 소금의 기능을 제대로 발휘하지 못하고, 그 직능을 온전히 수행하지 못하고 있기 때문이다.

그리스도인이 왜 빛과 소금의 기능을 제대로 발휘하지 못하고 그 직능을 온전히 수행하지 못하는가? 그 이유는 이렇다. 첫째는 그리스도인이라는 명패는 붙이고 있지만, 그 안에는 빛과 소금의 근본인 하나님이신 예수 그리스도가 없기 때문이다. 거듭나지 못한 짝퉁 그리스도인이기 때문이다. 둘째는 소금의 맛을 잃었거나, 등불을 등경 위에 두지 않고 말이나 평상 아래 두었기 때문이다. 무슨 말인가? 소금이 맛을 잃는 것은 세속 문화의 물결에 흠뻑 빠져들었기 때문이고 재물과 동물적 쾌락에 취해 있기 때문이다. 말과 평상은 재물과 세속적 향락을 상징한다. 물욕과 정욕을 비롯한 탐심은 우상숭배다. 우상 숭배하는 그리스도인이 우상 숭배하는 세인에게 무슨 도전이 되겠는가? 조롱거리밖에 되지 않는다. 교회가 세상의 변혁을 이끌지 못하는 이유이다.

이 같은 상황에서 진정한 그리스도인이라면 어찌해야 할까? 못 살겠다고 몸부림치며 절규하는 아비규환의 세상을 장망성((將亡城)이라고 정죄하며 탄식만 하고 있을 것인가? 아니다. 그 어느 시대보다도 더욱 오늘의 그리스도인들은 빛의 자녀들처럼 행동하고 복음에 합당한 삶, 곧 성육의 삶을 살아가기를 힘써야 한다. 빛과 소금의 근본인 하나님이신 예수 그리스도와 끊임없이 교류해야 한다. 독경, 묵상, 기도로 단절 없는 관계를 유지해야 한다. 어둡고 살맛 없는 절망적인 세상에서 불행하게 살아가고 있는 사람들의 유일한 소망은 참 그리스도인과 참 그리스도인들의 모임인 교회에 있다. 하나님과 세인들의 기대에 실망을 안겨서는 안 된다. 더욱더 분발하자. 너나없이 하나님께서 택하여 세우신 의도대로 자신이 소속된 공동체와 삶의 현장에서 빛과 소금으로 존재하면서 그 기능을 백분 발휘하고, 그 직능을 온전히 수행하는 삶을 살아가기를 힘쓰자. 그리스도인은 밝고 살맛 나는 행복한 세상을 위한 마중물임을 명심하자(마 5:13-16, 엡5:8-9, 빌1:27, 마16:24, 막10:45).

136. 내일에의 소망

너희 믿음의 확실함은 불로 연단하여도 없어질 금
보다 더 귀하여 예수 그리스도께서 나타나실 때에
칭찬과 영광과 존귀를 얻게 할 것이니라(벧전1:7)

누구나 무지갯빛 내일의 꿈을 품고 살아가지만, 모든 소
망하는 꿈이 현실의 열매로 나타나는 것은 아니다. 그래서
갈등하고, 번민하며 괴로워한다. 품고 있는 내일의 꿈의 열
매는 오늘의 생각과 행동에 있음을 기억해야 한다. 아무리
화려한 무지갯빛 청사진을 그린다 해도 오늘의 생각에 생명
이 없고, 오늘의 행동에 신실함이 없다면 내일이 보여 줄 것
은 수치와 절망뿐이다. 그러므로 모든 생각의 초점을 생명
이신 예수 그리스도에게 맞춰야 한다. 모든 일을 사람에게
하듯 눈가림으로 하지 말고, 예수 그리스도에게 하듯 신실
해야 한다. 생각에 생명이 있고 행동에 신실함이 있다면, 열
매의 많고 적음에 관계없이 그의 내일은 성공자로 평가받고
존귀와 영광을 얻게 될 것이다. 그러나 생각에 생명이 없고
행동에 신실함이 없다면, 설사 화려하고 많은 열매를 맺는
다 해도 그의 내일은 실패자로 평가받고 비천한 자로 수치

를 당하게 될 것이다. 오늘의 생각과 행동을 살피시는 예수 그리스도는 내일의 평가자이기도 하시기 때문이다. 내일의 소망은 사랑하는 예수 그리스도께 칭찬과 존귀와 영광을 얻는 것이다(고후10:5, 갈6:7-9, 벧전1:7, 13).

137. 위험천만한 마음의 진공상태

마귀에게 틈을 주지 말라(엡4:27)

마음의 평안을 위해서는 마음을 비워야 한다고 한다. 그래서 명상도 하고 참선도 한다. 번뇌가 사라진다. 마음이 고요하고 평안하다. 그러나 빈 마음, 곧 마음의 진공상태는 그지없이 위험천만한 우행임을 알아야 한다. 그 이유를 성경은 이렇게 설명하고 있다. '마음을 깨끗하게 비우면 나갔던 한 귀신이 자기보다 더 악한 동료 귀신 일곱을 데리고 들어와서 똬리를 틀고 머물기에 이전보다 더욱 그 상태가 악화한다.' 실제로 마음에는 진공상태란 없다. 맑은 공기가 아니면 탁한 공기로 채워지기 때문이다. 위로부터 신령한 공기를 계속 주입하지 않거나, 주입하기를 멈춘다든지 주입의 강도가 약해지면 반사적으로 아래로부터 탐욕의 공기가 유입되어서 마음이 탁해진다. 이는 곧 생각과 말과 행동으로 표출된다. 표출된 탐욕의 탁한 공기의 기류가 사방으로 흩어져서 주위 사람들의 마음을 오염시키고 분위기를 탁하게 만든다. 끝내는 사람들은 질식하고, 세상은 마비된다. 그러므로 마음을 비우는 것으로 만족하고 끝내면 안 된다. 비우고 채워야 한다. 곧 온갖 탐욕을 버리고 마음을 비웠으면 성령으로 충만하게 채워야 한다.

그리스도인은 세상의 산소와 같은 존재이다. 지속적으로 생기의 근본이신 예수 그리스도로부터 신령한 공기를 공급받아야 한다. 그리스도인들이 쉬지 말고 기도하고, 끊임없이 독경과 묵상에 정진하고, 간단없는 순종의 삶을 살아가야 할 이유이다. 신령한 공기는 끊임없는 기도, 독경, 묵상과 순종으로 유입되기 때문이다. 명심하라. 명상과 참선으로 득도했다는 마음의 진공상태는 위장된 평안이다. 참 평안이 아니다. 위장된 평안은 사탄의 교활한 전술 전략이다. 위험천만한 일이다. 미혹되어서는 안 된다. 마음의 진공상태가 위험천만인 것은 자신이 하나님 자리를 차지하고 앉아서 하나님 행세를 하기 때문이다. 마음의 진공상태, 위장된 평안은 적그리스도의 실체이다. 그러므로 단순히 마음을 비우는 마음의 진공상태는 위험천만한 상황임을 바르게 인식하고, 철저하게 경계해야 한다. 마귀에게 틈을 주어서는 안 된다. 끊임없이 성령의 충만함을 받아야 한다. 평강의 원천인 예수 그리스도의 마음을 품어야 한다. 끊임없이 그분의 음성에 귀를 기울여야 한다. 범사에 먼저 그분의 뜻을 여쭤봐야 한다. 철두철미 그분께 순종해야 한다. 그리하면 그분께서 공급하시는 참된 평안으로 충만하게 되고, 건강하고 행복한 삶을 살아가게 된다. 마음을 비움, 곧 마음의 진공상태는 위험천만한 위장 평안이다. 사탄의 간교한 속임수에 넘어가서는 안 된다. 진리의 띠로 허리를 동여매고, 마귀가 틈타지 못하도록 항상 깨어서 사위(四圍)를 경계하라(마 12:43-45, 벧전5:8-9, 엡4:27, 엡5:18, 갈5:16, 요14:27).

138. 하나님과 알라딘의 요술램프

> 여호와의 말씀이니라 너희를 향한 나의 생각을 내
> 가 아나니 평안이요 재앙이 아니니라 너희에게 미
> 래와 희망을 주는 것이니라(렘29:11)

아직도 교회 안에는 하나님을 알라딘의 요술 램프쯤으로
인식하는 그리스도인들이 많다. 치성을 드리면 복주머니에
원하는 복을 쏟아부어 줄 것을 기대하며 기도하고 헌물을
바친다. 세인들한테 기복적이라고 공격받는 교회의 가장 취
약한 부분이다. 이제는 교회가 좀 더 성숙해져야 한다. 우상
숭배와 주술에 익숙한 세인들을 사탄 문화의 암흑에서 은혜
와 진리의 밝은 세계로 인도하려면, 천박하고 저급한 무속
적 신앙을 진리의 말씀으로 무장된 고차원의 신앙으로 끌어
올려야 한다. 하나님은 무엇이나 다 하실 수 있는 전능한 분
이시다. 무엇을 요구하든 못하실 것이 없다. 그러나 명심하
자. 하나님은 내가 좋아하는 것을 주시는 분이 아니라, 내게
유익한 것을 주시는 분임을 알아야 한다. 나는 내가 좋아하
고 원하는 것을 온 맘과 정성을 다해 구하지만, 하나님은 오
히려 내가 결코 좋아하지도 않고 원하지도 않는 것을 안겨

주기도 한다. 내가 감당하기에는 너무나 벅찬 거칠고 깊은 시련의 쓰나미가 밀려들게도 하시고, 환난과 고난의 뜨거운 불길에 휩싸이게도 하신다.

이 같은 사건을 대하는 자세를 보면 신앙의 수준과 성숙도를 가늠할 수 있다. 무속적인 신앙의 사람은 원하던 것을 얻지 못하고 고난에 처하게 되면 원망을 쏟아낸다. 절망의 늪에서 허우적이다가 결국은 하나님을 등지고 떠나간다. 그러나 고품격의 신앙인은 하나님께 감사하고 찬양하면서 자기 성찰과 자기 혁신을 위한 경건 생활에 더욱 정진한다. 모든 일은 하나님의 절대 주권적인 사랑의 섭리 가운데 이루어지는 것임을 믿기 때문이다. 환난, 시련, 고난, 무응답도 나를 사랑하시는 하나님의 깊은 배려임을 알고 믿기 때문이다. 그러므로 진정 하나님을 믿고 사랑한다면 덮치고, 에워싸고, 옥죄어 오는 물 같고 불같은 시련과 환난 가운데서도 변함없이 나와 함께 하시는 사랑의 하나님으로 인해 감사하고 찬양해야 한다. 하나님께서 함께하심이 곧 형통이고, 승리이며, 풍요이기 때문이다. 모든 일이 신실하신 하나님의 치밀한 사랑의 계획 안에서 실수 없이 진행되고 있다.

나를 향한 하나님의 사랑은 예나 지금이나 영원토록 변함이 없으심을 믿으라. 나를 향한 하나님의 사랑이 어떠한 사랑인가? 나를 죄와 사망에서 구원하시기 위해 독생자까지 아낌없이 내주시고, 십자가에서 대속의 죽음을 죽게 하신 하나님이시다. 독생자까지 아끼지 않고 내주신 하나님께서 무엇을 아까워하시고 망설이시겠는가? 인생으로 고생하게 하는 것은 하나님의 본심이 아니라고 하셨다. 재앙이 아니라 장래에 소망과 평안을 주시기 위한 하나님의 높고 깊은 사랑의 배려라고 했다. 그러므로 내게 유익하도록 섭리하시는 속 깊은 하나님의 사랑을 확신하고 절대 신뢰하라. 어떠한 극한의 어려운 환경에 처하더라도 감사하며 찬양하라. 하나님은 내가 좋아하는 것을 주시는 분이 아니라, 내게 유익한 것을 주시는 분이시다. 내게 유익한 것을 주시려고 역사하시는 절대 주권적인 하나님의 사랑의 섭리를 믿고 즐겁게 주어진 환경에 순종하라. 내가 좋아하는 것이 내게 유익한 것이 아니라, 내게 유익한 것이 내게 좋은 것임을 알게 되리라. 하나님은 알라딘의 요술램프가 아니다(시43:2, 롬8:28, 히13:8, 롬8:32, 렘29:11, 애3:24-33).

139. 삶을 승리로 이끄는 동력

그는 넘어지나 아주 엎드러지지 아니함은 여호와께
서 그의 손으로 붙드심이로다(시37:24)

칠전팔기의 성공담을 자랑스럽게 늘어놓는 사람이 있다. 심지가 굳고 의지가 강한 사람이다. 그러나 인간의 힘이나 지혜에는 한계가 있다. 아무리 지혜롭고 강한 자라도 결국은 무너지고 주저앉게 된다. 자신의 힘을 믿고 자신감을 갖는 것은 가상한 일이나, 무지몽매에서 오는 교만일 뿐이다. 삶을 승리로 이끄는 동력은 겸손이다. 겸손은 그 누구도 당할 수 없는 무적의 힘이다.

교만은 패망의 선봉이요 넘어짐의 앞잡이라고 성경은 말씀하고 있다. 모든 힘의 근본인 하나님께서는 겸손한 자를 가까이하시고 교만한 자는 물리치시기 때문이다. 기억하라. 의인은 넘어지되 아주 넘어지지 않는다. 오뚜기처럼 다시 일어난다. 의지가 강해서가 아니라, 권능의 주님께서 붙잡고 계시기 때문이다. 주님께서는 자신의 약함과 어리석음을 인정하고, 겸손하게 긍휼의 은혜를 구하며 손을 내미는 자의 손을 잡아 주신다. 주님은 주님을 믿는 모든 자의 방패이시지만, 겸손하게 주님께 피하는 자에게만 방패가 되어 주신다. 하나님께서 함께하셔야 승리의 삶을 살아갈 수 있다. 하나님은 겸손한 자에게 함께 하신다. 함께 하시는 하나님은 전능자이시다. 주님을 의지할 때 그의 힘이 내 힘이 된다. 이것이 약할 때 강함의 원리이고, 겸손이 무적의 힘인 이유이다.

그러므로 범사에 승리의 삶을 원한다면 자신의 무지와 무능력, 자신의 한계성을 인정하고 겸손하게 주님의 긍휼과 자비, 권능의 손길을 구해야 한다. 주님은 교만한 자를 물리치시고, 겸손한 자를 가까이하고 도와주신다. 주님이 도우시면 모든 것이 가능하다. 승리의 삶을 살아가게 된다. 겸손이 무적의 힘이다. 삶을 승리로 이끄는 동력은 겸손이다. 겸손, 겸손, 또 겸손해지자(잠24:16, 시37:24, 잠16:18, 고후12:9-10, 벧전 5:5-7).

140. 보배 중의 보배, 복 중의 복

그러므로 너희 마음의 허리를 동이고 근신하여 예
수 그리스도께서 나타나실 때에 너희에게 가져다
주실 은혜를 온전히 바랄지어다(벧전1:13)

보배 중의 보배는 예수 그리스도 안에서 하나님을 경외하는 믿음이다. 믿음이 보배 중의 보배이다. 믿음이 보배인 이유는 무엇인가?

◢ 믿음으로 단절되었던 하나님과의 관계가 회복되기 때문이다(엡2:13-14, 19, 딤전2:5).

◢ 믿음으로 구원받기 때문이다(벧전1:9).

◢ 믿음으로 하나님의 자녀의 권세를 얻기 때문이다(요 1:12).

◢ 믿음으로 천국에 들어가기 때문이다(눅10:20, 계 20:15, 21:8).

◢ 믿음으로 기도 응답을 받기 때문이다(막11:24, 약5:5-7).

◢ 믿음으로 승리의 삶을 살아가기 때문이다(요일5:4).

⊿ 믿음으로 예수 그리스도 안에서 모든 것을 소유하기 때문이다(골1:19, 갈3:29).

⊿ 믿음으로 만사형통의 삶을 살아가기 때문이다(롬8:28).

⊿ 믿음으로 예수 그리스도와 함께 모든 것을 누리기 때문이다(요15:1-7).

⊿ 믿음으로 하나님의 기쁨이 되기 때문이다(히11:6).

⊿ 믿음으로 능력을 행하고 믿음으로 모든 환경을 다스리기 때문이다(막9:23, 빌4:12-13).

⊿ 믿음으로 기적을 보이기 때문이다(히11:29-30).

이 같은 보배 중의 보배인 믿음은 전적인 하나님의 은혜의 선물이다(엡2:8). 하나님께서 선물로 주신 믿음은 하나님의 말씀을 들을 때 주어진다(롬10:17). 항상 하나님의 말씀 앞에서 겸손해야 할 이유이다. 믿음이 무엇인가?

⊿ 예수 그리스도를 하나님과 구주로 인정하고 마음 중심에 나의 하나님, 나의 구주로 영접하는 것이다(요1:12).

⊿ 예수 그리스도를 전적으로 신뢰함으로 범사를 예수 그리스도께 맡겨 버리는 것이다(요14:1. 벧전5:7).

⊿ 예수 그리스도와 연합된 자로서 예수 그리스도와 함

께 주어진 삶을 즐기는 것이다(롬6:1-5, 시23:5, 빌4:4).

⊿ 예수 그리스도와 더불어 하나님 나라를 위하여 성육의 삶을 살아가는 것이다(마26:51-54, 갈2:20).

예수 그리스도 안에서 하나님을 경외하는 믿음이 보배 중의 보배이다. 이 믿음 안에서 살아가는 자는 복 중의 복을 누리는 참으로 행복한 사람이다. 안타깝게도 그리스도인이라고 하면서도 이 보배 중의 보배인 믿음을 개와 돼지에게 던져 버리는 사람들이 있다. 그리고 개와 돼지들에게 무참하게 짓밟힘을 당한다. 어리석은 사람들이다. 이들은 죄악으로 오염된 세속 문화의 탁류에 자신을 맡겨 버리고 세속 문화를 즐기는 사람들이다. 그들은 결국에 소돔과 고모리보다 더 중한 불의 심판을 받게 될 것이다(눅17:26-30). 지금은 그 어느 때보다도 더 정신을 차리고 깨어 있을 때이다(눅21:34-36). 보배 중의 보배인 믿음을 끝까지 잘 지키고, 복 중의 복인 믿음 안에서 살아가다가 오시는 주님을 영광 중에 맞이하자(벧전1:7, 13).

141. 죄와 은혜 그리고 행복의 함수관계

우리 주의 은혜가 그리스도 예수 안에 있는 믿음과
사랑과 함께 넘치도록 풍성하였도다(딤전1:14)

자기 죄의 크기와 심각성을 아는 만큼 은혜의 깊이를 알
게 되고, 은혜의 깊이를 아는 만큼 행복 지수는 상승한다.
하나님께서는 죄의 형태와 크기에 관계없이 죄는 용납하지
않으신다. 반드시 심판하신다. 죄의 삯은 사망이요, 사망이
이르는 곳은 지옥의 유황불 붙는 못이다. 하나님께서 얼마
나 죄를 미워하시는지를 헤아릴 수 있는 대목이다.

"엘리 엘리 라마 사박다니 – 나의 하나님 나의 하나님 어
찌하여 나를 버리셨나이까." 하나님께서는 십자가에서 처
절하게 절규하는 독생자 예수 그리스도의 피맺힌 울부짖음
의 소리를 철저하게 외면하고 침묵하셨다. 비록 아들이지만
예수 그리스도께서는 지금 모든 인생의 죄를 전가 받아 짊
어지신 죄인이 되었기 때문이다. 예수 그리스도께서는 죽을
수밖에 없는 인생들의 죄를 대속하기 위해서 죄 없으신 죄
인으로 속죄 제물이 되신 것이다. 내가 나의 죗값으로 저주
받고 죽어야 하는데 예수 그리스도께서 나 대신 저주받고

죽으심으로 내가 살게 된 것이다. 기억하라. 죄는 하나님과의 관계를 완전히 단절시켰다(롬 3:23). 생명이신 하나님과의 단절은 사망이다(롬6:23). 죄와 사망은 소멸되지 않고, 지옥 불에서 영원토록 고통 가운데 지내게 된다(계20:14). 인간은 그 누구도 죄와 사망의 문제를 스스로 해결할 수 없다. 속량의 값이 헤아릴 수 없이 엄청나게 많고 크기 때문이다(시49:7-8). 죄의 심각성이 어느 정도임을 알게 하는 대목이다.

하나님께서는 아무런 조건 없이 예수 그리스도 안에서 인간의 모든 죄를 단번에, 영원히 속량해 주셨다(롬3:24, 엡1:7, 히10:14). 예수 그리스도의 십자가에서의 대속의 죽음으로 죄와 사망의 문제가 완전히 해결된 것이다(갈3:13, 4:5). 이처럼 구속함을 받아 죄의 짐을 벗고 자유를 얻게 된 것은 전적인 하나님의 은혜이다(롬5:8, 엡2:8). 하나님의 은혜가 얼마나 크고 깊은 것인가를 알 수 있는 대목이다.

죄의 심각성을 알아야 은혜의 소중함을 알게 된다. 사도 바울은 자신의 진면목을 바로 깨닫고 솔직 담백하게 고백하기를 나는 죄인 중의 괴수라고 했다. 자기 힘으로는 그 죄를 해결할 수 없음을 알고 "오호라 나는 곤고한 사람이로다. 이 사망의 몸에서 누가 나를 건져내랴"라고 절규했다(롬 7:24). 사도 바울은 하나님의 놀라운 은혜를 체험적으로 알게 되었다. 하나님께서 아무런 조건 없이 예수 그리스도 안에서 모든 죄를 속량해 주셨음을 알게 되었다. 죄와 사망으로부터 해방해 주셨음을 알게 되었다. 자유인이 되었음을 알게 되었다. 그래서 바울은 그 은혜가 너무도 크고 놀라워서 온 맘과 온 힘을 다해 하나님께 감사하고 찬양했다(엡 1:3). 목숨을 다해 헌신할 것을 고백하며 다짐했다(롬14:7-8). 자신의 죄인 됨과 자신의 죄를 자각하는 정도만큼 하나님의 은혜를 알게 된다. 하나님의 은혜를 아는 정도만큼 감사하고 찬양하며 헌신한다. 그리고 찬양하고 감사하며 헌신하는 가운데 행복 지수는 상승한다.

어떤 그리스도인이 감사하고, 찬양하고, 헌신하며 행복해하는 정도를 보면 그 사람의 죄에 대한 인식과 체험적으로 알고 있는 하나님의 은혜의 분량을 헤아릴 수 있다. 곧 신앙의 성숙도, 영성의 성숙도를 가늠할 수 있다. 끊임없이 자신을 성찰하라. 끊임없이 십자가의 예수 그리스도를 바라보고 묵상하라. 기쁘고 즐겁게 예수 그리스도와 함께 성육의 삶을 살아가면서 행복을 만끽하라. 죄와 은혜와 행복은 함수 관계이다. 죄의 크기와 심각성을 아는 만큼 은혜의 크기와 깊이를 알게 되고, 은혜의 크기와 깊이를 아는 만큼 행복 지수는 상승한다(롬5:8, 20-21, 딤전1:14-15).

142. 인생을 가볍고 쉽게 살아가는 방법

하나님을 사랑하는 것은 이것이니 우리가 그의 계
명들을 지키는 것이라 그의 계명들은 무거운 것이
아니로다(요일5:3)

대체로 인생을 무겁고 어렵게 살아가면서 괴로워하고 힘
들어한다. 인생살이가 무거운 것은 탐욕 때문이다. 그리고
인생살이가 어려운 것은 관계가 건강하지 못하기 때문이
다. 곧 관계의 부조화 때문이다. 인생이 가볍고 쉬워야 인생
살이가 즐겁고 행복해진다. 어떻게 인생을 가볍고 쉽게 살
아갈 수 있을까? 그 방법은 무엇인가? 인생을 쉽고 가볍게
살아가는 것은 아주 단순하고 간단하다. 마음 중심에 예수
그리스도를 주로 모신 후 탐욕을 해결하고, 관계를 건강하
고 조화 있는 관계로 회복하면 된다. 예수 그리스도 안에 모
든 것이 있고, 예수 그리스도로 말미암아 끊어지고 헝클어
진 관계가 조화를 이루어 아름답고 건강한 관계로 회복되기
때문이다.

중요한 것은 모든 것의 모든 것이 되시는 예수 그리스도
한 분만으로 만족하는 믿음과 예수 그리스도의 마음으로 섬

기는 사랑이 있어야 함이다. 믿음이 탐욕을 몰아내고, 사랑
의 섬김이 관계를 조화롭게 한다. 건강하고 아름다운 관계,
곧 즐겁고 행복한 관계를 형성한다. 예수 그리스도 앞에 나
와 그분을 마음 중심에 모시면 인생살이는 가볍고 쉬워진
다. 이것은 거짓이 없고 신실하신 그분의 약속이다. 그분을
외면하고 무겁고 어려운 삶을 살아왔다면 이제 방향을 돌려
그분 앞으로 나아오라. 마음 중심에 그분을 주로 모시라. 그
리하면 그분의 약속대로 인생을 가볍고 쉽게, 즐겁고 행복
하게 살아가게 될 것이다(마11:28-30, 요14:27, 요일5:3).

143. 예수 그리스도로 호흡하는 삶

쉬지 말고 기도하라(살전5:17)

예수 그리스도로 호흡하는 삶은 숨을 쉬듯 끊임없이 기도
하는 삶을 말한다. 그리스도인에게 기도의 삶은 선택 사항
이 아니라 필수 사항이다. 기도는 하나님의 명령이다. 기도
하지 않으면 그리스도인으로서 활력 있는 삶을 살아가지 못

하고, 기도를 멈추면 끝내는 죽을 수도 있기 때문이다. 그래서 쉬지 말고 기도하라고 명령하신 것이다. 하나님께서 기도하도록 명령하시는 것은 성도들을 괴롭히고 부담을 주려는 것이 아니다. 오히려 큰 복을 더하여 주시기 위함이다. 풍요롭고 행복한 삶을 살아가게 하기 위해서이다. 능력 있는 승리의 삶을 살아가게 하기 위해서이다. 기도하게 하심은 사랑의 배려요, 결코 부담을 주고 괴롭게 하는 무거운 짐이 아니다.

하나님께서는 구하지 않아도 성도들에게 있어야 할 것과 필요로 하는 것들을 다 알고 계신다(마6:8). 그런데도 기도하라고 명령하는 것은 성도들의 마음을 항상 하나님께 향하도록 하려는 의도이시다. 항상 하나님 곁에 머물러 전적으로 하나님만을 가까이하고, 바라고, 의지하도록 하기 위해서이다(겔36:36, 신4:7).

사랑의 속성이 무엇인가? 사랑은 사랑하는 이가 항상 곁에 있기를 원하는 것이다. 사랑하는 이와 항상 함께 있고 싶은 것이다. 사랑하는 이와 기쁘고 즐겁게 농도 짙은 사랑의 밀어를 나누고 싶은 것이다. 하나님께서는 바로 이 같은 사랑의 심정으로 성도들과 더욱 깊고 뜨거운 교제를 나누고 싶으신 것이다.

기도는 사랑하는 주님과 밀착해 있는 것이다. 기도하는

삶은 주님과 동행하는 삶이다. 기도는 하나님을 하나님 되게 하는 것이고, 하나님을 주로 인정하고 공경하는 것이다. 기도는 범사를 주 되시는 하나님께 결재를 올리는 것이다 (잠3:6, 살전5:21). 기도는 하나님의 생명과 신령한 모든 자양분을 공급받는 탯줄이다. 기도는 승리의 삶을 살아가도록 능력을 공급해 주시는 송유관이다. 무엇보다도 기도는 사랑하는 주님과 기쁘고 즐겁게 농도 짙은 사랑의 밀어를 나누는 것이다. 이는 그리스도인으로서 언필칭(言必稱) 주님을 사랑하노라고 고백하면서 기도를 소홀히 하거나, 기도 생활에 태만할 수 없는 이유이다. 명령하신 대로 호흡하듯 끊임없이 기도하고, 기도 생활에 더욱 정진할 수밖에 없다. 기도가 능력이고 만사형통인 것은 전능하신 사랑의 하나님께서 기도하는 자와 함께 하시기 때문이다. 하나님은 언제 어디서나 변함없이 임재하시며 기도하는 자에게 권고하시고 능력을 베푸신다(대하16:9).

성도의 경건 생활의 목표는 보다 근사하게 예수 그리스도의 품성을 닮아가는 것이다(엡4:15). 그것이 언제 이루어지는가? 바로 기도할 때이다. 기도할 때 성령 하나님께서 말씀으로 기도하는 자의 심령을 맑고 깨끗하게 정화해 주신다. 기도하는 동안에 예수 그리스도의 품성으로 숙성되어간다. 자연스럽게 삶 속에서 예수 그리스도의 모습을 보이게 된다. 그래서 소속된 공동체와 삶의 현장에서 이웃에게 선한 도전과 영향을 주면서 어둡고 무질서한 분위기를 밝고 질서 있는 분위기로 변화시키고, 이 일을 선도해 나간다. 성숙한 그리스도인으로서 하나님 보시기에 참 좋은 모습으로 살아간다.

안타까운 것은 많은 시간을 기도한다는 성도에게서 성숙한 그리스도인의 모습을 발견하기 어렵다는 것이다. 오히려 혐오스러운 행태로 교회를 욕되게 하고, 하나님의 영광을 훼손시키면서 전도의 문을 닫게 하는 모습을 보게 된다. 기억하자. 많은 기도 시간을 가지면서도 보다 성숙한 그리스도인의 모습을 보이지 못하는 것은 그가 기복 신앙의 수준에서 벗어나지 못하기 때문이다. 무당은 서방질해도 신이 내린다는 말이 있다. 무속 신앙의 윤리 부재를 말하는 것이다. 무속 신앙인은 윤리 부재의 난잡한 삶을 살아가면서도 전혀 아랑곳하지 않고 오로지 문제 해결과 받을 복만을 구한다. 그리스도인은 무속인이 아니다. 천국 시민이다. 천국 시민에게는 고도의 윤리 생활이 필연적으로 뒤따른다. 윤리 부재의 기도는 하나님께서 가증하게 여기시고 듣지 않으신다(잠28:9).

진정 복 받기를 원하는가? 예수 그리스도로 호흡하는 삶을 살아가기를 힘쓰라. 예수 그리스도로 호흡하는 삶이란 호흡하듯 끊임없는 기도로 사랑하는 주님과 동거 동행하고, 동고동락하는 삶을 말한다. 숨을 쉬듯 끊임없는 기도로 내주하여 계신 하나님의 공의와 사랑을 나타내 보이는 삶을 말한다. 숨을 쉬듯 끊임없는 기도로 보다 근사하게 예수 그리스도의 품성으로 숙성되어 소속된 공동체와 삶의 현장에서 예수 그리스도의 품성을 나타내는 삶을 말한다. 예수 그리스도로 호흡하는 삶은 바로 하나님의 뜻인 하나님 나라를 이루기 위해 내 뜻을 접고, 하나님의 뜻을 따라 십자가를 지신 예수 그리스도와 함께하는 성육의 삶이다. 예수 그리스도로 호흡하는 삶은 성육의 삶이다. 성육의 삶이 없는 기도는 무속인의 천박하고 무익한 짓거리요, 천국 시민인 그리스도인의 모습이 아니다. 그리스도인이라면 천국 시민답게 예수 그리스도로 호흡하는 성육의 삶으로 고품격 그리스도인의 모습을 보이라. 주님과 함께 존귀함을 얻게 되리라(살전5:17, 빌2:5-11).

144. 잘 웃고, 잘 울자

여호와께서 이르시되 너는 예루살렘 성읍 중에 순행하여 그 가운데에서 행하는 모든 가증한 일로 말미암아 탄식하며 우는 자의 이마에 표를 그리라 하시고(겔9:4)

나는 여호와로 말미암아 즐거워하며 나의 구원의 하나님으로 말미암아 기뻐하리로다(합3:18)

건강하고 성숙한 그리스도인은 잘 웃고, 잘 우는 자이다. 곧 일상의 모든 삶이 하나님의 절대 주권적인 사랑의 섭리 가운데 이루어짐을 믿고, 어떠한 경우 어떠한 환경에서도 범사에 감사하며 기뻐하고 즐거워하면서 하나님을 찬양하고 행복하게 웃는다. 그리고 온갖 죄악으로 어둡고 혼란한 세상과 그 속에서 모진 고통을 감내하며 신음하는 이들을 위해서는 애절한 눈물로 중보 기도하면서 통곡한다. 아울러 자신의 죄와 허물로 인해 애통해하면서 회개의 눈물을 흘리며 운다. 건강하고 성숙한 그리스도인은 결코 세상 열락에 취해서 희희낙락하며 웃지 않고, 자신의 고난이나 어려움으로 인해 슬퍼하거나 눈물지으며 울지 않는다.

그리스도인은 자유롭게 하는 진리를 아는 진리의 사람이다. 성숙하고 건강한 그리스도인이라면 자유롭게 하는 진리 안에서 진리를 따라 잘 웃고, 잘 우는 것은 지극히 자연스러운 모습이다. 그러나 병약하고 미숙한 그리스도인은 죄악으로 인해 어둡고 혼탁한 세상에는 관심이 없다. 흑암과 혼돈의 세상에서 괴로워하는 이들에게도 관심이 없다. 자신의 죄와 허물에도 부끄러워하지 않는다. 세상 열락을 추구하고 그 세계에서 희희낙락하며 즐긴다. 자신의 고난과 어려움에는 못 견뎌 하고 탄식하며 운다.

하나님께서는 잘 웃고, 잘 우는 건강하고 성숙한 그리스도인을 목마르게 찾으며 애타게 기다리고 계신다. 누가 있어 목말라하시는 주님의 마음을 시원케 해드릴 것인가? 건강하고 성숙한 그리스도인은 주님의 뜻을 따라 잘 웃고, 잘 우는 자이다. 진정 주님을 사랑하는가? 잘 웃고, 잘 울자(겔 9:4-6, 약4:9, 합3:17-18).

145. 거지인가? 왕자인가?

너희는 이 세대를 본받지 말고 오직 마음을 새롭게 함으로 변화를 받아 하나님의 선하시고 기뻐하시고 온전하신 뜻이 무엇인지 분별하도록 하라(롬12:2)

건강하고 성숙한 그리스도인의 삶은 자기 정체성에 대한 바르고 확실한 인식에서 비롯된다. 그리스도인은 단순한 신분 상승이 아닌 전적인 신분 변화로 새 사람이 된 새로운 존재다(고후5:17). 그리스도인은 죄인이 아니라 의인이다. 어둠의 자녀가 아니라 빛의 자녀이다. 마귀의 자녀가 아니라 하나님의 자녀이다. 만유의 대주재자(大主宰者)시요 만왕의 왕이신 하나님의 자녀, 곧 왕자이다. 거지가 아니다. 신분이 변한 왕자로서 그리스도인은 왕자에게 걸맞은 삶, 왕자의 신분에 어울리는 삶을 살아가야 한다. 당연하고 마땅한 일이다. 그런데 그리스도인으로서 왕자의 신분을 가지고도 이전의 거지처럼 생각하고, 거지처럼 말하고, 거지처럼 행동하는 사람이 있다. 거지 근성을 버리지 못하고, 거지처럼 지저분하게 생활하는 사람이 있다. 구차하게 구걸만 하는 사람이 있다. 생각해 보라. 왕자의 신분을 가지고 거지처럼 살아간다면, 그는 왕자로서의 권위를 인정받지 못하고 멸시, 천대, 조소와 조롱을 받게 될 것이다. 그리스도인이 존귀한 왕자로서의 권위를 갖추지 못하면 세인들로부터 환영받지 못하고 오히려 기피 인물로 배척을 받게 될 것이다. 그리스도인이 배척을 받으면 단순히 개인적으로 배척을 받는 것이 아니라 복음이 배척을 받게 된다. 복음을 배척하는 자는 지옥에 던져질 것이다. 온 천하보다도 귀한 한 영혼을 잃게 된다. 한 영혼을 실족하게 하면 차라리 그 목에 큰 맷돌을 달고 깊은 바다에 빠지는 편이 낫다고 했다(마18:6).

그리스도인으로서 바로 알 것이 있다. 그리스도인은 예수 그리스도 안에서 모든 죄과와 죄책으로부터 해방되었다. 예수 그리스도 안에 있는 자에게는 결코 정죄함이 없다(롬8:1-2). 그러나 옛 습관, 곧 죄의 세력으로부터는 자유롭지 못하다. 사탄은 죄의 세력을 동원해서 그리스도인을 넘어트리려고 호시탐탐 기회를 엿보고 있다가 조금이라도 틈을 보이면 여지없이 공격해 온다. 그리스도인에게 있어서 방심은 절대 금물이다(벧전5:8-9, 엡4:27). 부지런히 경건 생활에 힘써야 한다. 끊임없이 위 것을 찾아야 한다(골3:1-10, 갈5:19-21). 그리스도인은 이제 거지가 아니라 왕자이다. 자신의 정체성을 무시로 확인하면서 시도 때도 없이 불쑥불쑥 머리를 들고 일어나는 거지로서의 옛 습성을 온전히 벗어버리고, 정욕을 다스리는 경건 생활에 최선을 다해 정진해야 한다 (히12:1). 정욕을 좇으려는 옛 습관을 다스릴 때 주의할 점은 게으름, 탐욕, 다음 기회로 미루는 안일함이다. 경건 생활을 은밀하게 방해하려는 사탄의 교활한 전술 전략이다. 대체로 이 같은 사탄의 덫에 걸려 속절없이 넘어지는 것을 보게 된다. 잠시도 영적인 긴장을 늦추지 말고, 정신을 바짝 차리고 쉼 없이 기도해야 할 이유이다. 거지로서 왕자인 척하고 있거나, 왕자이지만 거지 행색을 하고 있지는 않은지 수시로 자기를 성찰하고, 점검하고, 관리해야 한다.

하나님 나라는 자신의 불굴의 굳건한 의지와 현란한 말재간에 있지 않고 오로지 하나님의 능력에 있음을 알아야 한다. 그러므로 무시로 겸손하게 성령님의 도우시는 긍휼의 은혜를 구해야 한다. 경건 생활의 승리는 전적으로 하나님을 의지하는 겸손한 자의 것이기 때문이다(고전4:20, 빌4:13, 대하16:9). 그리스도인이 맞는가? 그렇다면 언제, 어디서, 누구와 무엇을 하든지 이제는 나의 신분이 거지가 아니라 왕자임을 끊임없이 의식하면서 왕자다운 당당한 기품을 보이되 겸손하게 섬기며 살아가기를 힘쓰라(롬12:1-2).

146. 복음을 들려주는 성도와 보여 주는 성도

너희는 우리로 말미암아 나타난 그리스도의 편지니
(고후3:3)

예나 지금이나 교회 밖의 사람들은 복음을 들려주는 성도가 아니라 복음을 보여 주는 성도를 기대한다. 교회 안에는 신앙고백의 꽃이 화려하게 만발해 있지만, 교회 밖에서는 신앙고백의 열매를 찾아보기가 힘들고, 교회 안에는 할렐루야의 성도가 넘쳐나지만, 교회 밖에서는 아멘의 성도를 찾아보기가 쉽지 않기 때문이다. 할렐루야는 찬양과 경배요, 아멘은 순종의 삶이다. 곧 교회 안에는 할렐루야 성도가 넘쳐나지만, 교회 밖에서는 아멘의 성도를 찾아보기가 쉽지 않다는 것은 예배하는 성도는 많지만, 순종의 삶을 살아가는 성도는 많지 않다는 말이다. 공간 예배자는 많지만, 생활 예배자는 많지 않다는 뜻이다(롬12:1-2).

복음을 받은 그리스도인들은 복음을 귀로 들을 수 있도록 전하고 설명해야 한다. 하지만 그 복음을 눈으로 볼 수 있게 확증하는 것이 더 중요하다. 자신이 소속된 공동체와 삶의 현장에서 자신의 삶을 통해 복음을 보여 줘야 한다. 예수 그리스도를 설명하는 삶이 아니라 예수 그리스도를 보여 주는 삶, 움직이는 복음과 말씀으로 살아가는 삶이어야 한다. 그래서 교회 밖의 사람들이 그리스도인들의 삶 속에서 예수 그리스도를 읽을 수 있고, 볼 수 있고, 만날 수 있어야 한다(고후3:3, 약2:18). 교회 밖의 사람들이 교회에 기대하는 것은 할렐루야와 아멘이 조화된 온전한 믿음의 성도요, 예수 그리스도를 삶으로 보여 주는 성도이다. 공간 예배와 생활 예배의 균형을 이룬 성숙한 믿음의 사람들이다.

교회가 이 같은 교회 밖 사람들의 기대에 부응하지 못하면 교회는 외면당하고 멸시와 조롱을 받게 된다. 이는 천국 문을 가로막는 그 어떤 죄보다도 큰 죄악이다. 하나님 나라를 확장하고 완성하시려는 하나님의 구원 역사를 훼방하는 큰 죄를 범하는 것이다(마23:13). 그러므로 오늘의 그리스도인들은 교회의 권위가 크게 실추된 현실을 직시하고 그 어느 시대보다도 더욱 복음을 보여 주는 삶, 행동하는 믿음의 삶에 최선을 다해야 한다(약2:14-26, 고후3:3).

147. 바늘구멍과 부자 그리고 복 중의 복

여호와는 나의 목자시니 내게 부족함이 없으리로다
(시23:1)

부자가 천국에 들어가기는 낙타가 바늘구멍을 통과하는
것보다 더 어렵다고 했다. 바늘구멍을 통과하지 못하면 천
국에 들어가지 못한다(막10:24-25). 부자는 천국에 들어가지
못한다는 말이다. 그런데 바늘구멍을 통과한 부자가 있고,
바늘구멍을 통과하지 못한 부자가 있다. 바늘구멍을 통과한
부자는 세관장 삭개오이고(눅19:1-10), 바늘구멍을 통과하지
못한 부자는 율법에 철두철미한 청년이다(막10:17-22).

사람의 지식이나 재간, 그 어떠한 노력이나 수단으로도
바늘구멍을 통과할 수 없다. 사람으로서는 불가능하다. 그
러나 하나님으로서는 가능하다. 다 하실 수 있다(막10:26-
27). 곧 하나님께서 하게 하시면 누구라도 바늘구멍을 통과
할 수 있다. 무슨 말인가? 하나님의 은혜 안에서 하나님이
누구신가를 알게 되고, 하나님께서 나를 위해 하신 일이 무
엇인가를 알게 되면 바늘구멍을 통과하는 일은 전혀 문제
가 되지 않는다. 나를 향한 십자가의 예수 그리스도로 확증

된 하나님의 사랑을 체험적으로 알게 되면 불가능하게만 보이는 낙타 앞의 바늘구멍이 개미 앞의 터널처럼 된다. 예수 그리스도를 뜨겁게 만나고, 깊이 알게 되면 예수 그리스도 안에 자신이 소유하고 있는 모든 것과는 비교도 할 수 없는 엄청난 보화가 있음을 발견하게 된다. 자연스럽게, 조금도 주저함이 없이, 자신의 모든 것을 배설물로 여기고 미련 없이 던져버린다. 오직 예수 그리스도 한 분만으로 만족한 삶을 살아간다. 예수 그리스도가 보화 중의 보화이기 때문이다(빌3:4-9). 십자가의 예수 그리스도에게서 답을 찾으면, 바늘구멍을 통과하는 일이 조금도 어렵지 않게 된다. 전혀 애쓰지 않고 노래하며, 춤추며, 통과하게 된다. 이는 전적으로 성령 하나님의 역사하심으로만 가능한 일이다. 그래서 낙타가 바늘구멍으로 들어가는 일이 사람으로서는 할 수 없으나 하나님으로서는 다 할 수 있다고 한 것이다. 곧 부자가 천국 가는 것이 어렵지만 하나님은 부자가 천국 가도록 하실 수 있다는 뜻이다.

천국에 들어가기 힘든 부자가 누구인가? 부자란 소유가 많고 적음에 관계없이 재물에 집착하는 사람이다. 재물에 집착해서 재물의 노예로 살아가는 사람은 소유가 적어도 천국에 들어가기 힘든 부자이다. 그러나 재물에 집착하지 않고 재물로부터 자유로운 삶을 살아가는 사람은 소유가 많아도 천국에 들어가기가 쉬운 가난한 자이다. 재물에 대한 집착 여부에 따라서 소유가 많으나 가난한 자가 있고, 소유가 적으나 부자인 자가 있다는 말이다. 예수 그리스도를 만나고 아는 사람은 예수 그리스도 안에 참 부요함이 있음을 알기에 세상 보화를 배설물로 여기고 재물에 집착하지 않는다. 주님께서 보시기에 가난한 자요, 천국을 소유할 자이다 (눅6:20). 성령 하나님께서 하시는 일이다. 예수 그리스도 안에서 바늘구멍을 터널 같게 하시든지, 낙타를 바늘구멍보다 작게 하셔서 천국으로 들어가게 하신다. 기적 중의 기적이고, 신비 중의 신비이다. 복중의 복은 모든 것의 모든 것이 되시는 예수 그리스도를 만나서 알게 된 것이고, 예수 그리스도 한 분 만으로 만족하며 행복한 삶을 살아가는 것이다. 성령 하나님의 역사하심으로 예수 그리스도를 구주로 믿는 자에게는 천국의 문은 더 이상 바늘구멍이 아니다. 밝고 넓은 터널이다. 범사에 감사하는 삶이 하나님의 뜻임을 알 수 있는 대목이다. 복 받은 자답게 기쁘고 즐겁게 감사하며 살아가자(시23:1, 살전5:18).

148. 노닥거림의 위험

복 있는 사람은 악인들의 꾀를 따르지 아니하며 죄
인들의 길에 서지 아니하며 오만한 자들의 자리에
앉지 아니하고(시1:1)

그리스도인은 언제나 사탄과 노닥거리다가 죄를 범한 아
담과 하와를 잊지 말고 기억해야 한다. 그리고 이 땅에 고난
과 죽음을 불러들인 아담과 하와의 사건을 반면교사로 삼아
야 한다(창3:1-7, 고전10:11). 아담과 하와는 사탄과 노닥거리
다가 사탄의 올무에 걸려 넘어졌다. 하나님의 말씀을 무시
하고 금단의 열매인 선악과를 따서 먹었다. 오늘의 세상은
그 어느 때보다도 더욱 죄악의 어둠이 짙게 드리워져 있다.
아담과 하와와 같은 우매한 범죄를 되풀이해서는 안 된다.
정신 차리고 근신해야 할 이유이다.

성경은 악에 대한 반응과 대응에 있어서 쾌도난마로 아주
단호하게 대처해야 한다고 가르친다(시1:1). '악과 함께하지
말라'(엡5:7, 11). '악에서 떠나라'(살후3:6, 14, 고전5:9). '악에
서 나오라'(계18:4). '악에서 일어나라'(엡5:14). '악에서 돌아
서라'(딤후3:5). 악에 맞서기 위해 그리스도인은 민첩한 영적

인 순발력과 분별의 지혜가 있어야 한다. 상황과 사안을 신속 정확하게 분별해야 하며, 감당할 수 없다고 판단되면 속히 그곳을 피하는 것이 상책이다. 여기서 악한 자리와 분위기에서 피하라고 하는 것은 사회와 완전히 단절된 수도원이나 깊은 산속으로 들어가라는 말이 아니다. 소극적으로는 악한 일에 동참하지 말라는 것이고(고후6:14-18), 적극적으로는 악을 대적해서 물리치라는 뜻이다(벧전5:8-9). 곧 일상의 삶 속에서 불신의 사람과는 구별된 삶, 다른 삶을 살아가라는 의미이다.

자신의 영력으로 악을 다스리고 물리칠 수 있다면 무슨 말을 더하리오. 그러나 더없이 약하고 어리석은 자신의 실상을 바로 인식하고 언제나 겸손하게 주님의 도우시는 긍휼의 은혜를 구해야 한다. 자기를 과신하고 경계심 없이 사탄과 노닥거리고 있으면 아담과 하와처럼 100% 당한다. 위험천만한 매우 어리석은 짓거리이다. 그러므로 사탄과 더불어 노닥거림의 위험이 얼마나 큰 것인가에 대한 경각심을 높이고, 철저하게 하나님의 무기로 무장된 삶을 살아가야 한다(엡6:10-18). 아예 어둠의 권세가 근접하지 못하도록 빛 되신 주안에서, 곧 말씀 안에서 살아가야 한다(시119:11,105). 끊임없이 말씀을 묵상하고, 호흡하듯 기도로 주님과 무시로 교통하며, 성령님의 권고하심에 온전히 순종하는 삶을 살아

가야 한다(갈5:16). 노닥거림은 우매한 자의 전형이다. 극히
위험천만한 짓임을 명심하자(시1:1).

149. 존경과 사랑받는 사람

> 이같이 너희 빛이 사람 앞에 비치게 하여 그들로 너
> 희 착한 행실을 보고 하늘에 계신 너희 아버지께 영
> 광을 돌리게 하라(마5:16)

사람은 누구나 다 자신의 공동체 구성원과 삶의 현장에서
만나는 대중 모두에게 존경과 사랑을 받고 싶어 하는 공통
속성이 있다. 멸시, 천대, 미움받음과 소외당하는 것을 원하
는 사람은 한 사람도 없을 것이다. 그러나 존경과 사랑받기
를 원한다고 해서 원하는 대로 다 존경과 사랑을 받는 것은
아니다. 존경하나 사랑이 가지 않는 사람이 있는가 하면, 사
랑하나 존경할 수 없는 사람도 있다. 존경과 함께 사랑받는
일이 생각처럼 쉬운 일이 아니다. 존경과 사랑은 돈으로 살
수 없다. 완력이나 권력으로 빼앗을 수도 없다. 지식으로 존
경과 사랑받는 법을 배우고 연구할 수는 있어도 그것을 얻

을 수는 없다. 정으로 얻을 수 있는 것도 아니다. 존경과 사랑은 쟁취하는 것이 아니라 주어지는 것이기 때문이다.

어떤 사람에게 존경과 사랑이 주어지는가? 존경과 사랑은 바른 정신과 마음으로 바르게 생각하고, 말하고, 행동할 때, 순수한 사랑으로 가장 낮은 자리에서 모두를 섬길 때 주어진다. 곧 바름과 섬김의 사람이 존경과 아울러 사랑을 받는다. 그런데 바름과 섬김의 삶은 하루아침에 이루어지는 것이 아니다. 무엇보다도 먼저 바름과 섬김의 원형인 예수 그리스도를 만나 영혼이 근본적으로 변해야 하며(고후5:17), 예수 그리스도로 말미암아 신분 변화가 일어나야 한다. 아담과 하와의 범죄로 잃었던 하나님의 형상을 회복해야 한다. 하나님의 형상 회복은 하나님의 형상인 예수 그리스도를 마음 중심에 구주로 영접함으로만 이루어진다(골1:15, 요1:12). 그리고 이후로 오만하고 난잡했던 옛 습관을 엄격하게 다스리는 경건 생활에 지속적으로 힘써야 한다(고전9:25-27). 예수 그리스도를 붙잡고 씨름하면서 그의 영성은 점진적으로 다듬어지고 성숙해진다. 예수 그리스도의 바름과 섬김의 모습을 근사하게 닮아간다. 내 삶에서 예수 그리스도의 모습이 보일 때 자신이 원하지 않아도 모두에게 존경과 사랑을 받게 된다.

그리스도인이 만인에게 존경과 사랑을 받아야 할 이유는

무엇인가? 복음을 확산하기 위함이다. 복음 전파가 하나님께서 가장 기뻐하시는 제일의 바람이다. 곧 하나님 나라 영역을 날로 확장하여 하나님의 뜻을 이 땅에 이루고, 그 시간을 단축하는 것이다. 그리스도인으로서 진정 하나님을 사랑하고, 하나님의 뜻이 하늘에서 이루어진 것처럼 이 땅에서도 이루어지기를 원한다면, 만인에게 존경받고 사랑받는 바른 삶과 섬김의 삶에 더욱 정진해야 한다. 만인에게 존경과 사랑받는 사람, 이는 모든 그리스도인의 로망이 되어야 한다(롬12:2, 마5:16).

150. 믿음의 진보가 있는가?

나의 의인은 믿음으로 말미암아 살리라 또한 뒤로
물러가면 내 마음이 그를 기뻐하지 아니하리라 하
셨느니라(히10:38)

생명체가 자라고, 번식하고, 성숙하는 것은 지극히 자연스러운 현상이다. 성장, 번식, 성숙이 없다면 그것은 생명이 없는 무생물이거나, 생명은 있으되 병약하거나 노약하기 때문이다. 그리스도인은 믿음의 사람을 말하고, 믿음의 사람이란 예수 그리스도의 생명을 소유한 자를 뜻한다(요일 5:12). 당연히 그 믿음은 성장하고, 번식하고, 성숙해야 한다. 그렇지 않다면 죽은 믿음이거나 병든 믿음이다.

생명이 있는 건강한 믿음에는 성장, 번식, 성숙하는 진보가 있다. 먼저 믿음의 전 단계로서 예수 그리스도에 대한 단순한 호기심이나 존경심을 가지고 예수 그리스도를 따르는 단계이다. 아직은 예수 그리스도와의 관계가 형성되지 않은 단계이다. 이는 믿음이라고 할 수 없다. 그래서 믿음의 전 단계라고 했다. 믿음의 첫 단계는 예수 그리스도를 구주로 믿고 영접하는 단계이다. 믿음의 첫 계단, 첫 단추이다 (마16:15-16, 요14:1). 믿음의 두 번째 단계는 예수 그리스도의 모든 것을 배우고 익히는 배움의 단계이다(마11:29). 예수 그리스도께서 성육하신 의도가 무엇인지를 배운다. 예수 그리스도의 인격과 사상은 어떠한지를 배운다. 예수 그리스도의 언어생활과 경건 생활을 배운다. 예수 그리스도의 관계성을 배운다. 곧 하나님과의 관계, 사람과의 관계, 물질과의 관계 등이다. 믿음의 세 번째 단계는 예수 그리스도를 닮기 위해 훈련하고 연단하는 단계이다(요13:15, 고전11:1, 벧전2:12, 엡5:1). 믿음의 네 번째 단계는 예수 그리스도를 사랑하는 단계이다(요15:9-10, 요14:15, 21:15-17). 주님을 사랑하기에 주님을 기뻐하고 즐거워한다(시5:11). 예배 생활, 기도 생활, 헌신과 봉사 생활, 말씀 순종과 전도 생활을 기뻐하고 즐거워한다. 이 같은 생활을 삶의 우선순위로 해서 살아간다. 믿음의 다섯 번째 단계는 예수 그리스도를 따르는 단계이다. 이는 믿음의 전 단계에서처럼 단순히 호기심과 인간적인 매력에 견인되어 따르는 것이 아니다. 이 단계는 십자가를 사랑할 뿐만 아니라, 십자가를 지고 가는 단계이다(마 16:24, 요21:18-19, 행20:22-24, 21:12-14). 이 단계는 예수 그리스도의 팬으로 열광하는 수준에 머물지 않고, 예수 그리스도의 제자로서 예수 그리스도께서 가신 발자취를 묵묵히 따르는 단계이다.

기억하라. 생명 있는 믿음에는 진보가 있다(엡4:15, 딤전 4:15). 진보가 없는 믿음은 죽은 믿음이다. 믿음이 노약해졌거나, 병약해진 믿음이다. 하나님은 진보하는 믿음의 사람을 기뻐하신다(히10:38-39). 말씀 따라 자신의 믿음을 점검해 보라. 믿음의 진보가 있는가? 진보가 보인다면 몇 단계의 수준이라고 생각하는가? (히10:38)